BIBLIOTHÈQUE DÉMOCRATIQUE A UN FRANC CINQUANTE LE VOLUME

LES CONSPIRATIONS SOUS LE SECOND EMPIRE

PAR

ALBERT FERMÉ

AVOCAT A LA COUR DE PARIS

COMPLOT DE L'HIPPODROME ET DE L'OPÉRA-COMIQUE

PARIS
LA LIBRAIRIE DE LA RENAISSANCE
3, RUE DE LA VIEILLE-ESTRAPADE, 3
Derrière le Panthéon
—
1869

LES

CONSPIRATIONS

SOUS LE SECOND EMPIRE

LES

CONSPIRATIONS

SOUS LE

SECOND EMPIRE

PAR

ALBERT FERMÉ

AVOCAT A LA COUR DE PARIS

COMPLOT DE L'HIPPODROME

ET DE

L'OPÉRA-COMIQUE

PARIS

A LA LIBRAIRIE DE LA RENAISSANCE

3, RUE DE LA VIEILLE-ESTRAPADE, 3

Derrière le Panthéon

1869

Ce volume est le premier d'une série qui déroulera le tableau, aussi complet que possible, des conspirations, coups de main, tentatives de toute sorte, préparées ou effectuées pour renverser le gouvernement de décembre.

Cette longue succession de complots doit être considérée comme la continuation des luttes soutenues contre le coup d'Etat en décembre 1851. La justice impériale a attribué à ces deux ordres de faits une criminalité égale.

Malgré le double intérêt, dramatique et politique, qu'elle comporte, cette histoire est généralement mal connue. Il est d'ailleurs difficile d'y voir tout à fait clair. Sur plusieurs points obscurs nous avons pu réunir des renseignements que nous publierons; mais nous ne nous flattons pas de dévoiler et d'expliquer tout.

Nous suivrons l'ordre chronologique, résumant les tentatives de peu d'importance; les grands procès seront donnés en entier. Le premier en date, celui du *complot de l'Opéra-Comique*, fait l'objet principal de ce volume. A la relation exacte de cette émouvante affaire nous avons pu ajouter un complément plein d'intérêt. Un des accusés, devenu depuis l'un des plus vigoureux écrivains de la presse démocratique, M. A. Ranc, a bien voulu, dans une lettre que nous plaçons à la fin du volume, nous communiquer des éclaircissements et de curieux détails sur lesquels nous appelons l'attention du lecteur.

Chacun des procès que nous publierons sera de la même façon accompagné de documents, de pièces inédites qui donneront peut-être à certaines affaires une physionomie nouvelle (1).

Les prochains volumes contiendront aussi des détails précis et positifs sur la Commune révolutionnaire et le fameux Comité démocratique européen, dont le fantôme

(1) Au sujet du complot Tibaldi, notamment, on mettra le lecteur à même de juger si quelques-uns des condamnés par contumace, M. Ledru-Rollin, par exemple, n'auraient pas pu être acquittés par un Jury devant lequel ils seraient venus présenter leur défense.

est évoqué par le ministère public à propos de tous les complots, invariablement.

On nous pardonnera de ne faire précéder cette publication d'aucune dissertation morale ou juridique. L'unique préface qui conviendrait à l'histoire des Conspirations contre le second Empire, serait l'histoire des Conspirations contre la seconde République.

Pour toute introduction, nous nous bornerons à reproduire, d'après le *Moniteur* du 15 novembre 1852, les pièces suivantes. Elles donnent d'un coup la note des haines, dessinent d'un trait l'attitude que, durant plus de huit années, garda en face du vainqueur le parti écrasé par le coup d'État. Cette citation préliminaire était indispensable.

I.

Citoyens,

La démocratie a dû s'imposer quelques mois d'attente et de souffrance avant de frapper le brigand qui souille notre pays, afin de se réorganiser malgré la terreur bonapartiste.

Soyez donc prêts à tout et à chaque instant. Tâchez de vous voir et de vous rassembler souvent par deux, par quatre, par six, par dix, s'il est possible; formez des groupes et des centres qui communiquent entre eux de vive voix. Conspirez enfin avec courage et prudence, car la persécution doit rendre ardents ceux qu'elle voudrait anéantir. Quand la grande nouvelle nous arrivera, qu'elle vous trouve debout, sans vous surprendre, comme celle du 2 décembre; rappelez-vous que, ce jour-là, vous avez attendu en vain un signal de la part des traîtres ou des lâches qui se disaient vos chefs; ne soyez donc plus des moutons qu'on mène, soyez des hommes.

Aussitôt que vous apprendrez que l'infâme Louis-Bonaparte a reçu son juste châtiment, quel que soit le jour ou l'heure, partez de tous les points à la fois pour le rendez-vous convenu entre plusieurs groupes, et de là, marchez ensemble sur les cantons, les arrondissements et les préfectures, afin d'enfermer dans un cercle de fer et de plomb tous les vendus, qui, en prêtant le serment, se sont rendus complices des crimes de leur maître. Purgez une bonne fois la France de tous les brigands qu'elle nourrit et qui la rongent. Depuis quatre ans, vous avez appris à les connaître; lorsque luira le jour de justice, que ni votre cœur ni votre bras ne faiblissent, car vos ennemis généreusement épargnés redeviendraient bientôt vos persécuteurs et vos bourreaux. En punissant les pervers, le peuple devient le ministre de la justice de Dieu!...

N'oublions pas aussi que la France est chargée des malédictions de la démocratie européenne, qui attendait de notre initiative son signal de délivrance; malgré nos faiblesses et nos défaillances, les nations lèvent encore vers nous leurs mains enchaînées et leurs yeux où brille un dernier rayon d'espoir; montrons-nous dignes de la sublime mission de progrès et d'avenir que le monde entier semble nous avoir confiée; ouvrons aux peuples le chemin de la républiquc universelle par la révolution démocratique et sociale de la France.

Octobre 1852.

LE COMITÉ RÉVOLUTIONNAIRE.

II.

AU PEUPLE.

Citoyens,

Lorsque nos pères, il y a près de cinquante ans, laissèrent monter au trône le soldat d'Arcole et de Toulon, en un seul vote ils consommèrent tous les crimes contre la patrie, plus tard souillée par deux invasions, crime contre l'humanité qu'ils jetèrent dans les crises et dans le sang; crime contre la pensée libre qu'ils livrèrent à la force insolente; crime contre leurs enfants, par eux dépouillés et dont le patrimoine à reprendre a coûté deux révolutions; crime, enfin, contre eux-mêmes et contre leur mémoire, car ils se suicidèrent en se déshonorant.

Aujourd'hui, citoyens, on vous invite à renouveler ce bail

infâme de la servitude ; on vous convie au second empire, et ce n'est pas la victoire, cette fois, qui lui sert de marraine, c'est la police ; et ses campagnes d'Italie s'appellent Mazas, Cayenne, Lambessa.

Si la France, éblouie par les éclairs d'une grande épée, se déshonora pourtant et se perdit aux calendes de l'an IV que dira-t-on de vous par toute la terre, de vous, citoyens majeurs, chevronnés par deux révolutions et venant aujourd'hui, comparses de la police, couronner le César du guet-apens ?

La conscience n'a qu'un nom pour un pareil suicide : lâcheté ; et l'histoire n'aurait qu'une place pour un tel peuple : les gémonies !

Citoyens :

L'exercice de la souveraineté n'est qu'une abominable trahison et la plus triste des comédies humaines quand la liberté ne tient pas les urnes ; or, qui les tient aujourd'hui ? la dictature de l'assassinat, le 2 décembre !

Le vote au scrutin, même secret, n'est que le vol organisé, quand c'est le mensonge qui dépouille. sous les auspices et sous les faisceaux de la force. Or, qui les dépouille aujourd'hui ces bulletins effacés, tombés dans l'urne sous l'œil des gendarmes ? Le mensonge incarné, le parjure hypocrite et sanglant, le système du 2 décembre !

Un peuple peut voter pour ou contre, sur l'impôt, sur la paix, sur la guerre et sur les formes relatives de la souveraineté, quand elle n'engagent pas le fond ; mais sur l'existence elle-même de cette souveraineté, sur le droit inaliénable, éternel, sur le principe et l'essence de la vie, *tout vote est un crime* ; *on ne doit répondre que par les armes* !

Quelle est, aujourd'hui, la question posée ? L'Empire, l'Empire héréditaire ! c'est-à-dire l'abdication de la souveraineté se couchant dans la servitude éternelle, comme un soleil éteint dans la mer, l'aliénation à perpétuité de soi-même et de ses enfants, la mort volontaire, sans réveil et déshonorée.

Citoyens, vous ne commettrez pas cet attentat horrible ; vous n'étendrez pas, comme un suaire, sur la tombe de la République scellée par vous, la pourpre souillée d'un César de carrefour ; vous ne porterez pas une main impie sur vos révolutions, sur vos trophées, sur vos espérances, sur la civilisation qui ne vit que de liberté, sur vos enfants et sur vous-mêmes.

Vous ne consommerez pas ce grand meurtre de l'honneur et du devoir : vous ne voterez pas!

Laissez la police et les parasites de tous les temps travailler à la guirlande impériale, et vous, préparez le chanvre vengeur.

Oui, la nuit, le jour, au milieu des foules comme dans l'ombre, reconnaissez-vous, organisez-vous, fortifiez-vous : que chacun vive dans tous et tous dans chacun ; qu'une foi commune vous anime, la foi révolutionnaire, implacable, persévérante, hardie comme celle de nos pères de 92, et toujours prête à se lever, à frapper.

Citoyens, devant un tyran, un parjure, un assassin des libertés publiques, voilà le seul grand devoir à remplir.

Octobre 1852.

La Société *la Révolution*.

III.

AU PEUPLE.

Citoyens,

L'Empire va se faire. Faut-il voter? Faut-il continuer de s'abstenir? Telle est la question qu'on nous adresse.

Dans le département de la Seine, un certain nombre de républicains, de ceux qui jusqu'à ce jour se sont abstenus comme ils le devaient, de prendre part, sous quelque forme que ce fût, aux actes du gouvernement de M. Bonaparte, sembleraient aujourd'hui ne pas être éloignés de penser qu'à l'occasion de l'empire une manifestation opposante de la ville de Paris, par la voie du scrutin, pourrait être utile, et que le moment serait peut-être venu d'intervenir dans le vote. Ils ajoutent que, dans tous les cas, le vote pourrait être un moyen de recensement pour le parti républicain ; grâce au vote, on se compterait.

Ils nous demandent conseil.

Notre réponse sera simple ; et ce que nous dirons pour la ville de Paris peut être dit pour tous les départements.

Nous ne nous arrêterons point à vous faire remarquer

que M. Bonaparte ne s'est pas décidé à se déclarer empereur sans avoir au préalable arrêté avec ses complices le nombre de voix dont il lui convient de dépasser les 7.500,000 de son 20 décembre. A l'heure qu'il est, 8 millions, 9 millions, 10 millions, son chiffre est fait. Le scrutin n'y changera rien. Nous ne prendrons pas la peine de vous rappeler ce que c'est que « le suffrage universel » de M. Bonaparte, ce que c'est que les scrutins de M. Bonaparte. Manifestation de la ville de Paris ou de la ville de Lyon, recensement du parti républicain, est-ce que cela est possible? Où sont les garanties du scrutin? où est le contrôle? où sont les scrutateurs? où est la liberté? Songez à toutes ces dérisions. Qu'est-ce qui sort de l'urne? la volonté de M. Bonaparte. Pas autre chose. M. Bonaparte a les clefs des boîtes dans sa main, les *Oui* et les *Non* dans sa main le vote dans sa main. Après le travail des préfets et des maires terminé, ce gouvernant de grands chemins s'enferme tête-à-tête avec le scrutin et le dépouille. Pour lui, ajouter ou retrancher des voix, altérer un procès-verbal, inventer un total, fabriquer un chiffre, qu'est-ce que c'est? un mensonge, c'est-à-dire peu de chose; un faux, c'est-à-dire rien.

Restons dans les principes, citoyens. Ce que nous avons à vous dire, le voici :

M. Bonaparte trouve que l'instant est venu de s'appeler *Majesté*. Il n'a pas restauré un pape pour le laisser à rien faire; il entend être sacré et couronné. Depuis le 2 décembre, il a le fait, le despotisme; maintenant il veut le mot, l'empire. Soit.

Nous, républicains, quelle est notre fonction? quelle doit être notre attitude?

Citoyens, Louis Bonaparte est hors la loi; Louis Bonaparte est hors l'humanité. Depuis dix mois que ce malfaiteur règne, le droit à l'insurrection est en permanence et domine toute la situation. A l'heure où nous sommes, un perpétuel appel aux armes est aux fond des consciences. Or, soyons tranquilles, ce qui se révolte dans toutes les consciences arrive bien vite à armer tous les bras.

Amis et frères, en présence de ce Gouvernement infâme, négation de toute morale, obstacle à tout progrès social, en présence de ce Gouvernement meurtrier du peuple, assassin de la République et violateur des lois, de ce Gouvernement né de la force et qui doit périr par la force, de ce Gouvernement élevé par le crime et qui doit être terrassé par le droit, le Français digne du nom de citoyen ne sait pas, ne veut pas savoir s'il y a quelque part des semblants de scrutin, des comédies de suffrage universel et des parodies d'appel à la nation; il ne s'informe pas s'il y a des hommes qui votent et des hommes qui font voter, s'il y a un troupeau qu'on appelle le Sénat, et qui délibère, et un autre troupeau qu'on appelle le peuple, et qui obéit; il ne s'informe pas si le pape va sacrer, au maître-autel de Notre-Dame, l'homme qui — n'en doutez pas, ceci est l'avenir inévitable — sera ferré au poteau par le bourreau; en présence de M. Bonaparte et de son Gouvernement, le citoyen digne de ce nom, ne fait qu'une chose et n'a qu'une chose à faire : charger son fusil et attendre l'heure.

Vive la République !

Les proscrits démocrates-socialistes de France résidant à Jersey, et réunis en assemblée générale, le 31 octobre 1852.

Pour copie conforme :

La commission,

Victor Hugo,
Fombertaux,
Philippe Faure.

LES

CONSPIRATIONS

SOUS LE SECOND EMPIRE.

SOCIÉTÉ SECRÈTE DE LA RUE DE LA REINE-BLANCHE (Jugement, 18 septembre 1852). — Dans les six premiers mois qui suivent le coup d'Etat, on ne pas découvre trace d'un complot contre le dictateur. Les commissions mixtes et les conseils de guerre fonctionnent ; la guillotine fait son office ; les pontons voguent tranquillement vers Lambessa, vers Cayenne. L'ordre est rétabli ; la société est sauvée. Le parti du crime semble anéanti. Durant cette période, quelques tentatives isolées eurent-elles lieu ? On l'ignore. Dans tous les cas, rien n'en transpira ; un mystère impénétrable les couvre : on en étouffa le bruit soigneusement, comme on fit pour le complot Kœlch et plusieurs autres qui seront ici racontés pour la première fois. L'affaire de la rue de la Reine-Blanche est, en 1852, pour le public, le seul signe de vie que donne le parti républicain.

Il y a bien aussi la machine de Marseille ; nous en parlerons tout à l'heure.

Il s'agit ici évidemment de préparatifs d'insurrection. Treize personnes, parmi lesquelles plusieurs femmes, sont arrêtées en flagrant délit de fabrication d'armes de guerre, le 30 juin, dans une maison inhabitée de la rue de la Reine-Blanche, quartier Mouffetard, maison dont l'un des inculpés était concierge. Dix-neuf autres arrestations ont lieu dans la nuit et le jour suivant. On publie immédiatement que les engins saisis par la police sont, non des armes ordinaires, mais des machines infernales destinées à faire sauter et à incendier les principaux quartiers de Paris, qu'on aurait ensuite livrés au pillage.

A part un ex-officier de marine, M. Viguier, et un médecin, le docteur Henri Favre, toutes les personnes arrêtées appartiennent à la classe ouvrière.

Après un interrogatoire qui dure deux mois et demi, quinze inculpés sont renvoyés devant le tribunal de police correctionnelle sous la prévention de société secrète et de fabrication et détention d'armes de guerre sans autorisation.

L'affaire vient au rôle le 15 septembre. La seule partie véritablement intéressante des débats est la déposition des experts, la description des armes fabriquées par les prévenus. M. Caron, armurier, passage de l'Opéra, fait à ce sujet le rapport suivant :

« On m'a remis des tubes en fonte, dits *dauphins*, employés communément dans les bâtiments et maisons à la conduite des eaux pluviales ou ménagères; il y en avait de deux sortes, des tubes droits et des tubes coudés. Ces tubes étaient évidemment destinés à lancer des projectiles, car on les avait préparés en forme de canon; une des extrémités était bouchée avec du ciment romain, ce qui formait la culasse; ils étaient percés d'une lumière. Les uns étaient recouverts d'une forte toile grise, enduite de colle forte, ce qui les rendait plus solides et empêchait les dangers de leur éclatement; les autres étaient nus; il y en avait qui étaient complétement achevés et qui pouvaient être mis en usage immédiatement; d'autres étaient en cours de fabrication.

« J'ai été chargé de fabriquer des armes semblables avec les mêmes procédés. J'ai pris des tuyaux de fonte semblables à ceux que j'avais sous les yeux, j'ai enduit de la toile grise de colle forte, j'en ai recouvert les tubes, et j'ai bouché une de leurs extrémités avec du ciment romain pour former la culasse. Nous nous sommes rendus au polygone de Vincennes, et nous avons expérimenté ces tubes. Ils ont résisté sans éclater à une charge de 35 grammes de poudre et 18 balles qui ont porté à une distance de 45 mètres; nous avons trouvé ces résultats étonnants pour des instruments si grossièrement faits. »

M. le président. — N'avez-vous pas reconnu une différence entre les effets produits par les tubes recouverts de toile et ceux qui ne l'étaient pas?

M. Caron. — Oui, monsieur le président, la toile n'empêche pas le tube d'éclater, mais empêche les effets dangereux de l'éclatement.

M. le président. — Qu'est-il arrivé pour la culasse?

M. Caron. — La culasse a tenu bon; le ciment romain est très-dur; il a résisté; un des tubes a éclaté, mais au-dessus du ciment.

Le président, pour compléter ce point du débat, donne lecture d'un rapport de M. Chevalier, d'où il résulte que ces tubes-canons sont d'une préparation facile, qu'ils coûtent peu de temps, peu de soin et peu d'argent; ils sont susceptibles de servir en calculant la poudre sur la force de résistance. Cette résistance est plus grande qu'on ne le supposerait à la simple vue de ces armes grossières. A 55 grammes de charge de poudre, 20 balles sur 25 touchent le but et le pénètrent à une distance de 45 mètres. A 65 grammes le tube a éclaté, mais 4 balles sont arrivées.

M. Dapeloux, capitaine d'état-major d'artillerie en garnison à Vincennes, rend compte des résultats obtenus dans les expériences faites au polygone. — Nous avons essayé les tubes, d'abord avec de la poudre seulement. Ceux qui n'étaient pas recouverts de toile grise ont éclaté; les autres ont resisté beaucoup plus, et il a fallu de fortes charges pour les faire éclater. Les premiers éclataient en mille morceaux et volaient au loin; les seconds éclataient seulement en deux morceaux qui étaient contenus par le tube.

M. le président. — Ainsi l'emploi de la toile était un très-bon moyen de donner de la solidité aux canons? — R. Très-bon, mais ce mode n'est pas nouveau, il est même très-ancien, car il remonte au moyen-âge; il est connu dans la marine où l'on se sert de pièces très-susceptibles d'éclater; il est aussi mis fréquemment en usage dans la marine marchande. Quant au ciment qui formait la culasse, il a toujours résisté. Les tubes qui ont le plus résisté sont ceux recourbés, dits à coudes; cela s'explique facilement par les lois naturelles de la physique. A 30 mètres de distance, les tubes recourbés, chargés à 30 grammes de poudre et de 10 balles, ont porté dans un panneau d'un pouce d'épaisseur; plusieurs l'ont traversé, les autres sont restées dedans. Les tubes droits ont produit un moins bon résultat; ils ont moins de force que les recourbés.

Pendant toute la durée des débats, les accusés conservent une attitude très-ferme; ils accueillent leur condamnation inévitable par le cri unanime de : *Vive la République!*

Condamnations: Viguier, 2 ans de prison (par défaut); Durand père, 3 ans; femme Durand, 2 ans; Durand fils, 15 mois; Corbel, 3 ans; Ménard, 18 mois; Berthé, 3 ans;

Pâté, 2 ans; Carpeza, 2 ans; Brasseur, 20 mois; Machinal, 18 mois; Pelletier, 2 ans; Gradelet, 15 mois; femme Desmares, 2 ans; Henri Favre, 2 ans.

MACHINE INFERNALE DE MARSEILLE. La plus effroyable conspiration dont nous ayons à parler. — C'était à la fin de septembre, lors du voyage du prince-président dans le Midi. Les bons étaient alors tout à fait rassurés, trop rassurés; on ne parlait plus beaucoup *du parti du crime*, *des orgies socialistes*, *des Jacques*, *des cannibales de* 1851. Le spectre rouge déteignait. Un événement imprévu lui rendit tout son lustre.

Un télégramme de Marseille annonce tout à coup la découverte d'un affreux complot. On a mis la main sur une machine infernale qui devait anéantir le prince-président, son escorte et une partie de la population marseillaise.

Les détails arrivent, se pressent. Le *Moniteur*, le *Constitutionnel*, la *Patrie* rivalisent de renseignements précis, minutieux. C'est une machine monstrueuse, comme on n'en a jamais vu. L'invention de Fieschi n'était qu'un jouet d'enfant. La description de celle-ci donne des cauchemars. Qu'il suffise de dire qu'elle se compose de quatre énormes bouches à feu et de deux cent cinquante canons de fusil, et qu'elle peut coucher à terre un régiment par seconde.

Heureusement la police veillait! Que les honnêtes gens n'aient aucune crainte : la police sait tout. Mais dame, si la police n'était pas là!.. .L'inspecteur général Sylvain Blot tenait depuis longtemps les fils de cette trame ténébreuse. Il a suivi dans tous ses détails la fabrication de l'instrument de massacre. Il savait le lieu, l'heure. Divisée en vingt-huit morceaux, l'épouvantable machine avait été transportée dans une maison isolée, grand chemin d'Aix, sur le passage du président. C'est là qu'on l'a saisie. Une escouade d'hommes de police, armés jusqu'aux dents, a, durant la nuit, cerné le repaire et l'a envahi. Deux des asssassins seulement s'y trouvaient : l'un est pris l'autre a pu fuir.

Mais ces misérables ne sont que des agents subalternes. Les chefs, les véritables auteurs de l'attentat sont ailleurs. Où? Partout. Une immense société secrète existe, dont les comités centraux sont à Londres. en Suisse, dont les ramifications couvrent la France. C'est la société des *Invisibles*. Tous les républicains en font partie. Leur but est l'assassinat, le pillage, l'incendie, le viol. La mort du chef de l'Etat devait être le signal d'un massacre général.

Immédiatement des arrestations ont lieu par toute la France. A Paris, plusieurs centaines de personnes suspectes de républicanisme sont enfermées à Mazas.

La société est sauvée encore une fois.

Nouveaux détails : l'assassin dont on a pu se rendre maître est un certain Baekler, forgeron ; le fugitif se nomme Gaillard. La scène d'envahissement a été très-pittoresque ; le pittoresque ne gâte rien. La nuit était sombre. Tout semblait dormir. Seulement, par la fente d'un volet, au premier étage de la maison isolée, filtrait un mince rayon : les assassins travaillaient à leur œuvre diabolique. Les agents se cachèrent dans les fossés, pendant que l'un d'eux, s'approchant à pas de loup, frappait à la porte plusieurs coups espacés d'une certaine façon. Backler y fut pris ; il ouvrit la fenêtre et dit : Qui est là? faisant en même temps les signe de reconnaissance convenus dans l'exécrable rituel des *Invisibles*. Il allait descendre lorsque Gaillard cria : Nous sommes perdus! et éteignit brusquement la lumière. La vue perçante de cet homme avait distingué la tête d'un agent au-dessus du talus. Toute l'escouade se précipite alors, le pistolet au poing. La porte est enfoncée en un clin d'œil. Baekler est fait prisonnier, après une lutte acharnée. Quant à Gaillard, il a pu gagner la cour ; on le tenai,t lorsque ce misérable, doué d'une agilité prodigieuse, s'est élancé d'un bond pardessus la tête des agents et a disparu dans un puits. On le crut moré ; le scélérat était sauvé. Le puits n'était pas un puits, mais un souterrain dont l'autre ouverture débouchait, à deux cents pas de là, dans les broussailles.....

Mais le télégraphe joue ; on rattrappera Gaillard.

La machine infernale a été transportée à la préfectuae

Les arrestations continuent.

Grande nouvelle ! Gaillard est pris !

Gaillard a éte arrêté à Saint-Etienne, dans les bureaux mêmes du commissariat de police, où l'audacieux conspirateur s'était présenté demandant un passeport. Son déguisement n'a pas trompé un seul instant l'œil clairvoyant du magistrat qui, interrompant tout à coup cet homme, lui a dit d'une voix ferme, en le regardant fixement : « Votre nom est Gaillard ; vous fabriquez des machines infernales. » Se voyant découvert, le misérable est d'abord resté muet de stupeur, comme foudroyé. La force publique l'a entouré et garrotté sans qu'il ait songé à se défendre. Bientôt cependant l'énergie lui est revenue ; il a crié, protesté avec violence ; il se débattait comme un forcené. On l'a conduit à la prison de la ville au milieu d'une foule indignée qui, durant le trajet, sans la protection de l'escorte, eût fait certainement un mauvais parti à cet assassin. Enfin, à la prison, il s'est décidé à abandonner un système impossible ; il a tout avoué, son nom et son crime. Il est même entré dans des détails très-curieux, complètement nouveaux, au sujet de la machine infernale et de la mystérieuse société des *Invisibles*. Nous publierons demain ce que nous avons pu recueillir de ces intéressantes révélations. Gaillard vient d'être dirigé sur Marseille.

La machine infernale a été transportée de la préfecture au greffe du tribunal.

Tout est tranquille. Les arrestations continuent.

Nous devons mettre le public en garde contre une fable ridicule évidemment imaginée par des gens mal intentionnés. On répand le bruit que l'individu arrêté à Saint-Etienne n'est point le Gaillard qui a fabriqué la machine infernale ; que c'est un autre Gaillard, homme d'ordre, suisse de sa paroisse, étranger à la politique. Le récit que nous avons donné est seul exact. Les colporteurs de fausses nouvelles s'exposeraient à être poursuivis avec rigueur.

Patatras ! La justice a été jouée, indignement jouée ! L'homme de Saint-Etienne est un faux Gaillard. On a reconnu son identité. Le misérable ne s'appelle pas même Gaillard ! La justice a été bernée, outragée de la façon la plus scandaleuse. Les révélations sur la société des Invisibles ? mensonges, inventions, pur roman ! Mais dans quel but cette mystification sans exemple ? L'impudent coquin répond qu'il voulait contenter amplement M. le commissaire et M. le juge d'instruction, et qu'il a fait de son mieux. On garde ce scélérat sous les verrous.

Quant au vrai Gaillard, il n'échappera pas. On est sur sa piste.

L'effroyable machine est toujours au greffe. Un groupe de curieux stationne jour et nuit devant la porte.

La Cour d'appel a évoqué cette horrible affaire, que jugeront les prochaines assises. L'instruction se poursuit activement.

. . . .

Pendant six semaines, il ne fut bruit dans les journaux

que du complot de Marseille. Après quoi, on n'en parla plus. JAMAIS.

Le nombre des bulletins pour le rétablissement de l'Empire s'était élevé au chiffre de 7,800,441.

COMPLOT KOELCH (17 janvier 1853). — Singulier complot qui n'a jamais été jugé et dont l'existence fut pour la première fois révélée au public quatre ans plus tard, lors du procès Tibaldi, pour fournir une charge nouvelle contre certains accusés. — Nous parlerons du complot Kœlch à propos du procès où l'on a cru devoir l'exhumer; c'est là seulement qu'il convient de raconter et d'expliquer cette étrange histoire.

AFFAIRE DE LA COMMUNE RÉVOLUTIONNAIRE (Jugement du 22 juillet 1853 qui condamne pour société secrète, distribution d'écrits séditieux et provocation à la guerre civile : Félix Pyat, Boichot, Caussidière, L. Avril, Rougée, 10 ans d'emprisonnement (par défaut); Bardot, Bravard, Berlier, Génin, Gravier, 5 ans; Cordier, 2 ans; veuve Libersalle, Obin, femme Obin, 6 mois; veuve Foubard, 1 mois; Vergès et Roiné, 1 mois; Vigneaud, 6 mois). Voir le volume que nous consacrons en entier à l'histoire de la Commune révolutionnaire.

COMPLOT DE VINCENNES OU DE LA LIGNE FÉDÉRALE (Jugement, 12 août 1853). — Celui-ci est légitimiste. Il paraît manquer de sérieux. Dans le courant de mai, des perquisitions opérées chez plusieurs personnes aux opinions légitimistes bien connues, notamment chez M. Jeanne, papetier, passage Choiseul, amènent la découverte d'emblèmes royalistes, de décorations bizarres, de rubans, de brevets de colonel, lieutenant, sergent, caporal, etc., délivrés, au nom du roi de France, à un certain nombre de fidèles. On saisit enfin une correspondance d'où il résulte qu'un certain Adjutnr Dubuisson, propriétaire aux environs de Vire, est le général en chef d'une armée dont personne ne soupçonna l'existence. Le papetier Jeanne a le grade de *colonel supérieur*. Organisée par brigades et bataillons, cette armée a son centre d'opérations à Paris; son effectif, en comptant les chefs et les soldats, se compose de 22 hommes, dont un invalide. Chacun est censé recevoir une solde selon son grade.

La correspondance saisie cache les secrets de l'association sous des expressions commerciales : le *patron* signifie le comte de Chambord; par *marchandises*, *articles*, *commis* on entend les adhérents; par *concurrence*, le socialisme et l'orléanisme ; par *ouverture de magasins* le jour de l'action.

Cette société secrète assez inoffensive est sévèrement frappée.

Dubuisson, 4 ans d'emprisonnement (par défaut) ; Baguet, 2 ans (*id*); Jeanne, 2 ans; Vignol, Sicard, Bouquin de la Souche, Germain, Alvarès, Bourgoin (par défaut), Lafeuillade, 6 mois ; Blazy et Barbotte, 1 ans ; Piégard, Dapatie, Couturier, 2 ans ; Salviat, 15 mois; Bataille, 8 mois ; Jannet, 18 mois; Pétillon, 2 mois; Rabier, 1 mois,

---

COMPLOT DE L'HIPPODROME

ET DE L'OPÉRA-COMIQUE

COUR D'ASSISES DE LA SEINE.

—

PRÉSIDENCE DE M. ZANGIACOMI.

—

Audience du 7 novembre 1853.

—

Les débats de ce grave procès politique avaient attiré une foule considérable de curieux qui, dès huit heures du matin attendaient l'ouverture des portes. — Le public s'installe en silence; toutes les mesures ont été prises pour assurer l'ordre.

La table des pièces à conviction est couverte d'épées, de sabres, de pistolets, de cartons, de livres et de brochures, saisis sur les accusés ou chez eux.

A dix heures un quart la Cour entre en séance, et M. le président déclare que l'audience est ouverte.

Le siége du ministère public est occupé par M. le procureur-général Roulland, et par M. l'avocat-général Mongis.

Il est procédé au tirage des jurés qui doivent siéger dans cette affaire.

M. le président procède ensnite à l'interrogatoire sommaire des accusés présents, qui, placés sur trois rangs, répondent dans l'ordre suivant aux questions qui leur sont adressées :

Folliet (Louis), 50 ans, employé au chemin de fer de Strasbourg, né à Genrins (Ain), demeuurant à Paris, rue Saint-Laurent, 18. — Me Paillard de Villeneuve, avocat, défenseur nommé d'office;

Ruault (Joseph), 40 ans, tailleur de pierres, né à Villers-

Canivet (Calvados), demeurant à La Chapelle-Saint-Denis, rue de la Goutte-d'Or, 14. — Mº Lachaud, défenseur;

Monchirond (Auguste), teneur de livres. demeurant à Paris, rue Notre-Dame-de-Nazareth. — Mº Floquet, défenseur;

Decroix (Paul-Joseph-Philippe), 47 ans, marchand de futailles, né à Béthune (Pas-de-Calais), demeurant à La Chapelle-Saint-Denis, rue Marcadet. — Mº Fouet de Conflans, défenseur;

Lux (Joseph), 36 ans, fabricant de chaussons à la mécanique, né à Riviels (Bas-Rhin, demeurant à Paris, place des Trois-Maries. — Mº Maillard, défenseur;

Alix (Jules), 35 ans, professeur, né à Fontenay (Vendée), demeurant à Paris. rue de Buffault, 11. — Mº Henri Didier, défenseur;

Thirez (Edouard) 36 ans, cordonnier, né à Lillers (Pas-de-Calais), demeurant à Paris, rue de Jouy, 4. — Mº Fremart, défenseur;

Bratiano (Jean-Constantin), 30 ans, propriétaire, né à Bucharest (Valachie), demeurant à Paris, rue Mézières, 4. — Mº J. Favre, défenseur;

Gérard (Joseph), 42 ans, tailleur, né à Chambry (Meurthe), demeurant à Paris, rue de la Jussienne, 5. — Mº Cresson, défenseur, nommé d'office;

Deney (Charles François-Marie), 28 ans, tailleur, né à Paris, y demeurant, rue St-Honoré, 273. — Mº Faverie, avocat, défenseur nommé d'office;

Copinot (Eugène-Adrien), 22 ans; papetier, né à Toussy (Yonne), demeurant à Paris, rue de Chabrol, 25. — Mº Demonjay, avocat, défenseur désigné d'office;

De Méren (Paul-Richard-Dieudonné-Jean-Baptiste), dit le Belge, 25 ans, né à Marche (Belgique), comptable, demeurant à Paris, rue Montorgueil, 58. — Mº Lecanu, avocat, défenseur, désigné d'office;

Malz (Jean-Georges), 53 ans, boulanger, né à Rishoffein (Bas-Rhin), demeurant à Batignolles, passage Lathuile. — Mº Andral, avocat, défenseur désigné d'office;

Mailliet (Alexandre), 31 ans, cordonnier, né à Cateau-Cambrésis, demeurant rue de la Butte-St-Chaumont, à Paris. — Mº Kaempfen, défenseur;

Mariet (Gustave), 18 ans, papetier, né à Paris, y demeurant, rue du Faubourg St-Jacques, 3. — Mº Duverdy, avocat, défenseur désigné d'office;

Mazille (Charles), 29 ans, menuisier, né à St-Gengouxle-Royal (Saône-et-Loire), demeurant à Paris, rue de la Comète, 10. — Me Margue, avocat, défenseur d'office ;

Turenne (Pierre), 23 ans, tailleur, né à Nancy (Meurthe), demeurant à Paris, rue de Viarmes, 17, — Me Racle, avocat, défenseur désigné d'office;

Gabrat (Pierre), 30 ans, tailleur, né à Voussac (Allier), demeurant à Paris, rue Beauregard, 14. — M. Sorel, avocat, défenseur désigné d'office ;

Jaud (Joseph), 22 ans, né à Orgelet (Jura), bijoutier, demeurant à Paris, rue St-Paul, 22. — Me Emion, avocat, défenseur désigné d'office;

Commès (François), 30 ans, mécanicien, né à Trèves (Prusse), demeurant à Paris, rue St-Paul, 3. — Me Hubbart, défenseur;

Joiron (Henri), 32 ans, cordonnier, né à Premery (Nièvre), demeurant à Paris, rue du Petit-Carreau, 26.—Me Dumirail, défenseur ;

Baudy (François), 22 ans, cordonnier, né à Lyon (Rhône), demeurant à Paris, rue de la Tannerie, 12. — Me Baron, avocat, défenseur désigné d'office ;

Follot (Jean-Laurent), 42 ans, docteur en médecine, né à Essey (Côte-d'Or), demeurant à Paris, rue Montorgueil, 58. — Me Billequin, défenseur;

Ribault de Laugardière (Léon-Ferdinand-Hippolyte), 22 ans, étudiant en médecine, né à Paris, y demeurant, rue des Écuries-d'Artois, 45. — Me Bozérian, défenseur nommé d'office;

Ranc (Arthur), 21 ans, étudiant en droit, né à Poitiers (Vienne), demeurant à Paris, rue Saint-Jacques, 228. — Me Desmarets, défenseur;

Laflize (Sigismond), 23 ans, étudiant en droit, né à Nancy (Meurthe), demeurant à Paris, rue des Ursulines, 12. — Me Martin (de Strasbourg), défenseur ;

Martin (Félix), 22 ans, étudiant, né à Brest (Finistère), demeurant à Paris, rue des Cordiers, 18. — Me Danglebert, défenseur.

M. le greffier Commerson donne lecture de l'acte d'accusation, qui est ainsi conçu :

L'acte providentiel du 2 décembre avait sauvé la France. La France, à son tour, par huit millions de suffrages et par des acclamations unanimes, avait maintenu librement le pouvoir aux mains qui s'en étaient servies pour lui rendre la gloire et la prospérité. L'heure était venue pour les bons de se rassurer; mais si les méchants tremblaient à leur tour, ils n'avaient pas pour cela désarmé. Si les doctrines anarchiques ne pouvaient plus se proclamer au grand jour, elles continuaient à se répandre dans l'ombre. Les débris dispersés des sociétés secrètes se rapprochèrent. La clémence même d'un prince généreux devint une arme contre lui. Au premier mot, l'on fut d'accord. Il fallait arriver à la République démocratique et sociale par l'assassinat de l'Empereur. Cet odieux programme est celui des hommes amenés aujourd'hui aux pieds du jury. La vigilance et l'énergie de l'administration ont, avec l'aide de Dieu, déjoué un abominable complot. Il appartient maintenant à la justice de punir les coupables. D'autres juges auront à connaître de l'association clandestine à laquelle appartenaient les accusés; ici cependant elle garde une large place, comme élément du complot dont elle avait pour but de préparer le succès. Dès le mois d'avril 1853, l'instruction suit la trace de ces réunions criminelles où se complotaient l'assassinat de l'Empereur et le renversement de nos institutions, mais c'est au 2 juin spécialement que le complot commence à prendre une forme saisissable.

Le 2 juin, les nommès Folliet, Alix, Ruault et deux ou trois autres individus, appartenant comme eux à la classe ouvrière, étaient réunis chez le nommé Gérard, l'un des plus dangereux entre tous ces hommes si ardents à la ruine de la société. Ils sortaient ensemble, se dirigeaient vers le Palais-Royal, écoutant l'exposé fait par Alix d'un plan de barricades qu'il avait conçu pour le jour où l'action devait succéder aux paroles. Le lendemain, les mêmes hommes se trouvaient, à neuf heures du soir, dans la commune de La Chapelle-Saint-Denis, au domicile du nommé Decroix, marchand de futailles, transporté gracié, et qui reconnaissait la clémence de son souverain en concourant à l'assassiner. A cette réunion avaient été appelés des hommes que l'on peut croire étrangers à la conjuration, mais dont les antécédents semblaient promettre aux conjurés des garanties de discrétion et un utile concours. C'étaient, entre autres, les nommés Vauthier, conduit par Bronsin; Budan, amené par Robin. Folliet, conspirateur émérite, présidait l'assemblée. On débattit longtemps le plan d'Alix, mais sans rien arrêter. C'était comme une séance préparatoire. On tâtonnait, on cherchait à se fixer; on demandait, par exemple, à Vauthier, employé au chemin de fer d'Orléans, si l'on pouvait compter sur ses camarades comme en 1848, et comme on s'étonnait de recevoir une réponse négative, Vauthier ajoutait : « Que voulez-vous, les temps sont bien chan-« gés ; la raison est venue avec l'âge, et puis ils sont « maintenant pères de famille. » Faut-il s'étonner, après de semblables paroles, que la famille soit mise au ban de l'école socialiste !

On devait, le lendemain 5, se réunir chez Folliet ; mais sur un contre-ordre émané on ne sait d'où, c'est au pied des fortifications, dans la plaine des Vertus, que l'on retrouve les conjurés. Des précautions intelligentes, minutieuses, presque savantes, avaient été prises pour la sûreté commune. On arrivait au rendez-vous séparément ou par petits groupes, marchant par des sentiers détournés et non sans regarder à chaque pas autour de soi ; des sentinelles étaient posées de distance en distance, prêtes à donner l'éveil en cas de danger.

Dans cette séance, on reprit la discussion du plan d'Alix pour le rejeter en définitive. Ruault résuma la discussion en s'écriant : « Que l'on ferait des barricades comme « à l'ordinaire. » Il ajouta que le lendemain il mettrait à la disposition d'Alix et de Mariet une imprimerie destinée à répandre des proclamations incendiaires. Déjà l'on avait mis en circulation deux bulletins par lesquels un comité directeur, invisible, invitait tous les citoyens à se tenir prêts. Folliet fit un rapport sur vingt-six canons fabriqués secrètement avec des tuyaux à gaz : c'était l'œuvre de deux conjurés, Mailliet et Régnier, qui, pour leur travail, avaient reçu de Copinot, en quatre fois, une somme de 150 fr. On applaudit et l'on déclara qu'il était temps d'agir, c'est-à-dire d'assassiner l'empereur et de dresser des barricades. Une voix s'éleva pour demander s'il ne conviendrait pas de prévenir le colonel Charras. « Inutile ! s'écria Monchirond, le colonel Charras sait « tout. » On convint alors qu'à la première occasion où l'Empereur serait rencontré sans escorte, les conjurés feraient feu sur lui ; que son cadavre serait ensuite traîné dans les rues ; que de toutes parts s'élèveraient des barricades, et que la République serait proclamée sous la dictature du condamné Blanqui. On devait s'approcher de Sa Majesté au cri de : « Vive l'Empereur ! » pour se rendre plus facile l'accès de sa personne. L'assemblée fut déclarée en permanence. Depuis deux heures déjà les conspirateurs étaient assemblés ; la vue d'un gendarme accéléra la séparation; elle s'opéra avec les mêmes précautions que l'on avait prises pour se réunir.

Le lendemain 6 juin, il était annoncé partout que Leurs Majestés devaient venir à l'Hippodrome, et que sans doute, suivant leur habitude, elles seraient sans escorte. Cette journée ne pouvait rester inoccupée par les conjurés. Des pistolets et des poignards furent distribués à plusieurs, entre autres à Mariet et à Joiron par Ruault et par Gérard; Gérard, notamment, remit à Ruault deux pièces de 20 fr. et un panier contenant, avec quelques cartouches, trois paires de pistolets et un poignard. Le 7, dans la matinée, le mot d'ordre fut donné. On devait se réunir à l'Hippodrome, et, soit à l'entrée, soit à la sortie, consommer l'attentat. La vigilance de l'autorité avait déjà découvert une grande partie des faits qui viennent d'être rapportés; les moindres démarches des principaux membres de la conspiration étaient observées.

C'est ainsi que le 7, dans la matinée, on avait surpris le secret d'une réunion chez Folliet; on avait vu Lux et Ruault sortir de son domicile; ils avaient été suivis pas à pas. A la place Lafayette, on les avait vus choisir, entre une vingtaine de fiacres, le seul qui fût muni d'un vasistas à l'arrière. C'est par cette ouverture que, pendant le trajet jusqu'à la place de la Madeleine, on vit souvent apparaître le visage des accusés, observant sans doute s'ils étaient suivis. De la place de la Madeleine, ils montèrent à pied les Champs-Elysées, s'arrêtant parfois pour échanger quelques mots rapides avec des complices; puis, arrivés sur la butte de l'Hippodrome, on les vit s'aboucher successivement avec divers groupes d'hommes à figures sinistres qui stationnaient aux abords du théâtre, notamment dans l'espace compris entre la loge impériale et la petite rue de Bellevue. D'autres groupes, d'un aspect non moins inquiétant, étaient échelonnés sur l'avenue de Saint-Cloud, du côté du bois de Boulogne, que Leurs Majestés devaient traverser pour se rendre au théâtre. Neuf individus étaient réunis à la porte même du bois. De ce nombre étaient Joiron et Commès, armés ainsi que deux autres. Mailliet avait promis d'armer les autres; pour n'avoir pas pu le faire, il faillit être tué sur place par Joiron.

Sur les cinq heures et demie, au moment où les agents de service faisaient ranger la foule pour faciliter le passage de la voiture impériale, Lux frappa dans ses mains et poussa un cri d'une nature particulière. Aussitôt on put remarquer un grand mouvement dans les groupes; quelques hommes se rapprochèrent, d'autres partirent, se dirigeant vers l'avenue de Saint-Cloud et le bois de Boulogne. Dans tout ce parcours, des sentinelles avaient été placées et se tenaient, non pas debout, mais couchées dans les fossés, l'œil et l'oreille au guet, prêtes à donner ou à transmettre tous les avertissements nécessaires. Les sages mesures prises sans bruit, mais avec énergie par l'autorité, ne permirent pas à l'attentat de se consommer, et Leurs Majestés purent, non sans peine à la vérité, mais au moins sans être inquiétées, regagner le château de Saint-Cloud. Le complot avait échoué; mais avec de tels hommes, un échec n'est qu'un ajournement, et dès le lendemain on voit la société secrète où dominent les Ruault, les Folliet, les Gérard, renouveler ses démarches, agrandir le cercle de son action, et, entrant en quelque sorte dans une phase nouvelle, multiplier les chances de son abominable triomphe.

Le 8 juin, en effet, Ruault conduit Mariet et Copinot au Luxembourg, où une conférence a été ménagée à l'avance avec les nommés Ribault de Laugardière, Laflize et Arthur Ranc, tous trois étudiants; celui-ci en droit, ceux-là en médecine. Là, comme on dit dans un certain langage, la blouse et l'habit noir fraternisèrent ensemble. La fusion fut opérée entre deux sociétés composées d'éléments divers, mais tendant au même but. On s'encourageait mutuellement à la persévérance; on se promit de ne pas laisser échapper une seule occasion. Il fut convenu que l'on tenterait quelque chose le premier jour de l'exposition d'horticulture, et que, dans cette circonstance, toute la société serait convoquée en armes. En attendant, et dès le soir même, on rôda autour du Gymnase, mais on ne put rien tenter.

Dans la nuit du 8 au 9, de nombreuses arrestations furent opérées sans ralentir ou décourager les conspirateurs. Vainement Folliet, Lux, Ruault, Decroix, Doton, Delbos et d'autres meneurs furent placés sous la main de la justice et mis dans l'impossibilité de nuire. Vainement, dans la nuit du 16, le préfet de police avait fait saisir au domicile de Bratiano l'imprimerie ayant servi à la composition des bulletins dont il a déjà été parlé, les successeurs ne manquèrent pas aux conspirateurs tombés; on serrait les rangs pour combler les vides, et tout était dit.

C'est ainsi que le nommé de Meren, dit le Belge, apparaît pour la première fois dans les assemblées qui suivent ces arrestations. De Meren, ami de Gérard, est présenté par lui ; il apporte à cette association de malfaiteurs le concours de son énergie et de sa dépravation.

Le 3 juillet, on trouve les deux sociétés fusionnées en rendez-vous à la Bastille, et se dirigeant de là, avec les précautions accoutumées, dans le voisinage de Saint-Mandé. Là, on renouvelle le serment d'assassiner l'Empereur.

Dès le mardi 5, l'occasion se présente pour l'exécution du complot. Les affiches de l'Opéra-Comique avaient annoncé pour le même jour la visite de Leurs Majestés. Tous les groupes sont convoqués, chaque chef arme ses hommes. De Meren achète de ses deniers trois paires de pistolets qu'il charge lui-même, et le bruit de cette opération est entendue par son logeur, le sieur François ; il en achète une quatrième paire pour Mariet sur le fonds commun ; il accepte comme un honneur la mission de donner le signal de l'attaque en tirant le premier ses deux coups sur la voiture impériale. Le 5, à sept heures du soir, tous les conjurés étaient à leur poste, les membres de la société appartenant à la classe ouvrière, dispersés dans les rues et sur le boulevard ; les autres, c'est-à-dire les étudiants, tels que Laugardière, Ranc, Laflize, réunis sur le grand balcon du café de ce nom, assistant d'abord comme spectateurs à l'attentat qui se prépare, et tout prêts à jouer un rôle plus actif aussitôt que l'assassinat aurait ouvert la porte à l'insurrection.

Au milieu de tous ces hommes, il en est un qui mérite une attention toute particulière, c'est le docteur Follot, amené là par Gérard ; Follot, héros de la philanthropie telle que les socialistes la comprennent ; Follot, muni de sa trousse, prêt à panser les blessés, « même les hommes « d'ordre, » dit-il avec emphase, « parce que, » suivant lui, « après tout, ils appartiennent à l'humanité. »

Aux abords du théâtre, d'ailleurs, la physionomie des groupes est la même qu'à l'Hippodrome : ce sont ces mêmes visages sombres et sinistres, ces allées et venues de quelques-uns, ces mots échangés rapidement et à voix basse ; ce sont les mêmes hommes enfin reconnus là par les agents qui avaient veillé aux portes de l'Hippodrome. Aussi l'administration n'hésita pas ; confirmée par tout ce qu'elle voyait dans les soupçons qu'elle avait déjà conçus, elle fit arrêter sur la place même un certain nombre d'individus, parmi lesquels on remarque les nommés Joiron, Commès, Gabrat, Deney, Turenne, Copinot, Baudy et Follot, celui-ci muni de sa trousse, ceux-là porteurs de poignards et de pistolets chargés prêts à faire feu. Les arrestations amenèrent des aveux, et avec les aveux la lumière si vive, si éclatante, qu'aujourd'hui la justice n'a plus à rechercher les coupables, mais seulement à les punir.

Après ce rapide exposé des faits généraux, et avant d'examiner successivement les charges qui pèsent sur chacun des accusés, on sait déjà quelles étaient les tendances de leur détestable association: mais on a dû se préoccuper de rechercher l'origine à laquelle elle remonte et les mobiles qui l'ont fait mouvoir. Sur ce point, qui appartient plutôt d'ailleurs à l'histoire du procès qu'à la répression du crime, l'instruction est restée, malgré de louables investigations, aux probabilités et aux invraisemblances.

Ainsi, il n'est pas établi que le complot aujourd'hui dénoncé au jury se rattache par un lien direct aux réfugiés qui, du sein d'une nation voisine et amie, suspendent chaque jour sur le monde civilisé les périls d'une conspiration en permanence. Ce qui peut permettre l'affirmative en ce sens, ce sont les paroles échappées à quelques-uns des accusés; l'un disant à son complice « qu'il le conduit « à une réunion où l'on aura des nouvelles de Londres; » l'autre (de Meren) déclarant en confidence « que les so- « ciétés ont des intelligences à l'étranger pour donner à « leurs opérations l'ensemble et l'unité nécessaires; » un autre (Montchirond) s'écriant « qu'il est inutile de rien faire « savoir au colonel Charras, parce que le colonel Charras « sait tout. » Et cela quand il est établi, par des pièces signées de cet ancien officier, qu'il a provoqué publiquement l'armée française à la révolte et à la trahison! quand il est notoire que l'ex-colonel Charras a quitté son ancienne résidence pour se rapprocher des frontières! A côté et à l'appui de cette argumentation, il est impossible de passer sous silence l'intervention momentanée du sieur Bastide, qui fut longtemps un membre actif des sociétés secrètes et l'ami des principaux réfugiés de Londres. L'instruction surprend le sieur Bastide, descendant du haut rang que lui a fait la révolution de 1848, pour prêcher la République à des étudiants qu'il ne connaît pas, et qui, le chapeau sur la tête, boivent et fument en l'écoutant.

Telles sont, au premier rang, les considérations qui permettraient de rattacher le complot de Paris à une origine lointaine, à une organisation redoutable et puissante.

Ce qui est dû moins bien certain, c'est que, par leurs œuvres et par leurs écrits, les éternels ennemis de l'ordre social ont pesé sur les imaginations, sur les esprits, sur les actes des conjurés; que si aujourd'hui les Ruault, les Gérard et tant d'autres ont un compte terrible à rendre devant la justice de leur pays, la réprobation qu'ils ont encourue doit remonter à leurs corrupteurs, aux écrits infâmes, aux doctrines sanguinaires des hommes qui composent le comité révolutionnaire européen, le club de la Révolution, la Commune révolutionnaire. Au domicile de presque tous, on a saisi, précieusement conservés, soit en manuscrit, soit en copies, soit en imprimés, les appels à l'anarchie émanés des réfugiés de Londres. De pareilles excitations adressées à des appétits grossiers, à des instincts matériels, à des hommes vivant pour la plupart dans la débauche et la fainéantise, ne devaient que trop facilement porter leurs fruits. Les accusés, ainsi pervertis par la presse, ne pouvaient manquer de lui demander son concours; et, sous leurs mains, elle est devenue un puissant levier de désordre. C'est ainsi que l'on a saisi entre les mains de Bratiano et de Laugardière une imprimerie et une presse autographique d'où avaient été tirés des bulletins et des proclamations incendiaires.

Pour terminer sur ce point, il suffit de dire que Ruault aurait été l'organisateur de cette société d'ouvriers venant plus tard se fondre avec celle des étudiants, et apportant ainsi (suivant l'expression de l'un d'eux) des bras à l'intelligence. Il paraît que cette association première, désignée par Ruault sons le nom des Deux-Cents, se composait de vingt groupes, comprenant chacun dix hommes, dont les chefs seuls devaient se connaître; qu'à côté, et en dehors de cette société, prête à tout oser, il en existait une autre appelée le Cordon sanitaire, destinée à diriger le mouvement plutôt qu'à le produire; mais ces classifications, toutes de théorie, semblent avoir disparu dans la rapidité et la violence de l'impulsion imprimée au complot. Le moment est venu de faire à chacun des accusés sa part dans le détestable drame où tous ont joué un rôle si criminel.

1° FOLLIET.

Louis Folliet, né le 25 novembre 1796, à Genrins, commune de Pugien, département de l'Ain, entrepreneur de bâtiments, employé au chemin de fer de Strasbourg, demeurant à Paris, rue Saint-Laurent, 18. Folliet, le plus âgé de tous les accusés, est aussi le plus expérimenté. Ses antédécents ne le préparaient que trop bien au nouveau crime qui lui est imputé. Issu d'une famille d'honnêtes cultivateurs, il avait appris l'état de charpentier ; mais, jeune encore, entraîné par de mauvais instincts, il dut vendre son patrimoine, et, après 1830, il se jeta dans la politique ardente, faisant de la propagande dans les cabarets, parmi les fainéants que l'on est toujours sûr d'y rencontrer. Ses fréquents voyages à Lyon, dans un temps où cette ville était le foyer des sociétés secrètes et des conspirations, l'avaient rendu suspect aux autorités de son pays.

En 1831, il était signalé comme un des hommes les plus turbulents de Bellay, et on le soupçonnait d'avoir trempé dans une affaire où il s'agissait de détruire, par le feu, les registres des contributions.

En 1836, après la dispersion de la société secrète dite des Familles, il en rassemble les débris avec Martin Bernard, et aide ainsi à former la société des Saisons, qui plus tard fut présidée par Barbès et par Blanqui.

En février 1838, arrêté pour complot, association illicite, détention de munitions de guerre, il est condamné sur ce dernier chef à deux ans de prison et deux ans de surveillance. On avait trouvé chez lui douze cents cartouches de guerre, et il était cité partout pour la violence de ses opinions. Aux accusations politiques se mêlaient des bruits d'une autre nature, et des plaintes en escroquerie furent à cette époque formulées contre lui. Le temps et les enseignements de la justice ne l'ont pas corrigé ; il est seulement devenu plus prudent ; il éclaire les conspirateurs de ses conseils, il les excite de ses haines ; mais, au moment de l'action, il se tient à l'écart, prêt à recueillir les fruits du crime sans en affronter les périls. Il était en relations suivies avec Alix, Ruault, Lux, Copinot, Mariet, Decroix, Montchirond, Bronsin.

Le 2 juin, réuni à Gérard et à Ruault dans une sorte de comité préparatoire, il écoutait l'exposé d'un système de barricades inventé par Alix.

Le 3, il assistait à la réunion tenue chez Decroix, il y avait même conduit le nommé Doton, à qui, chemin faisant, il expliquait un plan d'insurrection prochaine. C'est lui qui, ce jour-là, présidait la séance, assis en signe d'autorité (dit Budan) sur un siége plus élevé que les autres. Il a développé le plan de barricades proposé par Alix, et suivant l'expression du témoin Vauthier, il a pris la parole et l'a gardée longtemps ; il a excité vivement à inaugurer la république sociale par l'assassinat de l'Empereur, et c'est d'après ses conseils que les assassins devaient crier : « Vive l'Empereur! » pour rendre plus facile l'accès de la voiture impériale, C'est entre ses mains que se trouvait le modèle des vingt-six canons fabriqués par Mailiet et par Régnier.

Le 5 juin, il assistait à la séance tenue aux fortifications, dans la plaine des Vertus.

Le 7, un peu avant l'heure du rendez-vous à l'Hippodrome, c'est chez lui que Montchirond, Lux et Ruault venaient prendre leurs dernières instructions.

Arrêté le 9 juin, Folliet a d'abord tenté de s'enfermer dans des dénégations absolues : « On le prend pour un autre; il n'a pas conspiré. « Mais, plus tard, vaincu par l'évidence, reconnu par les agents de l'administration qui ont observé tous ses mouvements et suivi tous ses pas, signalé par ses complices eux-mêmes, il entre dans la voie des demi-aveux et reconnaît sa présence aux réunions. Il reconnaît qu'avant de s'y rendre il en connaissait le but; que Ruault et Copinot lui avaient très-clairement exposé le projet d'assassiner l'Empereur et de proclamer ensuite la république. Il résume toute sa défense en s'écriant : « Je ne suis pas si coupable qu'on le pense.» Le doute n'est pas possible. Parmi les accusés, la place de Folliet est marquée aux premiers rangs.

2° RUAULT.

Joseph Ruault, né le 8 juillet 1813, à Villiers-Canivet (Calvados), tailleur de pierres, demeurant rue de la Goutte-d'Or, 14, à La Chapelle-Saint-Denis.

En 1848, Ruault s'est signalé par ses opinions socialistes En 1851, il fut même arrêté sous prévention d'avoir fait partie d'une société secrète. C'est depuis cette époque qu'il paraît avoir voulu grandir son importance dans le parti de la démagogie en fondant, soit de son propre mouvement, soit sous une impulsion étrangère, les diverses sociétés que l'on désigne sous les noms de Deux-Cents, de Cordon sanitaire, de Comité directeur, et qui se sont confondues en une seule, ayant pour but l'assassinat de l'Empereur et le renversement de nos institutions. Folliet lui-même, quelle que fût son influence sur la société, paraît n'y avoir été admis que sur la présentation de Ruault.

Ruault était allé le trouver avec Copinot pour lui faire part de leurs affreux projets, espérant que sa vieille expérience leur serait utile et qu'il leur amènerait du monde. Folliet rejette d'ailleurs le dangereux honneur d'être réputé le président de l'affiliation, en disant « que les organisateurs de la société sont Ruault et Copinot ; qu'ils pouvaient avoir des conseils, mais qu'ils étaient les chefs, et que nul ne paraissait être au-dessus d'eux. »

Le même Copinot et l'accusé Mariet déclarent également avoir été affiliés par Ruault à la conspiration. On a vu plus haut que, le 2 juin, assisté de Folliet et de son ami Gérard, il écoutait de la bouche d'Alix, les détails d'un projet de barricades.

Le 5, il conduisait à la réunion de la plaine des Vertus le nommé Lamy, de qui il recevait une somme d'argent recueillie dans les ateliers pour le soutien de la société secrète. C'est lui qui, après l'exposé du plan de barricades inventé par Alix, contribue à le faire rejeter en s'écriant : « On fera les barricades comme à l'ordinaire. » C'est lui qui, dans cette séance, se charge de faire remettre aux mains de Mariet et d'Alix une imprimerie clandestine dont on attend les résultats les plus utiles à la conspiration. C'est sa femme qui, quelques jours après la tentative de l'Hippodrome, communique à Mariet les deux bulletins émanés de cette imprimerie, saisie plus tard chez Bratiano. C'est encore lui qui fait remettre à Mailliet, par Copinot, 150 francs destinés à la fabrication de vingt-six canons.

Le 6, Joiron et Mariet ont été conduits par lui chez Gérard, qui paraît avoir rempli dans l'affiliation le rôle de trésorier. Ruault recevait de ses mains 40 francs en deux pièces d'or et un panier contenant plusieurs cartouches et cinq pistolets. Copinot a été témoin de ces faits ; il a remis à Ruault 35 fr. que Mariet lui avait confiés de la part de Mazille, et sur lesquels Mariet avait retenu 1 fr. 50 cent. pour acheter une boîte de capsules, conformément aux ordres de Ruault. Le même jour, Ruault va chez le tailleur Delbos et charge un pistolet qu'il remet à Joiron, avec un poignard. Joiron l'avoue.

Le 8, jour de l'Hippodrome, accompagné de Lux, il se rend dans la matinée chez Folliet pour lui demander ses derniers conseils avant la consommation de l'attentat. De là, il se rend, avec le même complice, à l'Hippodrome. Pendant cette traversée, tous deux ont été observés et sui-

2.

vis par des agents qui rendent compte de leurs moindres mouvements.

On se rappelle ce qui a été dit plus haut du fiacre pris à la place Lafayette, choisi de préférence, à cause du vasistas dont il était pourvu; le cocher a été retrouvé: il se rappelle avoir été payé en une pièce de monnaie tachée de plâtre, ce qui lui a fait dire : « Je viens de conduire un maçon » (et Ruault est tailleur de pierres). Un cantonnier avec lequel Ruault a causé quelques instants aux Champs-Elysées le reconnaît et le signale; ses complices eux-mêmes le désignent comme le plus important, le plus actif, le plus acharné d'entre eux. Aux abords du théâtre c'est lui qui semble, avec Lux, diriger le mouvement et donner des ordres aux conjurés; c'est lui qui, le lendemain, invite ses complices Joiron et Mariet à une autre société composée d'étudiants; il les conduit au Luxembourg, où se rencontrent les nommés Laugardière, Laflize et Arthur Ranc. Il annonce que l'Empereur doit incessamment visiter l'exposition d'horticulture, et il combine avec ses nouveaux auxiliaires un plan d'attentat contre les jours de Sa Majesté. C'est ainsi et sous ses auspices que la fusion s'opère, que de nouvelles forces sont apportées au complot dont il est à la fois l'âme et le bras.

Arrêté chez lui le lendemain de son entrevue, il est trouvé détenteur d'armes de guerre. A des charges si nombreuses, si accablantes, Ruault n'oppose que de sèches dénégations; c'est avouer qu'il sent sa justification impossible. Il ne peut pas même alléguer les excitations de la misère, car, lorsqu'il travaillait, il gagnait 8 fr. par jour.

3° MONCHIROND.

Auguste Monchirond. né à...., teneur de livres, rue Notre-Dame-de-Nazareth, 19 (en fuite).

Cet accusé n'est pas moins immoral dans sa conduite privée qu'exalté dans ses opinions socialistes.

En 1851, il fut poursuivi et arrêté dans l'affaire du Comité de résistance; écroué pour complot à Bicêtre le 4 mai 1852, mis en liberté le 3 juin. Il paraît avoir abandonné sa femme et ses enfants pour vivre en état de double adultère avec une femme Deligny dont il partageait le domicile. Le 3 juin, il assistait à la réunion tenue chez Decroix. Il se distinguait tout à la fois par la violence de ses emportements et par l'air d'autorité qu'il savait prendre. C'est lui qui s'écriait : « Il n'y a rien à communiquer au colonel Charras. Le colonel est instruit de tout. » Dans cette séance il développait aussi son plan d'insurrection. « Cinq cents hommes, disait-il, à l'Hôtel-de-Ville, où l'on trouvera des armes et des munitions comme dans un petit fort; cinquante hommes par chaque mairie : c'est tout ce qu'il faut pour assurer le succès. » Budan et Robin notamment ont rapporté ce propos. Comme il se chargeait en même temps de procurer des armes, Robin lui disait : « C'est bien malheureux, car on fera bien des victimes. — Des victimes! il y en a déjà bien assez, répondait Monchirond, il est temps que cela finisse. » Lorsque, le 15 juin, on se présenta chez lui pour l'arrêter, il avait disparu, prétextant près de son patron une affaire pressante à la campagne. On saisit dans son domicile une paire de pistolets de tir et une quantité considérable de manuscrits et d'imprimés socialistes. La fuite de Monchirond dit assez la puissance des preuves accumulées contre lui.

4° DECROIX.

Pascal-Joseph-Philippe Decroix, né à Béthune (Pas-de-Calais), le 6 avril 1806, marchand de futailles à la Chapelle-Saint-Denis; le 13 février 1827, condamné pour rébellion à un mois de prison par le tribunal correctionnel de la Seine. Le 21 avril 1837, à un mois de prison pour coups et blessures. Transporté à la suite de l'insurrection de juin, grâcié le 3 décembre 1849, il a, comme tant d'autres de ses coreligionnaires politiques, reconnu la clémence du chef de l'Etat en s'armant contre lui.

C'est chez Decroix que le 3 juin s'est tenue cette réunion dont il a déjà été question plusieurs fois et où l'on agitait, sous la présidence de Folliet, l'assassinat de l'Empereur, l'insurrection, les barricades, la fondation de la République démocratique et sociale. Decroix arrêté le 9 juin, après la tentative de l'Hippodrome, a nié d'abord que l'on se fût réuni chez lui. Confondu par les affirmations contraires de plusieurs témoins et de presque tous les accusés eux-mêmes, il a fini par reconnaître qu'en effet Monchirond et quelques autres sont entrés chez lui; mais il a essayé de prétendre que, retenu dans son écurie, pour donner des soins à un cheval, il ne savait ce qui avait pu se dire dans sa chambre. Vauthier lui donne, entre autres, un démenti formel sur ce point : présenté par Bronsin, il a vu Decroix à la réunion, prenant part à la conférence, et cela pendant au moins vingt minutes. Budan tient le même langage.

Une perquisition, opérée au domicile de Decroix, a fait découvrir deux gibernes, un sabre-poignard avec son ceinturon, un fourreau de baïonnette, un sac à plomb, deux cornes pleines de poudre, un fusil de chasse et une vieille épée. En présence de ces faits, les dénégations et les réticences de Decroix ne supportent pas l'examen. Il a connu le complot, il l'a favorisé, il y a pris part.

5° LUX.

Joseph Lux, né le 6 janvier 1817, à Riviels, département du Bas-Rhin, fabricant de chaussures à la mécanique, place des Trois-Maries, 6. Démagogue forcené; accouru à Paris après la révolution de 1848, il se serait vanté d'avoir marché a la tête des factieux qui, le 15 mai, ont envahi l'Assemblée nationale. La violence de ses déclamations lui valut le triste honneur d'être délégué par le comité socialiste du IV° arrondissement lors des élections de 1849 et 1850. Il proclame plutôt qu'il n'avoue avoir été condamné pour chants politiques en 1834. Arrêté dans les affaires de Lyon en 1834, traduit en 1840 devant un Conseil de guerre et dirigé sur l'Afrique. En 1844, il es condamné à deux mois de prison, à Bône, pour escroquerie; le 10 juin 1850, à deux ans d'emprisonnement, 200 fr. d'amende, cinq ans d'interdiction des droits politiques, pour fraude en matière électorale. Au moment où cette dernière condamnation était prononcée contre lui, il s'écriait d'un ton emphathique et menaçant: « Ça ne m'empêchera pas de défendre la République quand même. »

Présent à la réunion de la plaine des Vertus le 5 juin, le 7 présent à l'Hippodrome, c'est lui qui s'est posé en directeur du mouvement; c'est lui qui a donné le signal en frappant dans ses mains et en poussant un cri aigu lorsque les agents ont annoncé la sortie de l'Empereur. Il est partout, prend part à toutes les résolutions. Il nie tout, cependant; il ne connaît ni Folliet, ni Alix, ni Ruault; il n'est pas allé aux Vertus, il n'est pas allé à l'Hippodrome; mais, confronté avec lui, Folliet s'écrie: « C'est bien là Lux, le chansonnier! il était a la réunion des fortifications. » Alix confirme cette assertion sur laquelle Folliet doit d'autant moins se tromper que, le 5 juin, il a reçu la visite de ces deux hommes; et s'ils sont venus aux fortifications, c'est sur son invitation.

A ce témoignage relativement au 15 juin, viennent se joindre ceux des agents relativement au 7. On se rappelle que, dans la matinée, Lux a été vu et suivi par l'inspecteur Goussard; on sait comment Ruault et lui sont arrivés en fiacre de la place Lafayette à la Madeleine, à pied de la Madeleine à l'Hippodrome. La surveillance et la reconnaissance formelle des agents va plus loin. L'activité de Lux au milieu des groupes, son air tout à la fois affairé et mystérieux, cet étrange signal qu'il a donné, avaient fixé sur lui l'attention. Le soir, à la sortie de l'Hippodrome, il fut suivi jusqu'à son domicile, place des Trois-Maries. C'est là que l'on apprit son nom et qu'il fut arrêté le lendemain. Chez lui furent saisis en même temps une grande quantité d'écrits socialistes parmi lesquels, par une profanation familière aux hommes de cette sorte, se trouvait un profil de Jésus-Christ.

6° ALIX.

Jules Alix, né le 9 septembre 1818, à Fontenay (Vendée), professeur, rue de Buffault, 11. Alix, de son propre aveu, a été arrêté dans la terrible insurrection de juin. Quelques mois auparavant, il s'était porté candidat en Vendée pour représenter, à l'Assemblée constituante. l'opinion radicale du pays. Il se dit professeur : on ne sait de quelle science; suivant le propriétaire de la maison où il a demeuré, les enseignements d'Alix étaient tels, au point de vue de la morale, qu'il lui enjoignit de les suspendre. Suivant un autre témoin, il avait épuisé toutes ses ressources à l'étude des escargots sympathiques. Suivant Gérard, il était sans asile, couchant tantôt chez Nectoux, tantôt chez Doton. Suivant l'instruction, on ne saurait lui refuser le titre de « professeur de barricades; » car, dès les premiers pas, dès le 2 juin, elle le rencontre sortant avec Folliet et Ruault et leur expliquant, dans une promenade, le plan qu'il a dressé pour diviser Paris en zones, le hérisser d'insurgés et de remparts, et rendre ainsi infaillible le triomphe de la République démocratique et sociale.

Le 3, chez Decroix ; le 5, dans la plaine des Vertus; c'est la discussion de ce plan qui a tous les honneurs de la séance. Le 6, la veille de la représentation à l'Hippodrome, il était chez Gérard avec Mariet qui, pour le reconnaître, déclare n'avoir pas besoin d'être confronté avec lui, et ajoute : « C'est bien à lui et à moi que devait être

« confiée, le lendemain, l'imprimerie dont Ruault avait « parlé. » Alix en est réduit à se mettre d'accord avec l'accusation par des aveux presque complets. Il est allé (par hasard, à la vérité) aux réunions dont on parle ; il y a entendu dire qu'avant de penser aux barricades (l'objet de ses seules préoccupations) il fallait frapper la tête ; et, sous ces mots couverts, il a compris que l'on désignait l'Empereur. Dans son interrogatoire du 20 août, il va jusqu'à reconnaître qu'il a parlé de barricades comme tout le monde.

Tous ces documents parvenus à l'autorité ont motivé, dès le 11 juin, l'arrestation d'Alix ; ils ont marqué sa place à côté de Gérard, de Ruault et de Folliet.

7° BRONSIN.

Théophile-Joseph Bronsin, teneur de livres, né en Belgique, absent. Il paraît qu'en juin 1848 Bronsin, alors employé au chemin de fer d'Orléans, aurait organisé des barricades rue Saint-Victor et rue Copeau, excitant par tous les moyens les ouvriers à la révolte ; des balles, de la poudre furent alors saisies chez lui ; mais il fut mis en liberté après six semaines de détention préventive.

En décembre 1851, il a été arrêté pour avoir proféré des cris séditieux et excité la foule contre les troupes. Vauthier l'avait plusieurs fois entendu parler d'une réunion où tout se résumait par ces mots : « Assassinat de « l'Empereur ! » Le 3 juin, il se laissa conduire chez Decroix et reconnut bien que Bronsin ne l'avait pas trompé. Budan ajoute que, dans cette réunion, Bronsin n'était pas le moins ardent à prêcher l'insurrection ; il disait avoir une liste d'armuriers chez lesquels on pourrait se procurer des armes par le pillage. Le 11 juin, trois jours après la tentative de l'Hippodrome, il n'avait pas reparu à son bureau ; il avait coupé sa barbe et disait qu'il ne coucherait pas chez lui de peur d'être arrêté. Effectivement, le mandat lancé contre lui n'a pu jusqu'à ce jour recevoir son exécution. Bronsin, par sa fuite, a confirmé l'accusation de complot qui pèse sur lui.

8° THIREZ.

Edouard Thirez, né le 13 mai 1817, à Lillers (Pas-de-Calais), cordonnier, rue de Jouy, 4. Condamné, le 1er décembre 1831, à onze mois d'emprisonnement pour coups et blessures par le tribunal de Saint-Omer. Mal noté par l'administration, paresseux; son livret n'a pas été visé depuis le 28 juin 1851.

Bien qu'enrôlé dans la garde mobile, il se vante d'avoir, en juin, combattu pour les insurgés au pont Saint-Michel. En décembre 1851, il se battait encore rue Saint-Denis et rue Saint-Martin. Mais, au dire de sa propre famille, que ses désordres jettent dans le désespoir, « c'est un homme « aussi astucieux que méchant, et il parvient à se tirer de « tous les mauvais pas. » Il assistait à la réunion de la plaine des Vertus. Les agents Nique, Lalanne, Chevallier, le reconnaissent parfaitement et indiquent le chemin qu'il a suivi, accompagné d'un homme en blouse.

Le 7, il était à l'Hippodrome, couvert d'une blouse bleue, son unique vêtement; il faisait partie de ceux qui avaient caché leurs armes dans les cabarets du voisinage; il avait deux pistolets pour sa part, et, après l'insuccès de la tentative, il avait fui par le bois de Boulogne jusqu'à Saint-Cloud, où il avait couché. C'est lui-même qui, avec autant d'indiscrétion que de cynisme, a semé partout, excepté devant le magistrat instructeur, l'aveu de ses projets sanguinaires et de sa coopération au complot. Reçu chez Gherbaert, logeur, en mars ou en avril, il se plaisait dès cette époque à parler politique; il s'exprimait en termes infâmes contre l'Empereur, il disait « qu'il fallait se dé- « faire de Napoléon; qu'après lui on ne voulait ni roi, ni « empereur, ni police, ni armée; que la République dé- « mocratique et sociale, avec toutes ses conséquences, « suffisait au bonheur du peuple. »

Il explique alors les rouages, l'organisation de la société dont il fait partie; il parle des Deux-Cents divisés en quinturies (c'est son expression); dit que chaque affilié devait être armé de deux pistolets; que le but de cette société était d'assassiner l'Empereur, puis de proclamer la république sociale. Et comme son oncle, le sieur Codron, lui adressait de vives représentations: « Bah! répondait-il, « nous avons manqué notre coup la première fois, nous « serons plus heureux la seconde. » Thirez a été arrêté le 17 juillet. Qu'importent les dénégations de Thirez, après les constatations des témoins qui l'ont vu à l'œuvre, après les aveux rappelés par sa propre famille?

9° BRATIANO.

Jean-Constantin Bratiano, né en 1823, à Bucharest (Valachie), propriétaire, demeurant à Paris, rue Mézières, 4. Les charges qui pèsent sur cet accusé sont d'une nature toute spéciale. L'accusation n'est point en mesure d'établir qu'il aurait assisté aux réunions secrètes, qu'il aurait été vu sur le lieu où l'attentat devait se consommer; mais pour être moins directe, moins matérielle, pour ainsi dire, sa participation au complot n'en est pas cependant moins grave et moins certaine.

Bratiano est le frère de Dimitrix Bratiano, Valaque réfugié à Londres et membre du comité central démocratique européen. Affilié au comité valaque. dont le siége est à Paris, il déploie une grande activité pour faire imprimer secrètement un catéchisme révolutionnaire destiné à démoraliser les soldats et les paysans de la Valachie. Il s'occupe aussi, quoi qu'il en dise, des affaires politiques de la France. Ses opinions, ses liaisons le mettent en rapport avec les membres les plus influents du parti démagogique, à tel point que si un lien réel et sérieux rattache les sociétés secrètes de Paris à celles de Londres, nul n'est mieux placé que Bratiano pour leur servir d'intermédiaire. Il est d'ailleurs signalé à l'administration comme un homme aussi souple que violent, et, en somme, extrêment dangereux.

Les bulletins communiqués aux conjurés par les mariés Ruault, et déjà répandus de tous côtés, avaient une grave importance, et l'autorité dut en rechercher activement l'origine.

Le 16 juin, à cinq heures du matin, le commissaire de police de la section de la Monnaie, porteur d'un mandat de M. le préfet, se présenta rue Mézières, 4, au domicile de Bratiano. Une grande caisse en bois blanc fut découverte et saisie; sommé d'en faire l'ouverture, Bratiano répondit « qu'elle ne lui appartenait pas, qu'il n'en avait « pas les clés et n'en connaissait pas le contenu. » Et pourtant, indépendamment de la serrure, cette malle était close par une bande de papier scellée de deux cachets aux initiales de l'inculpé. La malle, ouverte alors d'autorité, laissa voir tout un appareil complet d'imprimerie; à côté de caractères neufs et distribués dans cent soixante-trois cornets, une casse à double compartiment, également neuve; puis, avec tous les accessoires et ustensiles nécessaires, on saisit la forme, entièrement composée, qui a servi à l'impression des deux bulletins du comité directeur. On saisit aussi trois lignes de composition d'un troisième bulletin ainsi conçues: « Ce n'est pas à l'armée

« prétorienne de décembre que nous nous adressons; ce « n'est pas à cette machine gouvernementale qui combat- « tit à toutes les époques pour le pouvoir, en juin 1848, « en mai 1839, en juin 1832, en avril 1834... Non, ce « n'est pas cette ma... » La composition, tout à coup interrompue, s'arrête là, mais à côté se trouve nne certaine quantité de papier, mouillé d'abord, puis séché, prêt, en un mot, à recevoir l'impression. Il n'est pas difficile de comprendre de quelle nature ont dû être les circonstances qui ont empêché ce nouveau travail d'arriver à son terme.

Quant aux deux premiers bulletins, dont un assez grand nombre a pu être recueilli, leur étendue et leur violence même ne permettent pas de les transcrire ici. Qu'il suffise, quant à présent, de constater qu'ils sont un tissu des plus abominables provocations contre l'Empereur, un appel à l'insurrection et au massacre. Le premier, par exemple, daté du 20 mai 1853, et intitulé : *Le Réveil*, se termine par ces mots : « Au nom de nos amis persécutés, déportés, fusillés, citoyens, relevez-vous et reprenez l'œuvre interrompue de la révolution. Tout annonce un dénoûment prochain. Le jour et le lieu de l'action ne peuvent pas encore être connus; mais la résolution est prise et chacun se prépare. On se voit, on se choisit, on a pris des moyens rapides et sûrs de se concerter. Citoyens, tenez-vous prêts ! » Le deuxième, intitulé : *A la Conscience publique*, et daté du 5 juin, se termine ainsi : « Encore une fois, veillons et courons à nos armes au premier signal. »

A la vue de tous ces objets si compromettants, Bratiano persista dans ses dénégations; mais l'instruction n'a pas tardé à les faire tourner contre lui-même. Bodin, concierge de sa maison, déclare que, le 12 juin, vers deux heures après midi, Bratiano est sorti en lui disant de faire monter dans son appartement une caisse que l'on allait sans doute apporter. Vers trois heures, en effet, la malle arriva dans un fiacre et fut déposée chez Bratiano. A son retour, il demanda la clé, et comme elle n'avait point été laissée, il montra beaucoup d'humeur et envoya sur-le-champ chercher un serrurier pour en faire l'ouverture. Bratiano est donc déjà convaincu de mensonge, en ce qu'il connaissait parfaitement le contenu de la malle; il n'est pas moins certain que la clé refusée par lui était cependant en sa possession; car, ouverte par son ordre le 12 juin, elle se trouve fermée à clé le 16, quand le commissaire de police se présente.

Bratiano persiste à soutenir qu'il n'a rien imprimé chez lui. Un ami, qu'il refuse de nommer, lui aurait confié un dépôt ; et voilà tout. Il aurait ouvert la malle par simple curiosité, et s'il y a ensuite apposé son cachet, c'est pour empêcher que d'autres ne fussent aussi indiscrets que lui. L'ami inconnu est venu le voir du 12 au 16 ; c'est ainsi que la malle a été refermée.

De ce simple exposé que résulte-t-il ? Des hommes ont formé un complot contre les jours du chef de l'Etat ; l'un d'eux annonce, le 5 juin, dans une réunion secrète, que le lendemain il mettra les conjurés en possession d'une imprimerie ; il montre les bulletins qui en émanent ; mais le lendemain on a trop à faire ; on se prépare pour l'exécution du complot, fixé au 7, et l'imprimerie n'est pas livrée aux accusés Alix et Mariet. Le complot échoue ; des arrestations sont faites le 8 et le 9 ; on sent la nécessité de déposer l'imprimerie dans un lieu sûr. Le 12, une imprimerie est apportée mystérieusement chez Bratiano. Bratiano est un homme dont les opinions sont tout à fait en harmonie avec celles des conjurés. Il dispose de l'imprimerie comme de sa propriété, il fait ouvrir par un serrurier la malle qui la renferme, il la scelle de son cachet. Cette imprimerie est celle qui a servi à imprimer les bulletins que l'un des conjurés a distribués à ses complices.

De ces bulletins, l'un est daté du 20 mai, quelques jours avant la réunion de Decroix ; le second, du 5 juin, avant-veille de la tentative de l'Hippodrome. Les outrages les plus immondes sont accumulés dans ces bulletins ; ce sont les outrages proférés par Ruault et ses complices. L'attentat, l'insurrection que ces bulletins encouragent, c'est l'attentat, c'est l'insurrection que préparent Ruault et ses complices. Et ce mode d'action rapide que les bulletins révèlent, et ce dénoûment prochain qu'ils annoncent, et cette résolution prise, et chacun qui se prépare, c'est la définition, c'est le compte-rendu en quelque sorte de ce qui se passe dans les ténébreuses réunions où l'on surprend Ruault et ses complices. Est-il possible de rattacher par des liens plus étroits l'accusé Ruault à l'accusé Bratiano, l'auteur des écrits prêchant l'attentat aux conspirateurs prêts à le consommer ? Les dénégations de Bratiano ne sauraient donc prévaloir contre les faits qui l'accusent, contre la loi qui le condamne.

10° GERARD.

Gérard, né le 6 décembre 1814, à Chambry (Meurthe), tailleur, rue de la Jussienne, 5. Gérard, autrefois maître dans sa profession, aujourd'hui simple ouvrier, travaille peu, dépense beaucoup, et cependant ne doit rien. Tout porte à croire qu'il s'est fait de la politique un moyen d'existence. Il est, dans tous les cas, le trésorier de l'association. Il est un des plus ardents, un des plus actifs, un des plus compromis parmi tous les accusés.

Dès le 2 juin, on le trouve avec Folliet et Ruault dans cette promenade du Palais-Royal où Alix soumettait d'abord, et comme à ses juges suprêmes, le plan de barricades qu'il avait conçu. Le 5, il était à la plaine des Vertus; Folliet le croit, Alix l'affirme. Le 6, c'est chez lui que Joiron, Mariet et Ruault se réunissent. C'est lui qui remet à ce dernier les 40 fr. et les cinq pistolets renfermés dans un panier. Il n'est pas seulement le membre actif, le trésorier plus ou moins fidèle de l'association, il en est aussi le raccoleur le plus ardent; c'est lui qui présente Deney; c'est lui qui fait recevoir de Meren; c'est lui qui, avec cette hypocrisie humanitaire dont les socialistes ont si bien le secret, amène le docteur Follot avec sa trousse, le 5 juillet, aux abords de l'Opéra-Comique. Vainement sur ce point il se retranche dans ses sentiments d'humanité; vainement il croit se défendre en disant que le docteur Follot était là pour panser les blessures de l'Empereur aussi bien que celles des frères et amis; le docteur Follot ne lui laisse pas même le mérite de cette révoltante équivoque; il a été amené par Gérard parce qu'un complot est tramé entre lui et ses complices contre la vie de l'Empereur, et que le sang du peuple pourra couler aussi.

Gérard, au milieu de dénégations sans portée, se condamne à des aveux qui ne sont pas même nécessaires à l'accusation. Il est allé aux fortifications le 5 juin; le 5 juillet, il s'est promené avec le docteur Follot aux abords de l'Opéra-Comique : « mais comme simple curieux, » ajoute-t-il. Non, répond l'instruction, mais pour donner ses ordres parricides et pour se retirer, en chef habile et prudent, vers neuf heures et demie environ, au moment où, suivant ses prévisions, le crime préparé par lui allait être consommé par ses complices.

11° DENEY.

Charles-François Marie Deney, né à Paris, le 13 septembre 1825, tailleur, rue Saint-Honoré, 278. Deney était autrefois un ouvrier paisible et laborieux; mais demeurant dans la même maison que Gérard, il eut le malheur de se mettre en contact avec cet homme dangereux, et dès lors il devint un des adeptes du socialisme.

Arrêté le 5 juillet aux abords de l'Opéra-Comique, il était porteur d'un pistolet chargé et amorcé. Cette circonstance ôte à ses aveux une partie de leur mérite. Les pièces saisies chez lui permettent également de douter qu'il ait fallu recourir à de grands efforts pour le séduire. On doit cependant le croire quand il accuse Gérard et de Meren de l'avoir entraîné, quand il reproche à Turenne de lui avoir remis le pistolet destiné à faire feu sur l'Empereur. Pour le fortifier sans doute dans ses résolutions, on lui montrait du doigt les étudiants attendant, pour venir en aide aux conjurés, que la mort de l'Empereur donnât le signal des barricades.

12° COPINOT.

Adrien-Eugène Copinot, né le 6 mars 1831, à Toussy (Yonne), papetier, rue de Chabrol, 5. Arrêté le 5 juillet aux abords de l'Opéra-Comique, il était porteur de deux pistolets prêts à faire feu, d'une boite à poudre et d'un couteau catalan.

Interrogé le 6 juillet, il tente d'éluder les questions; mais le 13, amené de nouveau devant le magistrat, il s'écrie : « Il faut bien que je parle, puisqu'il n'y a pas « parmi nous un homme capable de garder le secret! » Ses aveux, néanmoins, sont semés de réticences. Il déclare avoir été introduit trois mois auparavant dans la société secrète par Ruault, « mais il en savait, dit-il, bien « peu de chose. » Il a reçu de Mariet et remis, le 6 juin, à Ruault, une somme de 35 fr., recueillie dans les ateliers. Dans une réunion de ce jour, il a vu Ruault charger les pistolets que Gerard venait de lui livrer, et il l'a vu en remettre un avec un poignard à l'accusé Joiron. Le 7, sur la convocation de Ruault, il est allé à l'Hippodrome, mais sans armes, s'il faut l'en croire. Le 8 il suivait son chef au Luxembourg et prenait part à la conférence entamée avec les étudiants Laugardière, Ranc et Laflize. Là, on aurait parlé politique; mais Copinot ne peut, dit-il, préciser le sujet de la conversation.

Tels sont les aveux de cet accusé, dominé par la terrible charge d'une arrestation en armes et en flagrant délit.

13° DE MEREN.

Paul-Richard-Dieudonné-Jean-Baptiste, dit le Belge, né le 11 février 1828, à Marche (duché de Luxembourg), comptable, demeurant à Paris, rue Montorgueil 58. De Meren est un homme important parmi ses complices. En 1847 et 1848, il fut successivement nommé à Marche et à Hervé, percepteur des postes. Révoqué quelques mois après, il parcourut les villes de Bruxelles, Namur et Liége, vivant dans l'oisiveté, et dissipant le patrimoine qu'il avait reçu de son père. Dénué de ressources, il revint trouver sa mère, dont il partagea quelque temps la demeure.

Bientôt, il fut signalé pour les désordres de sa conduite et la violence de ses opinions. En mars dernier, ayant dans une orgie mutilé une statue de Saint-Roch, au seuil d'une église, il fut condamné pour ce fait à six mois d'emprisonnement, et se déroba par la fuite à l'exécution de la sentence. C'est à Paris qu'il vint chercher un refuge. Il arriva un jour du mois d'avril chez les époux François, venant de la Belgique par l'Angleterre, suivant l'expression de ces deux témoins. Il était dénué de tout, et trouva le moyen, non seulement de se faire nourrir et loger pour rien chez ces gens, mais de se faire prêter encore par eux de petites sommes dont une partie était consacrée à acheter des armes pour les conjurés.

Il a été dit plus haut que de Meren avait été affilié par Gérard. Le filleul se montra bientôt le digne émule de son parrain; il concourut avec lui, suivant Deney, à organiser la société, et à recruter chaque jour de nouveaux frères. Huit jours avant le 5 juillet, il disait à l'accusé Jaud : « Nous allons recommencer, tenez-vous prêt. » Il parlait à l'accusé Follot dans le même sens, décelant par son langage, tout à la fois sa position avancée dans l'affiliation, et la violence de son caractère.

» Les groupes d'ouvriers vont se fusionner, disait-il, avec ceux des étudiants; nous avons un comité central destiné à correspondre avec l'étranger, à relier les sociétés diverses en un seul faisceau, et à donner ainsi l'unité aux opérations. Aussitôt l'Empereur tué, a joutait-i d'un air dégagé, Paris sera divisé en zones et hérissé de barricades.

Le 3 juillet, de Meren ne manqua pas de se trouver à la réunion décisive de Saint-Mandé. Toute la journée du 5 fut employée par lui aux préparatifs de la soirée : il achetait chez le sieur Métayer, armurier et concierge, rue Mandar, 14, trois paires de pistolets qu'il payait 30 francs d'avance, lui, réduit à emprunter sou par sou à son logeur; il en emportait deux paires avec lui, et envoyait chercher la troisième avant le soir. Le même jour, il mandait chez lui l'accusé Gabrat, qui s'exprime ainsi au sujet de cette entrevue : « Le Belge me remit un pistolet « tout chargé et amorcé, en me recommandant de ne « pas manquer au rendez-vous de l'Opéra-Comique, et « vous savez, ajoute-t-il en s'adressant au magistrat ins- « tructeur, vous savez ce que l'on allait y faire. » Gabrat, mis en présence de l'accusé de Meren s'écrie : « Je « le reconnais parfaitement, c'est le Belge, c'est mon « chef de groupe. »

En ayant ainsi fini avec Gabrat, de Meren se tourne d'un autre côté : il avait assigné un rendez-vous près de Saint-Eustache au nommé Commès; il va le rejoindre, l'emmène chez lui avec plusieurs autres conjurés; là il se met à charger les pistolets, et il apporte à cette œuvre de mort une telle ardeur, que les époux François entendent du dehors le bruit de la charge, et le craquement des batteries que l'on arme; il remet un de ces pistolets à Mariet, deux autres à Jaud, puis il conduit ses hommes à l'Opéra-Comique où il les installe à leur poste. Confronté avec l'accusé, Commès le reconnaît parfaitement, et s'écrie : « C'est bien lui, c'est le Belge, il nous a con- « duits à l'Opéra Comique pour assassiner l'Empereur ; il « devait donner le signal en faisant feu le premier de ses « deux coups. » Commès, lui-même, avait reçu de de Meren, les deux pistolets saisis sur lui le 5 juillet.

Deney n'est pas le dernier à reconnaître de Meren; c'est par lui et par Gérard qu'il a été affilié; c'est lui et Gérard qui ont puissamment contribué à l'organisation des Deux-Cents. Le soir du 5 juillet, et pendant que les conjurés prenaient position autour de l'Opéra Comique, il a vu de Meren se promenant dans le passage du Saumon, avec le docteur Follot.

De Meren, recherché après cette sinistre soirée, avait disparu; il fut arrêté un peu plus tard à Melun, chez u tailleur nomm Favrot, connu pour être un fougueux démagogue. Conduit devant le juge d'instruction, il s'écrie : « Savez-vous comment j'ai été conduit là-dedans? Je ne « suis qu'un instrument. » Mais les confrontations se succèdent, et avec elles les preuves de l'importance que cet accusé avait acquise dans le complot; c'est alors que, confondu, atterré, il balbutie et se borne à dire : « Je ne « veux pas répondre; je m'expliquerai plus tard aux dé« bats. « La culpabilité de l'accusé de Meren éclate jusqu'à l'évidence.

14° MATZ.

Jean-Georges Matz, dit le Cuirassier, né le 26 octobre 1800, à Rishofeim (Bas-Rhin) boulanger, passage Latuile, 27, aux Batignolles. Connu pour l'exaltation de ses opinions. En 1844, impliqué à Lunéville, dans l'affaire du complot militaire, pendant dix-huit mois en fuite. En juin 1852, compromis dans l'affaire de la rue de la Reine-Blanche. Matz avoue avoir connu Ruault chez Perret, marchand de vin, transporté et depuis décédé. Il est forcé de reconnaître qu'il s'est trouvé, mais par hasard, le 7 juin, à l'Hippodrome, où il a bu avec Mailliet.

D'abord, on admet difficilement que Mailliet, armé comme il l'était, prêt à consommer le plus odieux des attentats, fût resté à boire avec un homme étranger à la conspiration. Mais c'est que les choses ne se sont pas passées comme le raconte l'accusé Matz : « C'est lui, » dit Mailliet, « qui, quelques mois auparavant, m'a présenté à « la Société Secrète; » souvent, en m'apportant mon pain, il me parlait politique; il m'annonçait une révolution prochaine, et le triomphe du socialisme; il m'a promis un jour de me conduire dans une maison où je verrais de vrais républicains, et, en effet, un dimanche, il nous conduisit, Régnier et moi, chez Ruault. Ce dernier était sorti; un inconnu, âgé de quarante-cinq ans environ, survint, Copinot apparut à son tour, et tous deux servirent de guides aux nouvelles recrues jusqu'à une maison de la rue des Grès, près la place du Panthéon. Là, plusieurs étudiants se trouvaient réunis : On se rappelle l'exclamation triomphante de Copinot : « Nous vous amenons des « bras! » La conversation s'engagea aussitôt sur la politique; il fallait faire des barricades, montrer du cœur, etc., etc.

C'est ainsi que Matz aurait fait son entrée dans la société; et ces précédents ainsi expliqués, donnent à la présence de cet accusé sur les buttes de l'Hippodrome, son véritable caractère. Evidemment il était là, venu avec Mailliet, appelé par le même ordre, prêt à concourir au même but. Matz est bien forcé de reconnaître la matérialité des faits : « Oui, c'est bien lui qui a conduit Mailliet chez Ruault, et de là rue des Grès; rue des Grés, où de son aveu, on complotait d'assassiner l'Empereur, sur la route de saint-Cloud; mais il y allait lui-même pour la première fois. » Cela est possible : c'est la fusion qui commence à se faire, et cette circonstance, alléguée par Matz, n'affaiblirait pas les preuves de sa culpabilité.

Ce n'était pas assez d'avoir figuré le 7 juin à l'Hippodrome. Tout porte à croire que Matz n'a pas manqué, le 5 juillet, au rendez-vous de l'Opéra-Comique. On lui a demandé l'emploi de son temps pendant cette soirée, et ses réponses embarrassées, contradictoires, ont concouru à fortifier les charges qui, sur ce dernier point, s'élèvent contre lui.

15° MAILLIET.

Alexandre Mailliet, né en octobre, 1822, au Cateau-Cambrésis (Nord), cordonnier, rue de la Butte-Chaumont, 14.

Le nom de Mailliet prend naturellement sa place après celui de Matz, son parrain. On vient de voir comment il racontait lui-même avoir été conduit, rue des Grès, chez des étudiants, avec son ami Régnier. On sait quel a été le caractère de cette conférence. C'est à sa suite que Copinot dit un jour à Mailliet : « Il est temps de se mettre à l'œuvre. » Mailliet et Régnier reçurent en quatre fois une somme de cent cinquante francs, et tous deux se mirent à fabriquer vingt-six canons de la longueur et de la grosseur d'un bras ordinaire. Maillet lui-même donne la description de ces machines que l'on n'a pu retrouver. La culasse était en bois très-solide, travaillé au marteau; le corps était en zinc, solidement contenu par des cordes reliées entre elles avec de la colle-forte. Maillet et Régnier offrirent de les remettre à Copinot : mais celui-ci, avec l'agrément de Ruault, aurait dit : « Gardez-les; la société a confiance en vous. »

En ce qui touche l'affaire de l'Opéra-Comique, Mailliet prétend que, convoqué par Gustave Mariet, il s'est abstenu d'obéir. Il reconnaît être allé à l'Hippodrome avec un pistolet que Copinot lui avait remis tout chargé. Voilà ce qui paraît vraisemblable; mais qu'il soit ensuite revenu chez lui cacher cette arme, puis retourner sans armes à son poste, c'est ce qu'il n'est pas possible d'admettre, ou même de discuter. Mailliet demeure aux Buttes-Chaumont, à six kilomètres au moins de l'Hippodrome; il a bu avec Matz, sans paraître disposé à faire une absence. Tout prouve que, jusqu'au dernier moment, il est resté à son poste, armé pour le crime qu'il avait juré de commettre.

16° REGNIER.

Pierre-Eugène Régnier, âgé de trente ans, zingueur, rue de la Butte-Chaumont, 14 (absent).

Ivrogne, débauché, paresseux, criblé de dettes et comptant se libérer par le triomphe des doctrines socialistes, tel était, suivant les renseignements recueillis, Régnier, l'ami et le commensal de Mailliet. On vient de voir comment, avec ce dernier, il avait été conduit par Copinot à la réunion de la rue des Grès; comment avec lui, il avait coopéré à la fabrication des vingt-six canons. En rien il ne se sépare de Maillet, excepté lorsqu'il s'agit de se soumettre à un mandat de justice. Régnier s'est soustrait par la fuite à l'inévitable châtiment de son crime.

17° MARIET.

Gustave Mariet, né le 24 avril 1835, papetier, demeurant à Paris, rue du Faubourg-Saint-Jacques, 3. Mariet est bien jeune encore; il a été d'abord un ouvrier intelligent et laborieux; malheureusement sa mère paraît lui avoir inculqué des idées d'ambition et de vanité qui l'ont perdu. Il s'est posé en publiciste, en littérateur; ses lettres au juge d'instruction, pleines de prétention et de recherche, renferment d'ailleurs sur le parti socialiste des appréciations qu'il est bon de recueillir. « En politique, dit-il, il n'y a que des fripons et des niais, des fripons qui exploitent et des niais qui se laissent exploiter.... J'ai voulu être fripon, je n'ai été que niais. »

C'est le 7 juillet que Mariet a été arrêté. Il essaie d'abord du système des dénégations; mais en présence de Commès et de Joiron qui avouent, il s'écrie avec un geste de désespoir: « Que les hommes sont faibles! Nous avions promis de nous taire, mais maintenant je vois bien qu'il faut parler, puisqu'on a tout dit. » De ce moment il paraît marcher jusqu'à la fin de l'instruction dans la voie de la vérité. Il dit comment il a été affilié par Ruault; comment, le 6 juin, il a fait remettre à celui ci 35 fr recueillis par les ouvriers. Le même jour il va chez Gérard avec Joiron et Ruault; il voit remettre à ce dernier par Gérard le panier, les pistolets, les deux pièces de 20 fr. Le 7, il se rend à l'Hippodrome, armé d'un pistolet, qu'il achète de ses propres deniers. Là il rencontre Copinot qui lui fait remarquer Laugardière, Ranc et Lafize, les trois délégués du club des étudiants.

Le 8, il assiste à la Conférence du Luxembourg, plus tard aux nombreuses conférences des deux sociétés réunies, et dont le rendez-vous était tantôt au Luxembourg, tantôt dans les cafés du voisinage. Il parle de l'accusé de Méren présenté par Gérard. C'est lui qui, le 6 juin, devait aller chercher, sur les indications de Ruault, l'imprimerie clandestine que l'accusé Alix et lui était chargés de manœuvrer. La femme Ruault lui a montré, comme échantillons, deux bulletins sortis de cette presse. Il s'était également chargé de prendre les vingt-six canons chez Mailliet et Régnier. Le 3 juillet, il assiste à la réunion de Saint-Mandé. Le 5, il se rend à l'Opéra Comique, muni du pistolet qu'il avait acheté le 7 juin, armé en outre d'un second pistolet que de Méren lui avait remis. Tels sont les faits prouvés contre Mariet, avoués par lui.

18° MAZILLE.

Charles Mazille, né le 1er mars 1824, à Saint-Gengoult-le-Royal (Saône-et-Loire), menuisier, rue de la Comète, 10. Condamné le 13 mai 1850 à cinq jours de prison par le Tribunal correctionnel de Mâcon pour outrages envers les fonctionnaires.

Arrivé à Paris en 1850, il a successivement logé rue Saint-Dominique, au Gros-Caillou, et rue de la Comète. Expulsé de son premier logement par son propriétaire qu'il avait trompé, il paraîtrait lui avoir dit que « si son parti triomphait, il lui f...rait son couteau dans le ventre. » La femme Mazille, de son côté, aurait menacé de « payer son terme à coups de balai. »

Mazille est signalé, en outre, comme ayant cherché à faire de la propagande parmi les soldats casernés sur l'Esplanade et parmi les ouvriers employés aux Champs-Elysées. En 1851, il avait excité un garde national à se montrer en uniforme sur les barricades. Chez lui on voyait sans cesse entrer des gens à figures suspectes, étrangers au quartier et se retirant parfois à une heure avancée de la nuit. Ces réunions passaient dans le voisinage pour avoir un but politique et très-hostile à l'Empereur.

Dans son son interrogatoire du 12 juillet, Mariet dit : « Je sais que Mazille recueillait des souscriptions dans l'intérêt de la société. Les 35 fr. remis à Copinot venaient de lui, je les ai reçus en présence de Joiron le 6 juin. » Déjà, le 7 juillet, Joiron s'était exprimé dans les mêmes termes.

Mazille prétend s'être couché tranquillement le 5 juillet sans avoir mis le pied aux abords de l'Opéra-Comique; mais il est démenti sur ce point par les agents de service Nique, Soret, Goussard, qui le reconnaissent et qui l'ont vu rôder avec d'autres conjurés. Suivi, il fut arrêté le lendemain. Alors se révéla un fait grave. Dans la poche de son pantalon une certaine quantité de poudre se trouvait mêlée avec un peu de tabac. Elle était là depuis trois ans suivant Mazille, depuis vingt-quatre heures à peine suivant l'expert. Ces faits sont trop concluants pour que l'on s'arrête à les discuter.

19e TURENNE.

Pierre Turenne, né le 13 août 1830, à Nancy (Meurthe), tailleur, rue de Viarmes, 17. Il a été arrêté le 5 juillet aux portes de l'Opéra-Comique, ayant dans sa poche un poignard et un pistolet amorcé et chargé jusqu'à la gueule. En présence de ce flagrant délit, il balbutia des explications insoutenables : Trois semaines auparavant, il aurait lié connaissance, au café, avec l'accusé Caron, qui lui aurait dit : « Nous avons manqué notre coup à l'Hippodrome, mais tout n'est pas fini. »

Le 5 juillet, il se serait rencontré par hasard avec ce même Caron rue Montpensier; Caron lui aurait dit qu'il était chef de section, qu'il attendait douze hommes pour le soir, à l'Opéra-Comique, pour attaquer l'Empereur. Il aurait alors remis à l'accusé trois pistolets; deux étaient chargés. Il devait les remettre ce soir, à huit heures précises, à Caron, au coin de la rue de Grammont et du boulevard. Caron ne s'étant pas présenté, et ennuyé de l'attendre, Turenne ne serait rapproché du théâtre, aurais retrouvé là son interlocuteur du matin, ayant les pochet encombrées de pistolets et plaçant ses hommes à leur poste. C'est alors qu'avec les intentions les plus innocentes, Turenne aurait remis à Deney, qui d'ailleurs le déclare, un des trois pistolets dont il ne savait que faire. (Voir Deney).

Un pareil système n'est pas seulement insoutenable, il suffirait encore pour justifier l'accusation, puisque Turenne, de son propre aveu, aurait distribué des armes sachant qu'elles devaient servir à la perpétration du crime Mais cette diversion manque à l'accusé. La déclaration de Deney est formelle, celle de Joiron est accablante : « J'avais vu Turenne chez Gérard; il m'avait proposé d'élever des barricades ; il était de l'affaire. Le 5 juillet dans la soirée, j'allais quitter les abords du théâtre quand je rencontrai Turenne, qui ne voulut pas me laisser partir et me reconduisit à mon poste. » Placer les assassins à leur poste, leur distribuer des armes, en conserver pour lui-même, telle est la véritable position de Turenne aux débats.

20e GABRAT.

Pierre Gabrat, né le 5 février 1823, à Voussac (Allier), tailleur, rue Beauregard, 14. Gabrat est un des huit qui ont été arrêtés le 5 juillet en flagrant délit et les armes à la main. Il portait un poignard, un pistolet prêt à faire feu.

Le 6, on l'interroge, et il nie toute participation à l'attentat; mais confronté avec Commès, il se résigne à faire un demi-aveu : il déclare que depuis un mois il connaît le Belge (de Méren), avec lequel il a été mis en rapport dans un café par un intermédiaire qui lui est inconnu. De Méren lui aurait beaucoup parlé politique. C'est sur son invitation qu'il se serait rendu, le 3 juillet, à la réunion de Saint-Mandé. Le 5, il a été informé par de Méren des projets formés pour le soir; sur son invitation, il serait allé chez lui, rue Montorgueil, aurait reçu des armes et se serait alors dirigé seul vers l'Opéra-Comique, où de Méren n'aurait pas tardé à le rejoindre. Dans ses interrogatoires, il a désigné de Méren en disant : « Mon chef de groupe. »

De tels faits, de tels aveux, quoique semés de réticences, suffisent à l'accusation.

21e JAUD.

Joseph Jaud, né le 7 mai 1831, à Orgelais (Jura), bijoutier, rue Saint-Paul, 22. Avant d'habiter Paris, Jaud travaillait à Lyon, où il paraît avoir été affilié aux sociétés secrètes dont cette grande ville était infestée. Il est signalé comme un violent démagogue. Il disait un jour à son patron, le sieur Lelong : « Sous un gouvernement comme celui-ci, les ouvriers ne peuvent parvenir. » Et le sieur Lelong, ancien ouvrier lui-même, lui prouvait par son propre exemple que le travail et la probité conduisent toujours à l'aisance ou même à la fortune.

Ces bons enseignements ne devaient pas porter leurs fruits, car le 5 juillet Jaud fut arrêté aux abords de l'Opéra-Comique, armé d'un poignard et de deux pistolets prêts à faire feu. Couduit au poste, il cherche à se débarrasser de ses armes et nie le crime qu'on lui impute. Mais les confrontations ne tardent pas à amener les aveux. Jaud reconnaît à présent qu'il a été affilié par Mariet à la société, conduit par Mariet à l'Hippodrome, sachant ce qui devait s'y passer. Plus tard il a été présenté à de Méren, qui lui a dit : » Tout va recommencer, tenez-vous prêt, on vous enverra ce qui est nécessaire. » Le 3 juillet, il est à Saint-Mandé, où il voit l'étudiant Laugardière.

On a déjà constaté plus haut (voir de Méren) comment le 5 juillet Jaud avait suivi de Méren chez lui avec Commès ; on se rappelle qu'en sa présence de Méren a chargé plusieurs pistolets, dont deux lui ont été remis. Joiron, dans son interrogatoire du 8 juillet, a dit s'être rencontré avec Jaud, quelques jours avant le 5, à un rendez-vous donné par Mariet, rue Saint-Paul ; Jaud aurait dit alors : « Commès n'a pas pu venir ; mais nous pouvons compter sur lui, il sera de l'affaire. » On voit quel intérêt prenait Jaud à cette affaire, et avec quelle sollicitude il en suivait la marche et les progrès.

22e COMMÈS.

François Commès, né le 12 septembre 1822, à Trèves (Prusse), mécanicien, rue Saint-Paul, 53. Commès a de tristes antécédents.

Le 31 juillet 1841 il a été condamné par la Cour d'assises de la Seine à deux ans d'emprisonnement pour faux en écriture privée. En 1850 il se faisait arrêter au milieu d'un groupe pour avoir appelé les soldats : « Bouchers de Cavaignac. » Le mardi 5 juillet, à onze heures du soir environ, il est arrêté aux abords de l'Opéra-Comique, porteur de deux pistolets prêts à faire feu. Dès le

6, il se décide à faire des aveux complets. Deux mois auparavant, Jaud, son camarade d'atelier, l'avait mis en rapport avec de Méren, dans un cabaret de la rue Montorgueil.

Le lundi 7 juin, il était à l'Hippodrome et faisait partie, avec Joiron, du groupe de neuf conjurés apostés à l'entrée du bois de Boulogne. Il avait été affilié par de Méren et avait reçu de lui deux pistolets, l'un quelques jours avant le 5 juillet, l'autre le soir même. Il rappelle avec de minutieux détails la réunion tenue chez de Méren, les pistolets achetés par lui, chargés par lui; le plan arrêté et qui consistait à assassiner l'Empereur, soit à l'entrée, soit à la sortie du théâtre, dans la cas où il serait sans escorte. Deux coups de pistolet tirés par de Méren devaient servir de signal. L'Empereur mort, on devait traîner son cadavre dans les rues, élever des barricades de tous les côtés et proclamer la République dans des flots de sang. Quel était le chef de ce gouvernement nouveau? Blanqui, suivant quelques-uns. Commès, lui, ne le sait pas; « mais, dit-il, les sociétés secrètes y auraient pourvu. »

Conduit le soir à la porte du théâtre par de Meren, avec quatre autres affiliés, il reconnaît en arrivant les cinq conjurés complétant le groupe auquel il appartient. Le 6 on a saisi chez Commès des écrits et des emblêmes socialistes, six balles de plomb dont une coupée en deux, un fusil de chasse, une carabine, une canne à poignard, un sabre de garde national.

Ainsi, les documents recueillis, les aveux de l'accusé, les saisies faites à son domicile, tout concourt à établir la culpabilité de Commès.

23e JOIRON.

Henri Joiron, né le 15 octobre 1820, à Premery (Nièvre), cordonnier, rue du Petit-Carreau, 26. C'est lui qui, le premier, a été arrêté le 5 juillet aux abords de l'Opéra-Comique. Il était porteur d'un poignard et de deux pistolets prêts à faire feu.

Interrogé dans la nuit même, il a fait des aveux que sa position ne lui permettait guère de refuser à la justice. Suivant ses déclarations, présenté à Copinot par Mariet deux mois auparavant, Copinot l'avait fait admettre dans la société en le présentant à Gérard, à Ruault et à quelques autres affiliés. Il a reçu le 6 juin un pistolet de Mariet et un autre de Ruault chez Delbos. Le 7, il était à l'Hippodrome en armes; il faisait partie du groupe de conjurés apostés à la porte du bois de Boulogne pour attendre et frapper l'Empereur. Le 8, Ruault, Copinot et lui représentaient la société des ouvriers à la conférence du Luxembourg, où s'étaient rendus, de leur côté, les étudiants Laugardière, Arthur Ranc et Laflize. Le 3 juillet, il assistait à la réunion de Saint Mandé. Le 5 il allait chez Gérard pour savoir s'il y avait quelque chose à faire, et Gérard lui répondait : « Oui, on va ce soir à l'Opéra-Comique, on tue l'Empereur; ne manque pas de t'y trouver. » En effet, Mariet était venu le chercher le soir, et ils s'étaient rendus ensemble aux abords du théâtre avec leurs armes.

Interrogé sur le point de savoir si, le 7 juin, à l'Hippodrome, il a saisi Mailliet par la barbe, en le menaçant parce qu'il n'avait pas armé tous les hommes apostés au bois de Boulogne, il répond que cela n'est pas vrai. C'est le seul point sur lequel il soit en désaccord avec l'accusation. Sa culpabilité est donc évidente.

24e BAUDY.

François Baudy, né le 11 août 1831, à Lyon (Rhône), cordonnier, rue de la Tannerie, 12. Arrêté le 5 juillet, à la porte de l'Opéra-Comique, il était armé d'un poignard. Ce fait, affirmé par deux agents Michel et Chabot, est nié par l'accusé. Il se promenait, dit-il, pour prendre l'air. Cette promenade, à onze heures du soir et si loin de son domicile, paraît peu vraisemblable; aussi ne s'est-on pas arrêté à l'allégation de Baudy, et une perquisition opérée chez lui a fait découvrir cinquante capsules dans une boîte en cuivre, un grand nombre d'écrits et d'imprimés socialistes, un portrait de Robespierre, un bonnet rouge et un petit drapeau rouge aux emblèmes démocratiques. Ces insignes dans son logement, le poignard sur sa personne, rendent à la promenade du 5 juillet sa véritable signification, et confirment pleinement l'accusation dirigée contre Baudy.

25e CARON.

Caron, tailleur (absent) D'après les déclaratons de l'accusé Turenne, Caron était chef de section; c'est de lui que Turenne aurait reçu des armes; quand il l'a retrouvé aux abords de l'Opéra-Comique, Caron était occupé à réunir ses hommes et à les placer, il était encore porteur de quatre ou cinq pistolets. La fuite de Caron donne une grande force à ces déclarations qu'aucun document de la procédure n'est venu contredire. Caron a donc pris une part active et directe au complot.

26e FOLLOT.

Jean-Laurent Follot, né le 14 mai 1811 à Essey (Côte-d'Or), ancien chirurgien militaire, docteur en médecine, rue Montorgueil, 58. Le 5 juillet, à onze heures du soir, Follot est arrêté aux abords de l'Opéra-Comique donnant le bras à Deney; celui-ci est armé d'un pistolet, celui-là muni d'une trousse. Etrange rapprochement, sans doute, et qui, dans les circonstances données, établit une complète coopération au complot.

Follot a essayé d'abord d'échapper par une équivoque; on l'aurait appelé là où le sang devait couler; il était de son devoir d'accourir. Mais. plus tard, il fit un pas dans la voie de la vérité. Il avoua avoir reçu de Gérard la confidence du complot qui devait éclater le soir même, et c'est dans ces circonstances que Gérard l'avait engagé à l'accompagner. De Meren, d'un autre côté, ami intime de son ami Gérard, l'avait entretenu des deux sociétés secrètes, de leur prochaine fusion. Il ne s'est mêlé à rien; mais l'humanité parlait, il a dû obéir. Telle est toute la défense de l'accusé Follot. Une lettre de son frère, saisie à son domicile, tendrait à élever contre l'accusé des présomptions de viol. On a trouvé aussi, écrite de sa main, une pièce de vers dans lesquels on prodigue l'outrage à la glorieuse armée française.

27e ALAVOINE.

Eugène-Guillaume Alavoine, âgé de vingt-trois ans, né à la Bossée (Nord), étudiant en médecine, rue des Grés, 18, (absent). Frère d'un instituteur révoqué pour cause d'exaltation politique, Alavoine a été signalé lui-même par les autorités de Lille comme affilié aux sociétés secrètes de cette ville, avant et depuis 1851. S'il faut en croire Mariet, un chirurgien de Lille (probablement le docteur Watteau] serait venu à Paris et aurait excité un de ses compatriotes, que l'on suppose être Alavoine, à organiser une société. Cette proposition, communiquée aux amis d'Alavoine, aurait été accueillie par acclamation; et l'on voit, en effet, plus tard sa société se former: on voit Alavoine ouvrir son domicile à des conférences auxquelles assistaient et Laugardière, le chef de la société des étudiants, et ce même docteur Watteau qui, dit-on, était en mesure de faire sauter la citadelle de Lille quand il le jugerait utile à sa cause.

C'est chez Alavoine, c'est au milieu d'une de ces conférences que l'on voit un jour entrer Copinot, suivi de deux ou trois ouvriers de la rive droite et s'écriant : « Voilà des « bras que je vous amène ! » Ces bras étaient, quelques jours plus tard, amenés à l'Hippodrome et à l'Opéra-Comique pour assassiner l'Empereur. Ce rapprochement suffirait pour rattacher Alavoine au complot. Sa fuite ajoute aux charges élevées contre lui.

28° RIBAULT DE LAUGARDIÈRE.

Léon-Hippolyte Ribault de Laugardière, né le 12 septembre 1831, à Paris, étudiant en médecine, rue des Ecuries-d'Artois, 45. Cet accusé appartient à une famille très-honorable, dont plusieurs membres occupent les rangs élevés de la magistrature. Là, il n'avait à recueillir que de bons exemples et de sages conseils; mais entraîné par ses instincts pervers, il a préféré s'inspirer des enseignements de la démagogie. Il s'est jeté dans ce monde d'aventures, de paresse et de débauche, où les conspirateurs recrutent leurs adeptes les plus fervents. Lui-même ne tarda pas à exercer sur son entourage une certaine influence. Le cercle d'étudiants au milieu desquels il vivait, fumant, buvant et conspirant, s'appelait la bande Laugardière. Dans ce cercle, on faisait parade de l'immoralité la plus révoltante, en même temps que de la haine la plus furieuse contre nos institutions. Là, les correspondances étaient à la hauteur des conversations. Il est entre autres une lettre du nommé Blagny, saisie au domicile de Laugardière. Après des détails que la plume se refuse à retracer, Blagny ajoute d'un ton dégagé : « Hier, j'ai failli « aller à la chasse avec Marey-Monge; tu sais, le cousin « de celui qui a si bien gobé la prune; » faisant ainsi allusion à l'odieux assassinat d'un homme dont le crime est d'avoir été courageusement dévoué à l'ordre et aux lois de son pays. On conçoit que des propositions tendant au meurtre et à l'anarchie fussent bien accueillies par des jeunes gens placés sur une pente si fatale.

Laugardière, d'ailleurs, parlait de ses griefs personnels

contre le gouvernement de l'Empereur. Un décret venait d'être rendu, ayant pour but de demander aux élèves en chirurgie militaire des garanties plus sérieuses de capacité. Laugardière avait dû, en conséquence, se soumettre à de nouveaux examens, se livrer à un travail sérieux; c'était une occupation peu compatible avec ses goûts et ses habitudes; de là une grande irritation. Entraîné facilement par Alavoine, il avait sans peine entraîné ses camarades. Laugardière, l'étudiant, s'était abouché avec Ruault, le tailleur de pierres; il avait accepté les bras mis au service de l'intelligence. Le 7 juin, il avait, avec Ranc et Laflize, assisté à la tentative de l'Hippodrome. Le 8, il avait conféré dans le jardin du Luxembourg avec les délégués du club des ouvriers, et arrêté, de concert avec eux, le plan d'assassinat et d'insurrection qui devait couvrir la France de deuil et de ruines. Le 3 juillet, il prenait une part active à la réunion de Saint-Mandé. Le 5, entouré de ses amis, il assistait, du haut du Grand-Balcon, à l'horrible spectacle que ses alliés lui préparaient à la porte du théâtre. Il y était venu, de son aveu, sur l'invitation d'une personne qu'il refuse de nommer et qui ne lui aurait pas fait mystère du but de la réunion. Il importe d'ajouter que Laugardière et ses deux amis étaient armés; c'est l'accusé Martin qui le déclare.

Une circonstance toute particulière rattache plus étroitement encore Laugardière au complot; un mois auparavant, précisément à l'époque où l'on transportait mystérieusement au domicile de Bratiano une imprimerie clandestine, on transportait une presse autographique dans une chambre louée au nom de Laugardière. Plus tard, et après son arrestation, il voulut la faire disparaître, et un ami fut chargé de ce soin: mais la malle était trop lourde, il fallut se borner à la couvrir de hardes et de linge pour la dérober aux recherches. Saisie le 30 juillet, cette presse fut visitée : elle était accompagnée de deux pierres, sur l'une desquelles, à l'aide de procédés chimiques, l'on a fait reparaître une proclamation insurrectionnelle.

Or, quand de tels faits viennent se joindre à tous ceux qui ont été déjà signalés; quand on sait que la société Ruault avait essayé d'une presse lithographique avant de recourir à une imprimerie, on reste convaincu que la presse de Laugardière et l'imprimerie de Bratiano avaient une destination semblable et devaient concourir ensemble au triomphe de la conspiration.

Il n'y a pas jusqu'au système de défense balbutié par Laugardière qui ne tende à le rapprocher encore de Bratiano; lui aussi ignore ce que c'est que cette malle; lui aussi l'a reçue d'un ami qu'il ne veut pas nommer. On sait désormais à quoi s'en tenir sur ces allégations. Quant aux autres points de l'accusation, il suffit d'ajouter que les déclarations de Jaud, de Commès, de Mariet, viennent compléter les demi-aveux de Laugardière et prouver sa coopération active au complot aussi bien qu'à la société secrète.

29° RANC.

Arthur Ranc, né le 20 décembre 1831, à Poitiers (Vienne), étudiant en droit, rue Saint-Jacques, 228. Ce qui vient d'être dit au sujet de Laugardière dispense d'entrer dans des explications développées à l'égard de Ranc. Mariet et Joiron l'ont vu à l'Hippodrome le 7 juin; le 8, il prenait part à la conférence du Luxembourg où les étudiants et les ouvriers mettaient en commun leurs détestables efforts pour arriver à l'assassinat de l'Empereur. Il assiste à la plupart des réunions qui ont suivi celle du 8 juin, et qui se tenaient successivement dans le jardin du Luxembourg et dans les cafés du voisinage. Le 5 juillet, il est reconnu au Grand-Balcon par Mariet, Joiron et Martin Les papiers saisis chez lui trahissent l'exaltation de ses principes. Tout, en un mot, concourt à démontrer la culpabilité de Ranc, malgré les dénégations et le silence qu'il oppose à l'accusation.

30° LAFLIZE.

Sigismond Laflize, né le 21 janvier 1830, à Nancy (Meurthe), étudiant en droit, rue des Ursulines, 12. Laflize était, comme Ranc, le fidèle satellite de Laugardière; comme eux, il était à l'Hippodrome le 7 juin, au Luxembourg le 8 et les jours suivants. Mariet et Joiron l'y ont vu; le 5 juillet, ils l'ont reconnu à l'Opéra-Comique. Martin, sur ce point, ajoute sa déclaration à celles de Joiron et de Mariet; il a même entendu dire par d'autres affiliés : « Laflize est des nôtres pour la société et le com« plot. » C'est lui qui s'est empressé d'ouvrir sa porte aux conférences politiques, quand Barjaud effrayé leur fermait la sienne. C'est chez lui que le sieur Bastide a été reçu. Laflize ne nie pas sa présence au Grand-Balcon dans la soirée du 5 juillet ; il prétend seulement n'y être allé que pour boire de la bière. Sur tous les autres points, il nie, il n'a rien fait, rien dit ; il ne connaît personne, mais les explications qu'il donne tournent contre lui et finissent par confirmer l'accusation au lieu de l'affaiblir.

31° MARTIN.

Félix-Pierre Martin, né le 26 décembre 1830, à Brest (Finistère), étudiant, rue des Cordiers, n° 18. Cet accusé a été arrêté le 16 juillet. Les papiers saisis dans son domicile révèlent un esprit exalté, mais en même temps agité par des contradictions étranges. Il est en correspondance avec les sieurs Proudhon, Michelet et le père Lacordaire ; il veut entrer dans les ordres, et il conserve avec respect un portrait de Robespierre. Sa probité est loin de paraître irréprochable Une dame Gardet l'accuse d'avoir volé chez elle la laine de ses matelats, une paire de draps, une couverture et d'autres ustensiles de ménage. Martin est sur ce chef renvoyé en police correctionnelle.

Il a du reste fait des aveux relativement au complot. C'est l'accusé Jaubert qui, huit ou dix jours avant l'affaire de l'Opéra-Comique, l'aurait affilié au groupe des étudiants. Il donne, sur l'organisation de ce club, des détails assez curieux ; s'il faut l'en croire, le nombre des adeptes, dans chaque escouade, était illimité ; la sienne comptait plus de dix membres ; il n'y avait pas de chef, et chacun avait la prétention de commander aux autres. Enfin, dit le républicain Martin, « c'était presque une république ; c'est pour cela que rien n'a réussi. » Il avait été convoqué pour l'Opéra-Comique et se trouvait à son poste ; mais il n'aurait appris qu'en y arrivant l'attentat prêt à se consommer. Très-disposé à l'insurrection, il aurait hésité un instant devant la pensée d'un parricide ; mais trop avancé pour reculer, il déclare avoir accepté franchement la position qui lui était faite. Il dispute à l'accusé Folliet l'honneur d'avoir dit : « Il faudra crier vive l'Empereur ! pour pouvoir approcher plus facilement de la voiture. » S'il n'avait point d'armes, c'est qu'il n'avait pu s'en procurer. Mais les étudiants en avaient, et sous cette désignation il en comprend un grand nombre dans lesquels sont comptés expressément Laugardière, Laflize et Arthur Ranc. Il avait même des rapports assez fréquents avec ce dernier. Souvent ils avaient parlé politique ensemble sans savoir qu'ils appartenaient à la même société ; tous deux avaient témoigné une égale surprise en se rencontrant au rendez-vous de l'Opéra-Comique. Quant au motif qui les y amenait, il n'était douteux ni pour lui, ni pour l'autre, car (ajoute l'accusé Martin) nous nous connaissions assez pour nous comprendre.

32° JAUBERT ou JOBERT (absent).

Signalé par Martin, qu'il aurait affilié au complot huit ou dix jours avant le 5 juillet. Il figurait dans le groupe des étudiants aux abords de l'Opéra Comique, attendant l'exécution du complot et prêt à y prendre part. Il a pris la fuite et n'a pu encore être arrêté.

33° POISSON (absent).

Est désigné par l'accusé Martin comme ancien notaire ou agent d'affaires, transporté, puis gracié. Le 5 juillet, présent à l'Opéra-Comique en sa qualité d'affilié et même de chef, il se serait éloigné sous un frivole prétexte. Martin le qualifie de lâche, et dit que sa retraite prématurée aurait contribué à faire manquer la tentative. Il s'est mis, par sa fuite, à l'abri des recherches de la justice.

Tels sont les faits généraux de l'accusation ; telles sont les charges qui pèsent sur chacun des accusés. Soixante-dix-sept individus avaient été impliqués dans les poursuites ; trente-quatre ont été écartés à défaut de preuves suffisantes ; quarante-deux ont été traduits en police correctionnelle sous prévention de société secrète, vol, offenses, détention d'armes de guerre ou d'imprimerie clandestine ; trente-trois (sur lesquels sept sont en fuite) ont été renvoyés devant la Cour d'assises de la Seine, sous l'accusation de complot contre la sûreté de l'Etat.

Le complot, c'est en effet, suivant la loi, la résolution d'agir concertée, arrêtée entre deux ou plusieurs personnes, dans le but soit d'attenter à la vie ou à la personne du souverain, soit de changer ou de détruire le gouvernement. Cette définition du complot n'est-elle pas exactement celle des actes aujourd'hui signalés à la justice ? Quel autre nom donner aux conférences secrètement tenues chez les Folliet, les Gérard, les de Méren, les Decroix, au Luxembourg, aux fortifications des Vertus et de Saint-Mandé ? Le but de la conférence n'y était-il pas nettement formulé ? N'est-ce pas pour assassiner l'Empereur que l'on se distribuait des armes, que l'on se déclarait en permanence, que l'on se donnait rendez-vous avec des pistolets et des poignards, à l'Hippodrome, au Gymnase, à l'exposition d'horticulture, aux abords de l'Opéra-Comique? N'est-ce pas pour armer des barricades, pour arriver ainsi au renversement de l'empire et à la proclamation de la république sociale, que des canons étaient fabriqués par les conspirateurs? Et ces canons fabriqués, et ces armes distribuées et ces rendez-vous donnés sur le passage de l'Empereur, n'est-ce pas aussi l'acte commis ou commencé à la suite du complot pour en assurer l'exécution?

C'est quelque chose de plus peut-être; et si, aux yeux du législateur, de tels actes ne constituent pas suffisamment la tentative d'assassinat punie comme l'attentat même, la conscience publique sera plus sévère que le législateur; la conscience publique dira que, par respect pour la loi, l'accusation est restée en dessous de la grandeur du crime; que si l'intention parricide a manqué son effet, c'est par la protection du ciel, c'est par la vigilance de l'autorité; c'est par des circonstances indépendantes de la volonté des conspirateurs.

Il faut bien le reconnaître, jamais crime ne semble avoir appelé plus hautement toutes les sévérités de la loi sur la tête des coupables. Une conspiration tramée contre le pays, au sein même d'une admirable prospérité, des poignards aiguisés au nom du peuple contre un prince dont le peuple occupe toutes les pensées, des hommes à qui ce prince généreux a pardonné et qui s'arment une seconde fois contre sa personne, qui s'approchent de l'Empereur au cri de : Vive l'Empereur! pour le frapper plus sûrement, qui, du même coup, n'hésiteront pas à frapper l'auguste princesse déjà nommée partout la providence des malheureux; la férocité jointe à l'hypocrisie, le parricide, le meurtre, le pillage prémédités, tentés avec un horrible sang-froid, avec une implacable persévérance, voilà ce qu'a révélé l'instruction de ce procès, voilà les caractères dominants du complot dont la vindicte publique demande le châtiment à la justice. La justice ne faillira pas à sa haute et sainte mission; elle saura venger et défendre le souverain que la France s'est choisi, les institutions qu'elle s'est données, l'édifice tout entier de la civilisation encore une fois menacé par les barbares.

En conséquence, Folliet, Ruault, etc., sont accusés d'avoir en 1853, concerté et arrêté entre plusieurs personnes une résolution d'agir ayant pour but : 1° de commettre un attentat contre la vie de l'Empereur; 2° de détruire ou de changer le gouvernement, laquelle résolution a été suivie d'actes commis ou commencés pour en préparer l'exécution, crimes prévus par les articles 86, 87, 89 du Code pénal, et la loi du 10 juin 1853.

Fait au parquet de la Cour impériale de Paris, le 18 octobre 1853.

Le procureur-général, signé ROULLAND.
Collationné : MONGIS, avocat-général.

Après la lecture de l'acte d'accusation, Mariet pousse le cri de : « Vive la république! »

M. le président : Qui vient de parler? qui vient de se permettre cette inconvenance!

Martin : Ce n'est pas une inconvenance!

M. le président : Qui prend encore la parole sans être interrogé?

De Laugardière : C'est le voleur.

M. le président : Que personne ici ne prenne la parole sans que je la lui aie accordée. Quant à vous Mariet, la Cour verra ce qu'elle aura à faire à votre égard pour l'inconvenance que vous venez de vous permettre.

On fait l'appel des témoins, qui sont au nombre de cinquante-six et qui se retirent hors de l'audience.

Après une suspension d'une demi-heure, l'audience est reprise pour l'interrogatoire des accusés.

INTERROGATOIRE DES ACCUSÉS.

M. le président : Folliet, levez-vous. Vous figurez le premier dans cette affaire, parce que c'est chez vous et par vous qu'ont été formés les premiers nœuds de cette affaire. Vous avez apporté quelque franchise dans ces débats; vous aviez nié d'abord, puis vous avez fait quelques aveux, mais ils ne sont pas complets. Nous vous invitons en ce moment à entrer dans une voie plus franche que celle que vous avez suivie jusqu'à présent. C'est vous qui avez fait connaître à la justice que vous avez reçu la visite de Ruault et de Copinot?

Folliet : Deux jours avant.

D. Vous connaissez ces hommes? — R. J'ai connu Copinot par Ruault.

D. Comment connaissez-vous Ruault? — Je l'avais connu dans la rue.

D. Ce n'est pas acceptable. Il ne serait pas allé chez

vous ; il y avait d'autres lieux : ce sont ceux de la société secrète ? — R. Jamais je n'ai fait partie de société secrète.

D. Vous avez été poursuivi pour cela ? — R. Mais je n'ai pas été condamné.

D. C'était dans une circonstance sérieuse. En 1836, deux grands coupables venaient d'être condamnés à la peine capitale. Ils ont demandé à faire des révélations, à la suite desquelles Barbès, Blanqui furent arrêtés. On trouva sur l'un d'eux une liste, et vous savez quel était le premier nom qui y figurait ? — R. Ça m'étonne que la justice ne sache pas que j'étais innocent.

D. Ce qui nous étonne, c'est que ce soit à nous que vous disiez cela. Deux ans après, vous avez été condamné pour détention d'armes de guerre. C'est toujours la même chose et par les mêmes hommes : la guerre à la société. Quoi qu'il en soit, vous étiez en rapport avec Ruault et Copinot. Qu'est-ce qu'ils vous ont dit ? — R. Je n'ai pas voulu accepter.

D. Nous examinerons cela tout à l'heure. Qu'est-ce qu'ils vous ont dit ? — R. Il y en avait un nommé Boissieux.....

D. Boissieux ! Pourquoi n'en avez-vous pas encore parlé ? — R. Le juge d'instruction a mal entendu.

D. Nous connaissons cela, c'est la faute du juge d'instruction. Pourquoi avez-vous nommé Copinot et Ruault ? — R. Ruault m'a fait des ouvertures pour être membre d'une société secrète.

D. Quel était le but de cette société ? — R. C'était une organisation que je ne connais pas.

D. Pourquoi faire ? — R. C'est leur affaire. On m'a parlé d'insurrection.

D. C'est le but. Quel était le moyen ? — R. C'est leur affaire.

D. C'est la vôtre aussi. Ne vous a-t-on pas dit qu'il y avait un projet d'attenter à la vie de l'Empereur ? — R. Je crois ça.

D. Il ne suffit pas de le croire ; était-ce cela ? — R. Oui, assassiner l'Empereur pour arriver à une révolution.

D. Qui vous a dit ça ? — R. Ruault.

D. C'est bien entendu. Qu'avez-vous dit à cela ? — R. Je n'ai pas voulu en faire partie.

D. Bien. Cependant quelques jours après on vous trouve à la porte de Gérard que vous attendiez. On se dirige vers le Palais-Royal. Là, un individu vous soumet un plan de barricades sur papier, et on le discute sérieusement. Si vous n'aviez pas voulu accéder, vous n'auriez pas été avec

Gérard dont nous connaissons les principes et la capacité en ces matières ? — R. Je n'ai pas été chez Gérard; je l'ai attendu à la porte.

D. Que s'est-il passé dans cette excursion ? — R. On a parlé d'un projet de barricades.

D. Il y avait une pensée insurrectionnelle? — R. Il y avait cette pensée, je l'ai su.

D. Il y avait là Alix, Gérard, et qui? — R. Ruault.

D. Rien n'a été décidé; mais il a été question d'une réunion chez Decroix ? — R. C'était pour autre chose. J'y allais pour faire connaissance avec Vautbier.

D. Il a été question de barricades ? — R. C'est par hasard.

D. Le ministère public n'admet pas ce hasard ; il pense que cette réunion avait pour but de consulter un plus grand nombre de conjurés. Vous y étiez et vous y présidiez? — R. Oh!

D. Vous présidiez et vous y avez parlé de barricades.... Vous avez dit que ce plan se rattachait à un plan d'assassinat de l'Empereur! — R. Oh! ça a été dit par de mieux initiés que moi.

D. Vous voulez rejeter cela sur Vauthier et Budan ; prenez garde, vous recevrez là-dessus de sérieux démentis. Avez-vous dit que ces barricades se rattachaient à un projet d'assassinat de l'Empereur? — R. Oui; je le savais par un journal de Reims et par *la Presse.*

D. Ces journaux n'ont pas dit ça. — R. Au surplus, je me suis retiré, parce que j'ai vu que ça ressemblait à une réunion politique.

D. C'était prudent. On s'est rassemblé quelques jours après chez vous? — Je n'ai pas voulu de ça.

D. Quel devait être le but de cette réunion? — C'était le but de décider l'insurrection, le jour...

D. Les choses étaient assez mûres alors pour l'insurrection? — R. Il y avait des hommes qui le pensaient; ce n'est pas ceux qui étaient là. Ruault et Ce n'étaient pas là.

D. Qui avait donc parlé de cette réunion? — Ce sont eux, Ruault et Copinot. Je n'ai pas voulu : la réunion a eu lieu ailleurs.

D. Ce que vous dites est vrai, et ceci a une grande importance au procès. Les conspirateurs se sont rendus chez vous, vous les avez éconduits, et ils sont allés ailleurs. La police savait cela, et votre maison était surveillée. On a vu venir ceux qui étaient convoqués et qui se sont dirigés vers les fortifications. Combien y avait-il de monde? — R. Il y avait bien quinze personnes.

D. Qui? — R. Il y avait Ruault, Copinot.

D. Lux? — R. Je ne le connaissais pas.

D. Il y était? — R. Je crois que oui.

D. Qu'a-t-on décidé? — R. L'attentat était convenu.

D. Entre qui? — R. Entre ces messieurs.

D. Comme conséquence, l'insurrection? — R. Oui.

D. Elle fut décidée? R. Oui.

D. N'a-t-on pas décidé que le système de barricades d'Alix serait employé? — C'est le contraire qui a été décidé.

D. Sur la prosition de Ruault? — R. Oui.

D. La permanence a été décidée par la société? — R. Oui.

D. Ceci n'a pu être décidé que par les chefs. A partir de quel jour cette permanence? — R. A compter du 6.

D. Fut-il convenu qu'on attaquerait l'Empereur le lendemain à l'Hippodrome? — R. Ça regardait ces messieurs ils ont dû arranger ça ensemble.

D. Vous deviez être mieux initié que ça? — R. Je crois que je me suis expliqué là-dessus.

D. Répétez ce que vous avez dit. — R. J'ai dit que le 6 et le 7 il y avait permanence, et le 7 attentat.

D. Il y a un fait sur lequel je vous invite à être plus précis. — R. S'il y a moyen.

D. Oui, c'est le moyen de vous relever devant la justice. — Ayez du courage et nous vous soutiendrons.

D. Le 6, vous avez reçu Ruault et Copinot? — R. Je n'ai reçu personne ce jour-là.

D. Passons. Le 7, au matin, trois personnes qui devaient jouer un rôle très-important sont venues chez vous, et l'acte d'accusation dit que c'était pour prendre les dernières instructions. — R. J'étais à mon travail.

D. Ces personnes vous ont attendu? — R. Il a pu venir Lux et Ruault. J'étais alors au chemin de fer.

D. Vous avez reçu Monchirond? — R. Oui.

D. La surveillance etait telle que nous savions tout cela avant que vous ayez parlé. Qu'est ce que Monchirond venait faire chez vous? — R. Il venait me donner des renseignements sur une demoiselle qui devait épouser un de mes parents.

D. Il n'a rien dit de ce qui devait se passer à l'Hippodrome? — R. Non, je crois qu'il n'était pas initié.

D. Les propos qu'il a tenus annoncent qu'il en savait beaucoup? — Il ne m'a rien dit. Nous ne sommes pas restés ensemble plus de cinq minutes.

D. Ce serait bien peu. Dans vos réunions, il a été question de pièces d'artillerie. Qu'est-ce qui vous en a parlé? — Oh ! c'est Copinot.

D. Comment était-ce? — R. C'étaient des canons faits avec des tuyaux d'un pied de long.

D. Vous a-t-il dit qui les avait faits? — R. Non.

D. Nous le savons. A-t-il dit dans quel but? — R. Pour l'insurrection.

D. Où devait-on les placer? — R. Sur les barricades.

D. Et vous approuviez? — R. Je n'approuvais rien.

D. Mais vous ne désapprouviez pas? C'est en cela qu'est le fait de complot. Vous avez approuvé, vous avez assisté, vous avez coopéré; c'est le complot. Connaissant ce dont vos accusés étaient capables, vous avez dit : « Je ne sais pas si tels et tels étaient à l'Hippodrôme, où je n'étais pas, mais ils devaient y être. » Pourquoi cette impression? — R. Je ne sais pas.

D. Expliquez-vous avec plus de sincérité sur la société secrète. — R. Je n'en ai jamais fait partie; j'ai détourné les ouvriers du chemin de fer d'en faire partie.

D. Il faut que MM les jurés sachent qu'il n'est pas question ici de société secrète, il ne s'agit que du complot; une autre juridiction connaîtra de la société secrète. Il est bon que tout le monde sache que la société jouera un grand rôle dans les débats comme ayant été le moyen pour arriver au complot. — R. Si j'avais voulu organiser une société secrète, j'en aurais fais une formidable.

D. Il paraît que vous connaissez les dangers de ces sociétés. Le mot formidable que vous venez de prononcer restera dans le débat. Votre explication sera l'objet d'une appréciation, soit ici, soit surtout ailleurs, sur l'existence de ces sociétés. Pour vous, vous avez pris part à trois réunions dans lesquelles le complot a été organisé. Asseyez-vous.

M. le président : Ruault, levez-vous. Vous venez d'entendre ce qu'a dit Folliet. C'est vous qui lui auriez fait part du projet d'attentat. Reconnaissez-vous cela? — R. Non.

D. Pourquoi Folliet le déclare-t-il? — R. Je n'en sais rien.

D. Vous êtes allé à la réunion des fortifications? — R. Non.

D. Comment se tromperait-on ainsi sur vous? — R. Je n'en sais rien.

D. Vous avez conçu l'attentat qui devait aboutir à une insurrection? — R. Non.

D. Vous avez acheté des pistolets? — R. Non.

D. Vous avez été chez Gérard? — R. Je ne le connais pas.

D. Avec deux pistolets que vous avez reçus, vous avez armé deux individus qui le déclarent? — R. Non.

D. Vous niez tout? — R. Oui.

D. Le 7, vous avez été à l'Hippodrome? — R. J'étais au Louvre.

D. Vous travaillez inégalement? — R. J'étais assidu.

D. Vous connaissez Folliet? — R. Je ne le connais pas.

Folliet: Je ne peux pas l'empêcher de dire ça.

D. Vous persistez dans ce que vous avez dit jusqu'ici? — R. Oui.

D. Vous entendez, Ruault; il a dit que c'était votre affaire. Vous ne comprenez pas? — R. Si, monsieur, très-bien.

D. Connaissez-vous Copinot, Gérard? — R. Non.

D. Et Lux? — R. Ni Lux.

D. Ah! ni Lux non plus! C'est grave, ceci. Il serait inutile de vous interroger plus longtemps. Asseyez-vous.

M. le président: Montchirond, il n'y a contre vous qu'un fait, mais il est grave. Vous avez été chez Decroix?

Montchirond : C'est un peu moi qui ai causé cette réunion.

D. Vous avez été poursuivi dans l'affaire du Comité de résistance? — R. J'ai été poursuivi, mais rendu à la liberté.

D Et dans l'affaire du 2 décembre? — R. J'ai été mis en liberté par un rapport de M. le général de Goyon.

D. C'est-à-dire que vous avez été désigné pour la transportation, puis gracié. Laissons cela. Vous dites que vous avez provoqué la réunion chez Decroix? — R. Par suite des bruits d'insurrection entre les légitimistes et les orléanistes, nous crûmes devoir, nous débris de la république, nous réunir pour aviser.

D. Vous comprenez qu'on ne croira pas ça. — R. Permettez; je dis ce qui est. Nous voulions avoir l'opinion de M. Vauthier sur l'esprit des ouvriers du chemin de fer.

D. Cela n'est pas admissible. — R. C'est tout pour moi; car les faits généraux me sont étrangers.

D. Mais pas du tout. Il a été question d'attentat à la vie de l'Empereur?... — R. Il en a été dit un mot, et je m'expliquerai là-dessus. Tout le temps de la réunion a été consacré à recevoir les communications de M. Vauthier, et elles n'étaient pas de nature à nous satisfaire.

D. C'est constant. Vauthier, frère de deux hommes actuellement déportés, sur qui l'on devait compter, a été sondé sur les dispositions des ouvriers, et il nous dira ce qu'il a dit à cette réunion.

Montchirond : Il n'est pas cité.

M. le président : Il le sera. Il n'a été sondé que sur ce fait secondaire; le fait principal etait l'attentat à la vie de l'Empereur.

Montchirond: J'attends qu'on me prouve que je l'ai su.

D. Vous m'avez dit : « Le colonel Charras sait tout? » — R. J'ai dit tout le contraire J'ai dit : « Peu nous importent les noms; nous ne sommes pas ici pour agiter des noms propres. »

D. Nous n'admettons pas ça. — R. J'ai pour moi les six ou sept personnes qui m'ont entendu.

D. Et contre vous ceux qui vous ont entendu aussi? — R. Je nie formellement.

D. C'est une dénégation en face d'une affirmation. — R. Je savais en mai dernier qu'il y aurait une insurrection légitimo-orléaniste.

D. Nous n'en avons rien su. — R. J'étais probablement mieux informé que vous. J'affirme ceci sous la foi du serment.

D. On ne vous demande pas de serment. — R. Je suis fâché de m'être servi de ce mot qui nous fait allonger la conversation sur ce point.

D. Je vous fais remarquer que vous parlez avec trop d'assurance de ce projet d'insurrection par les légitimistes. — R. Et par les orléanistes.

D. Soit! par les orléanistes? — R. Oh! j'y tiens. Je pourrais citer des noms propres, ce que je ne ferai pas.

D. C'est un fait nouveau, et l'on peut craindre que ce soit par la nécessité de votre défense que vous disiez cela? — R. Ce n'est pas mon défenseur en tout cas qui m'aurait soufflé cela, puisque je vous l'avais dit avant que vous me l'ayez nommé.

D. Qu'êtes-vous allé faire chez Folliet? — R. J'allais le prier d'employer un individu au chemin de fer; et puis, j'avais à lui demander des renseignements sur un employé qui devait épouser une demoiselle Christophe, que vous entendrez.

D. Vous avez disparu de votre domicile quelques jours après, le 7 juin. Le ministère public pense que si l'objet de la réunion était ce que vous dites, vous n'auriez pas pris la fuite? — R. Ah! pardon. . je n'ai pas quitté Paris. J'ai f it passer mes certificats à M. le procureur général. Le jour de l'arrestation de Decroix et le lendemain, j'ai travaillé comme d'habitude. Ce n'est que le surlendemain que, voyant entrer un agent de police dans mon bureau, j'ai disparu, mais pas de Paris.

D. Que vous ayez quitté votre domicile le 7 ou le 10, vous ne l'avez pas moins quitté? — R. Ah! c'est que, voyez-vous, quand les arrestations commencent, il n'y a pas de raison ponr que cela s'arrête.

D. Surtout quand on a assisté à la réunion Decroix. — R. Non! surtout quand on a déjà un dossier à la préfecture.

D. On a pensé qu'ayant fait ce qu'avaient fait les autres, vous vous dérobiez aux recherches de la justice. — R. Je suis resté à Paris, pourquoi ne m'a-t-on pas arrêté?

D. Cela p ouve que la police, qui sait tant de choses, ne connaissait pas votre domicile secret. — R. C'est évident.

D. Vous avez été heureux de votre liberté conquise; car vous l'avez célébrée en vers. Avez-vous quelque chose à dire sur Vauthier et autres, auxquels vous faites allusion dans les papiers saisis? — R, Ce sont des observations personnelles, et vous les entendrez quand je les ferai.

D. Il reste encore un mot qui vous a été dit quelques jours après : « Il y a eu assez de victimes, il faut en finir. » — R. Ah! pardon; si ceci a été dit, ce n'est pas quelques jours après, mais le 3 juin même. Au surplus, je ne crois pas Robin capable de m'avoir dit ces paroles.

Le défenseur de Decroix : L'accusé peut-il nous dire pourquoi on s'est réuni chez Decroix?

Montchirond : Simplement parce que son domicile était plus rapproché de nous que celui de Vauthier. Si le contraire avait eu lieu, nous serions allés chez Vauthier, et Vauthier serait ici à la place de Decroix.

D. Avez-vous dit que 500 hommes suffiraient pour occuper l'Hôtel-de-Ville et 50 hommes par mairie? — R. C'est possible; j'arrivais là avec une idée d'insurrection possible, mais de la part des légitimistes et des orléanistes.

D. Le ministère public donnera probablemant un autre sens à ces mots. Ce sera l'objet d'une discussion ultérieure.

M. le président, à Decroix : C'est chez vous qu'a eu lieu la réunion? — R. C'est vrai.

D. Plus qu'un autre, vous auriez dû vous tenir sur vos

gardes? — R. M. Montchirond m'avait dit qu'il viendrait des amis à lui pour me voir. Quand j'ai rentré, j'ai trouvé quatre ou cinq personnes dans mon jardin. J'ai cru qu'on regardait parce que, je vous demande pardon de l'expression, j'ai un chien qui grimpe au mur comme un chat, j'ai cru qu'on le regardait marcher sur le toit. Je ne connaissais pas ceux qui étaient là, et ils sont partis sans que je les aie connus.

D. Ce n'est pas croyable; des témoins disent que vous étiez au courant de tout? — R. Je ne puis pas croire qu'il y ait une personne qui ait l'impudence de dire ça.

D. Ne vous servez pas de ce mot. — R. Ah! c'est peut-être un peu leste!... Je rétracte ça.

D. Vous devez à la clémence du souverain d'être revenu de Belle-Isle, et vous avez su qu'on voulait attenter à sa vie? — R. Je n'en ai pas eu connaissance.

D. Des témoins disent le contraire. — R. Demandez à tous mes coaccusés.

D. Je ne parle pas de vos coaccusés, mais des témoins. — Demandez à ce monsieur, le premier que vous avez interrogé, s'il me connaît.

D. Vous vous servez du mot : « Ce monsieur! » en parlant d'un homme qui a présidé une réunion chez vous? — R. Je ne le connais pas.

D. Ce n'est pas croyable, vous, transporté de juin? — R. Je ne peux pas entendre parler des journées de juin sans les déplorer.

D. Et vous avez raison. — R. On est venu me chercher pour marcher avec la garde nationale.. ma femme a eu la bonté et même la maladresse de dire que je n'étais pas chez moi. C'est pour ça que j'ai été envoyé à Belle-Isle.

D. Condamné à la transportation? — R. Pas condamné... mais envoyé...

D. Nous ne tolérerons pas que vous attaquiez les décisions de la justice. — R. Il y a eu 35,000 transportés et pas 4,000 coupables. Il y a toujours beaucoup de victimes dans les révolutions.

D. Vous avez été condamné pour coalition, puis pour coups? — R. Oh! je n'ai donné des coups à personne; j'ai évité d'en donner.

D. Laissons cela. Quelles étaient les personnes qui se sont réunies chez vous? — R. Je n'ai connu que Robin et Montchirond.

D. Comment aviez-vous chez vous tant d'armes? — R. Tant d'armes! Je n'avais qu'un fusil à deux coups, venant de mon frère, et une carabine : le tout incapable de faire feu. J'avais deux gibernes, c'est vrai; mais j'ai un grenier qui n'a pas de porte, et ma femme avait permis aux voisins d'y déposer des ferrailles. Il y a une giberne et un sabre-poignard qui appartiennent à mon voisin Renaud. Quant à la poudre, elle vient de mon beau-frère qui a été pendant douze ans chasseur d'un comte. L'épée a été celle de mon père, ancien commandant de la garde nationale de Béthune... Il y a vingt ans qu'elle n'a pas été dégaînée.

D. Vous avez nié d'abord la réunion. — R. Le juge d'instruction ne m'a pas parlé du jour même.

D. Ce n'est pas sérieux. Asseyez-vous, en voilà assez. — R. Je tiens à ce que MM. les jurés sachent bien que ces armes sont incapables de faire feu.

On montre le paquet d'armes saisies chez Decroix.

M. le président : Admettez qu'on en saisisse autant chez tous les accusés, et l'insurrection devient facile.

D. Lux, Etes vous de Paris?

Lux : Non, j'y suis depuis 1848.

M. le président : Vous avez été condamné? — R. Oui. Quelquefois.

D. Pour chants séditieux? — Oui, pour des chansons.

D. Aussi pour les troubles de Lyon? — R. Oui, c'était en 1834, en Bourgogne. Il y avait des ouvriers qui voulaient reconquérir la liberté, je leur ai donné un coup de main.

D. Nous n'admettons pas cette explication. Vous avez été condamné pour vol et escroquerie? — R. Jamais, c'était une condamnation politique.

D. Le dossier est là; il n'y a pas de politique là-dedans. — R. J'ai été condamné comme propagandiste.

D. Vous aurez lecture du jugement et de ses motifs. — R. Oh!

D. En 1848, vous étiez à Paris, et vous y avez joué un rôle? — R. Je ne connais pas de rôle... je n'en joue pas.

D. Vous avez été un des premiers à violer, le 15 mai, l'Assemblée nationale? — R. Voici comment...

D. C'est inutile. Vous avez été condamné ici pour fraude en matière électorale? — R. J'ai été condamné innocemment.

D. C'est entendu. Vos précédents expliquent votre participation aux actes actuels. Vous étiez aux fortifications? — R. Je ne comprends pas qu'on dise ça.

D. Vous connaissez Alix? — R. Oui.

D. Il ne vous veut pas de mal? — Non.

D. Vous êtes allé chez lui? — R. Oui, prendre mesure de chaussures à sa sœur.

D. C'est justement ce qu'il dit, et Folliet le dit aussi. — R. Je ne comprends pas que Folliet dise ça. Demandez-lui si j'y étais.

M. le président : Vous allez avoir satisfaction. Folliet, avez-vous vu Lux à cette réunion?

Folliet : Oui, monsieur.

M. le président : Eh bien, Lux, vous avez une satisfaction complète.

Lux : Il m'a connu quand j'étais membre du Comité démocratique.

D. A quelle époque? — R. en 1849.

D. Dans quel but ce comité? — R. Pour les élections, pardi!

D. Qu'alliez-vous faire le 7 juin chez Folliet? — R. Je n'y ai pas été, je ne le connais pas.

D. Les inspecteurs qui vous surveillaient vous ont vu le 7 juin chez Folliet, chez Delbos, à la place Lafayette, où vous avez pris une voiture à vasistas; ils vous ont suivi jusqu'à la place de la Madeleine, où vous êtes descendu. — R. Je vous répondrai, et quand MM. les jurés sauront comment j'ai été traité par l'instruction...

D. Qu'est-ce que vous entendez par là? — R. Pardi! comment on a agi pour me faire connaître.

D. Qui est-ce qui a agi? — R. La police ou le juge d'instruction.

D. Ah! prenez garde. Expliquez-vous, mais soyez prudent. — R. Je prends ma défense dans l'accusation. Le 7, j'ai travaillé de sept heures à neuf heures, et pourtant l'accusation dit qu'on m'a suivi et que j'ai pris la voiture n° 39. Je reviendrai là-dessus. On a dit que j'avais payé la voiture; je m'expliquerai. Après cela, qu'on a vu ma figure au vasistas; toute personne honnête dira si c'est possible d'y reconnaître une figure.

D. Vous verrez le cocher et tout s'expliquera. Avez-vous pris ce fiacre? — R. Non.

D. Etes-vous allé à l'Hippodrome? — R. Je n'en ai aucune connaissance.

D. On vous a surveillé; vous avez donné des ordres, placé des hommes sur le passage de l'Empereur? — R. Je n'y étais pas. Si on m'avait vu pousser des cris et frapper dans mes mains, on aurait dû m'arrêter.

D. Vous devancez ce que j'allais vous dire. Ne triomphez

pas déjà, vous allez trop vite et vous parlez trop. Vous êtes signalé comme ayant donné des instructions, fait des signaux et placé du monde. — R. C'est faux. Le juge d'instruction a fait placer des agents qui ne me reconnaissent pas, et le juge d'instruction a dit : « Comment c'est Lux, et vous ne le connaissez pas ! »

D. Allons, nous ne vous permettrons pas d'insulter un magistrat. — R. Je n'injurie pas, j'explique les choses.

D. Je vous dis de vous taire. — R. Si je ne peux parler. condamnez-moi innocent.

D. On ne vous condamnera pas innocent, mais je ne vous laisserai pas insulter un magistrat. — R. Il faut pourtant que je dise...

D. Vous ne direz pas un mot de plus. Etiez-vous à l'Hippodrome? — R. Non. Si j'avais fait ce que disent les agents, ils m'auraient arrêté.

D. Vous avez déjà dit cela. — R. Il faut que je le répète.

D. Dans ce moment de grand péril, la grande préoccupation de la police était de protéger les jours du chef de l'Etat. On n'a arrêté personne, et l'on vous a suivi pour savoir qui vous étiez. — R. Les agents, en ne m'arrêtant pas, étaient plus coupables que moi, puisqu'ils me laissaient commettre le crime.

D. C'est une théorie. Nous verrons si les agents ont été plus coupables que vous. — R. Je proteste que je n'ai aucune connaissance de rien.

M. le président : Et vous, Alix, vous avez été arrêté en 1848?

Alix : Je suis ravi de l'observation par laquelle vous débutez.

D. D'abord que faites-vous? — R. Je m'occupe d'éducation, Je n'accepte pas la qualification de professeur, parce que je crois que c'est un sacerdoce. J'enseigne la lecture en quinze leçons; je m'occupe aussi de physique universelle.

D. Il paraît que votre physique universelle ne comprenait pas la pratique de la pudeur, puisque votre propriétaire a fait fermer bien vite votre cours. — R. C'est une calomnie de l'accusation. J'ai enseigné beaucoup de choses, et c'est peut-être pour cela qu'on n'a pas bien su au juste ce que j'enseignais. Mon propriétaire m'a suscité des difficultés à raison de mes meubles, et ce serait une histoire assez longue.

D. Oh! passons sur cette histoire, et revenons, à votre

satisfaction, sur l'interpellation que je vous ai faite sur les journées de juin. — R. Ah! voici. M. le juge d'instruction, que je regrette de ne pas voir ici...

D. Ah! permettez. — R. Mais, permettez aussi.

D. Je ne permets rien contre le juge d'instruction. — R. Vous permettez tout ce qui est la vérité. J'ai dit que j'avais été arrêté en juin 1849 pendant quelques instants; on a écrit que javais été arrêté en juin 1848... J'ai protesté, et M. le juge d'instruction, ne tenant pas compte de ma rectification, a mis que j'étais un insurgé de juin.

D. Parlons des faits actuels. — R. Je n'ai pas fini avec ma protestation.

D. Tout aura son temps dans ce débat. — R. Ça me suffit.

D. Comment connaissez-vous Gérard? — R. Il a conduit sa fille à mon cours.

D. Et Folliet? — R. Dans les circonstances que l'accusation relève.

D. Et Lux? — R. Au quai aux Fleurs, il y a deux ou trois ans. Il est venu chez moi la dernière fois pour prendre mesure de chaussures à mon frère et à ma sœur.

D. Etes-vous allé à la réunion des fortifications? — R. Il n'y a pas eu de réunion aux fortifications. C'était une réunion...

D. Vous avez le tort de trop parler. — R. C'est ce que m'a dit le juge d'instruction : il m'a dit que j'étais trop confiant. (On rit.)

D Vous appelez ça être confiant? Qu'entendez-vous par la réunion des fortifications? — R. C'est ce que j'allais vous dire quand vous m'avez interrompu. J'étais avec Folliet et Lux, me promenant sur le plateau des fortifications, et notre seule préoccupation, à ce moment, était la crainte que nous avions d'être en contravention en marchant sur l'herbe.

D. Vous avez, quelques jours avant, fait part d'un plan de barricades à Folliet et à Lux? — R. Nous nous promenions dans le jardin du Palais-Royal, sans croire que nous *commettions* une réunion. Nous causâmes des événements graves qui préoccupaient tout le monde, je veux parler de la crise des démolitions...

D. Oh! c'était peu grave. — R. Comment! mais on démolissait partout, et tout le monde était sur le pavé. Moi-même, j'étais menacé dans l'existence de mon cours, qu'on voulait faire tomber...

D. Par la démolition? — R. Oui, et en disant qu'ils étaient immoraux.

D. C'était un peu vrai, puisqu'on vous a donné congé. — R. J'expliquerai cela.

D. Arrivez donc au fait. — R. J'y arrive.

D. Vous prenez un chemin un peu long. — R. Eh bien! nous causâmes donc des événements, des émeutes qui se préparaient, et je dis que les barricades n'étaient fortes qu'autant qu'elles étaient soutenues par l'opinion publique. Et puis, vous dites que je parle trop; il est possible que j'aie trop parlé ce jour-là, mais j'ai dit que les meilleures barricades ne valaient rien! Voilà ce qu'on appelle proposer un plan de barricades.

Folliet. — M. Alix avait un papier à la main, et sur ce papier le plan des barricades.

Alix. — Ah! ceci est heureux pour moi. Ce papier, voyez-vous, c'est une de mes erreurs. J'ai toujours un papier à la main, et, tenez, j'en tiens un en ce moment, et, certes, je ne m'attendais pas à cet incident. Il n'a pas été question de plan de barricades, pas plus qu'aux fortifications. Voulez-vous que je vous dise ce qui s'est passé aux fortifications?

D. Nous le savons. — R. Non, vous ne le savez pas.

D. Nous comprenons que vous présentiez des explications et des faits nouveaux. Ce qui est certain, c'est qu'aux fortifications, l'assassinat a été décidé, la permanence déclarée, et le jour d'agir fixé au 7 juin. — R. Rien de cela n'est vrai. J'ai entendu parler de permanence, mais j'ai cru que cela voulait dire qu'il fallait se tenir sur ses gardes, faire une résistance analogue à la puissance.

D. Qu'est-ce que vous voulez dire? — R. Je voulais dire que l'Etat, c'était la puissance. (S'échauffant dans sa démonstration :) Or, si l'Empereur était dans la puissance, il était opposé à la résistance...

D. Enfin vous avez dit qu'il fallait que l'on s'attaquât à la tête. — R. De l'insurrection, monsieur le président, de l'insurrection.

D. Vous êtes socialiste; vous vous êtes porté comme candidat socialiste aux élections. — R. Oui, et je ne comprends pas qu'on ait osé attaquer ici les opinions de 1848.

D. Ne le prenez pas de si haut, il y a eu en 1848 opinion et opinion. Vous saviez ce que signifiait le mot *permanence*, et l'on s'étonne qu'un homme qui a la dose d'intelligence... — R C'est ce qu'on me reproche.

M. le président. — On s'étonne de vous voir dans ces sociétés ténébreuses... — R. Je n'ai jamais agi qu'au grand jour, et je n'ai jamais appartenu à aucune société secrète.

M. le président. — Thirez, vous avez été condamné par des juridictions inférieures? — R. Oui, monsieur; j'étais un gamin avec des gamins, j'ai été condamné à quelques jours de prison.

D. Votre position dans le débat est exceptionnelle. Vous avez été arrêté par suite de vos indiscrétions. Vous vous êtes vanté d'avoir fait partie du complot devant les époux Cauderon. — R. Ces gens-là m'ont dénoncé, bien qu'ils fussent mes parents, pour se venger.

D. Mais les époux Cauderon ne sont pas seuls à raconter les faits qu'on vous reproche. Votre logeur a dit la même chose, et vous lui avez déclaré qu'il faudrait tuer l'Empereur pour s'en débarrasser. — R. Mon logeur Guerbard est un méchant homme; il avait un enfant malade et n'allait pas chercher le médecin. Au moment de mon arrestation, on a trouvé chez lui du cuir volé.

D. Où étiez-vous le jour du complot de l'Hippodrome? — R. J'étais à mon travail, et le 14 je fus à Saint-Cloud pour un baptême. J'ai couché dans cette ville.

D. Quel est donc ce baptême, et comment s'appelle l'enfant baptisé? — R. C'est l'enfant de Rabaud, et c'est cet enfant qui a été baptisé et dont je fus le parrain.

D. On a fait des perquisitions, on a recherché ce Rabaud et l'on n'a trouvé à Saint-Cloud personne de ce nom. — R. Mon avocat a l'acte de baptême.

D. Vos antécédents politiques et les barricades que vous avez voulu faire en 1851 expliquent votre position et l'accusation qui pèse sur vous. Vous pouvez vous asseoir.

D. Bratiano, vous n'êtes pas poursuivi pour les faits matériels dont il vient d'être parlé. Vous êtes poursuivi pour votre part indirecte aux actes dont nous venons de parler.

D. Vous niez avoir participé aux intrigues politiques en France? — R. Complétement.

D. Vous avez un frère à l'étranger? — Oui.

D. Il fait partie d'un comité connu par ses publications odieuses? — R. Je ne suis pas responsable de ses actes.

D. Il est certain que la France est agitée par le comité qui se dit comité central européen de Londres, qui n'a pour but que d'incendier l'Europe, et il est certain que vous êtes l'intermédiaire de ce comité. — R. Je le nie complétement.

D. On a trouvé chez vous un objet qui joue un très-grand rôle dans cette affaire. C'est un matériel d'imprimerie. Nous sommes au 7 juin, et le 5 il est sorti de cette imprimerie un document dont il sera donné lecture en partie. Cette imprimerie a été saisie chez vous. Le reconnaissez-vous? — R. Oui.

D. De qui la teniez-vous? — R. Je ne peux le dire. C'est un dépôt de confiance, et le juge d'instruction a reconnu que j'agissais en homme d'honneur de ne pas le dire.

D. Il ne s'agit pas d'homme d'honneur ici; voulez-vous dire de qui vous tenez ce dépôt? — R. Non.

D. De cette presse sort le bulletin dont il a été question? — R. Oui.

D. Il porte nettement la provocation à l'insurrection? — R. Oui.

D. On peut se dire qne celui chez qui se trouve la forme de ces bulletins a pris part au complot. — R. Il est constaté qne cette presse a été déposée chez moi le 12 juin. Je n'étais pas chez moi à ce moment; le concierge m'a dit qu'on l'avait apportée en mon absence; j'ignorais ce qu'il y avait dans la caisse. J'étais avec un compatriote qui m'a dit que j'avais tort de recevoir ce que je ne connaissais pas. J'ai fait venir un serrurier qui a ouvert la caisse, et nous avons vu que c'était des lettres et des rouleaux.

Le lendemain, la personne est arrivée, et je lui ai dit que j'avais ouvert la caisse et mis mon cachet. Le personne a refermé la caisse, qui a été trouvée chez moi le 16.

D. Quand vous avez vu les formes... — R. Je n'ai pas vu les formes; elles étaient au fond de la caisse.

D. L'accusation prétend que vous les avez vues. — R. Si j'avais vu ces formes, je les aurais brisées.

D. Un pareil dépôt suppose que vous n'étiez pas étranger aux menées démagogiques du moment; on ne fait pas un pareil dépôt à tout le monde. — R. Précisément; j'étais trop connu de la police, ce n'était pas un endroit sûr chez moi.

D. C'est qu'il n'est pas facile de trouver à placer ces objets. Il était de votre devoir, l'hospitalité française vous le prescrivait, de faire connaître ce dépôt à l'autorité. L'acte d'accusation relate qu'à côté de cette forme se trouvait commencée une forme contenant une proclamation anarchique s'adressant à l'armée; qu'à côté il y avait des feuilles mouillées... — R. Et sèches.

D. Soit; mais il y en avait de mouillées, ce qui indique que les formes avaient récemment servi. Il n'est pas impossible d'admettre que le matériel a servi chez vous. Ce n'est qu'une présomption; mais beaucoup de présomptions peuvent faire des preuves. — R. Je ne peux m'opposer aux présomptions, mais il n'y aura pas de preuves contre moi. J'avais deux clés à mon appartement. Ma femme de ménage, que je ne connaissais pas, en avait une qu'elle prenait et laissait chez le concierge. Le concierge avait l'ordre d'introduire chez moi tous ceux qui venaient, présent ou absent. Comment admettre, si j'étais un conspirateur, que je n'aurais pas pris plus de précautions?

D. Votre position sera examinée avec attention. — R. Le cachet que j'avais mis sur la caisse a été trouvé intact.

D. Ceci n'est pas sérieux. Comme votre cachet est resté en votre possession, vous avez pu l'apposer aussi souvent que vous l'avez voulu. — R. On peut voir sur la caisse s'il y a plusieurs traces de cachet.

D. La caisse est là, on la verra.

M. le président. — Messieurs les jurés, cette affaire sera longue; nous allons suspendre ici l'audience et la renvoyer à demain matin dix heures.

Audience du 8 novembre.

M. le président. — La Cour s'est spécialement occupée hier des actes préparatifs, des réunions et des faits de l'hippodrome; il ne reste à interroger sur ces faits que l'accusé Gérard.

D. Gérard, quel est votre état? — R. Tailleur.

D. Ouvrier ou maître? — R. J'ai été maître et je suis ouvrier.

D. Il paraît que vous avez peu de ressources et que vous vous aidez des souscriptions des sociétés secrètes. — R. C'est faux.

D. C'est vous qui avez affilié de Méren? — R. Oui.

D. Comment le connaissiez-vous? — R. Indirectement.

D. Ce qui veut dire? — R. Que je l'ai connu au passage du Saumon, en achetant du tabac.

D. Vous avez assisté avec lui et Folliet à une réunion où il a été question d'un plan de barricades. — R. Non monsieur.

D. Folliet dit le contraire. — R. Il dit ce qu'il veut.

D. Et la réunion des fortifications? — R. J'étais en promenade avec ma femme et mes enfants.

D. Et vous avez rencontré Alix, Folliet et autres chefs? — R. Je les ai aperçus et j'ai été leur dire bonjour.

D. Que s'est-il passé après ce bonjour? — R. J'ai été cueillir des violettes.

D. Tout cela est bien innocent. A partir de ce moment, vous avez pris la part la plus active à tout ce qui s'est passé. Connaissez-vous Ruault? — R. Non.

D. Alors il est inutile de nous appesantir plus longtemps sur votre interrogatoire. Reconnaissez-vous avoir donné des pistolets, le 6, veille du jour de l'Hippodrome? — R. Non.

D. Avoir été à l'Hippodrome? — R. Non.

D. Et les faits du 5 juillet? — R. J'ai été à l'Opéra-Comique, c'est vrai.

D. Qu'y alliez vous faire? — R, Je passais par là.

D. Par hasard? — R. Tout-à-fait. J'allais faire une commission à la porte Saint-Denis, j'ai rencontré M. Follot.

D. Ce n'est pas ainsi que les choses se sont passées. Vous avez averti le docteur Follot qu'il y aurait attentat à la vie de l'Empereur, qu'il y aurait du sang versé et vous avez pris la précaution de faire venir un médecin pour soigner les *frères et amis*, suivant vos expressions. — R. J'avais entendu dire que l'Empereur viendrait le soir à l'Opéra-Comique; des gens disaient sur la place de la Bourse qu'il y aurait peut-être quelque chose, et j'ai pensé au docteur Follot.

D. Dans un but d'humanité générale, n'est-ce pas? et vous croyez que des hommes sérieux ajoutent foi à cette fable? Follot dit le contraire, Follot que vous avez perdu! Votre démarche était bien extraordinaire. Vous vous croyiez donc bien sûr du succès ? — R. C'était par acte de prévenance que je lui disais ça en conversation.

D. Vous avez envoyé là une autre personne? — R. Non.

D. Vous n'avez pas envoyé Deney? — R. Non.

D. Vous ne lui avez rien dit? — R. Rien.

D. Nous verrons. Et de Méren? — R. Non plus.

D. Dans la soirée vous avez rencontré un homme que nous connaissons, à qui vous avez dit : « Où sont mes hommes? » — Non, monsieur.

D. Il vous les a fait trouver et alors vous les avez placés et vous avez dirigé les groupes. — R. Non.

D. Vous avez vu là Deney? — R. Oui; je l'ai engagé à venir faire une commission avec moi, il n'a pas voulu.

D. Nous causerons tout à l'heure avec Deney; nous verrons s'il est d'accord avec vous. Vous niez tout, moins ce que vous avez dit au docteur Follot dans un but de prévoyance. Il n'y a pas d'autre reproche à vous faire, n'est-ce pas? — R. Non, monsieur.

M. le président. — Deney, vous êtes tailleur?

Deney. — Oui.

D. Parent de Gérard? — R. Non, voisin.

D. Vous avez été perdu par lui? — R. Oui.

D. Vous étiez ouvrier laborieux, et vous vous êtes mêlé de politique, de ce qui ne vous regardait pas, et vous voilà ici. Vous étiez affilié aux sociétés secrètes? — R. Je n'ai jamais assisté aux réunions. L'acte d'accusation est tout contraire à ce qu'on m'avait dit.

D. Qu'est-ce qu'on vous aurait dit? — R. Il y a quatre ans que je connaissais Gérard. C'est lui qui a commencé à parler politique en me faisant lire le journal.

D. Quel journal? — R. *L'Événement.*

D. Que disait Gérard? — R. Il disait des choses que je n'ose répéter.

D. Dites tout ce qu'il vous a dit? — R: Je craindrais de blesser quuelqu'un.

D.. Qui? — R. L'Empereur.

D. Oh! on n'en a jamais tant dit qu'on en a voulu faire. Dites tout? — R. Il disait que l'Empereur voulait faire abattre la colonne de Juillet parce qu'elle l'embêtait.

D. N'a-t-il pas dit autre chose? — R. Il m'a parlé d'attaques projetées à la vie de l'Empereur et de la société des Deux-Cents qui devait soutenir les groupes sur les boulevards quand ils auraient attaqué l'Empereur.

D. Vous avez été convoqué pour y aller? — R. Non, je n'ai pas été convoqué. Ce que j'ai su, c'est que de Méren devait me remettre une arme, à moi qui n'ai jamais tiré un coup de fusil.

D. Le 6 juillet, vous étiez cependant à l'Opéra-Comique avec une arme chargée? — R. Oui, mais je ne l'ai pas chargée.

D. Je sais où elle a été chargée. Il faut tout dire ici. Ayez du courage; c'est du vrai courage. Nous savons les menaces qui ont été faites; parlez, la justice est assez puissante pour vous protéger; dites-nous comment les choses devaient se passer? — R. J'ai entendu dire qu'au cri de: « Vive l'Empereur! » on se précipiterait sur la voiture de l'Empereur et qu'on l'assassinerait.

D. Et après, que devait-on faire? — R. On devait proclamer la république rouge et abîmer le corps de l'Empereur.

D. On devait aussi renouveler le hideux spectacle donné à une autre époque à la population, ou plutôt à la populace. On devait traîner... — R. Ah! oui; on devait traîner le corps de l'Empereur sur les boulevards.

D. Et proclamer la république rouge? — R. Oui.

D. C'était là son berceau. Vous avez vu Gérard sur les boulevards? — R. Oui, vers neuf heures; il causait avec Follot. Il me dit : Tu as une arme; je sais que tu ne veux pas t'en servir; tu la donneras à quelqu'un qui viendra te la demander.

D. Que disait Follot? — R. Qu'il allait prendre l'omnibus pour aller soigner un malade à la Bastille.

D. Il ne vous a rien dit concernant la société? — R. Je ne me rappelle plus rien, à vous dire vrai.

M. l'avocat général Mongis : N'est-ce pas à vous, Deney, que Gérard a dit qu'il avait fait ouvrir un crédit aux étudiants chez le banquier Goudchaux?

Deney : C'est un étudiant qui avait dit ça à Gérard; il devait se faire ouvrir un crédit pour la même chose.

D. Quelle même chose? — R. Pour avoir de l'argent, afin d'avoir des hommes pour commettre l'attentat.

Gérard : C'est faux.

M. le président : Prenez-y garde, Gérard; tout ceci est grave et votre position est désespérée; il vient d'être dit un mot très-grave....On peut changer le titre d'une accusation... Prenez-y garde. Asseyez-vous.

M. le président, à Copinot : Eh bien! Copinot, voilà un exemple que vous donne Deney. Vous avez d'abord nié; puis, voyant que d'autres parlaient, vous avez dit : « Je vois bien qu'il n'y a pas ici un homme de cœur pour garder un secret. » Et vous avez parlé. Vous avez fait partie d'une société secrète?

Copinot : Quelle société?

D. Qu'est-ce que c'est que cette question? Avez-vous fait partie d'une société quelconque? — R. Oui.

D. Ah! nous ne vous demandons pas laquelle; nous le savons. On ne sait pas assez combien ces sortes de sociétés sont percées à jour. Quel était le but de cette société à laquelle vous appartenez? — R. D'attenter à la vie de l'Empereur et de faire une insurrection. Mais je ne savais pas qu'il s'agissait de ça; je croyais qu'il s'agissait de résister à une attaque légitimiste-orléaniste.

D. Vous auriez donc défendu l'Empire? — R. Non; 'aurais fait comme en 1848, j'aurais défendu la république.

D. Ah! vous auriez fait comme en 1848! Ça découvre un homme, cela. Vous êtes allé à l'Hippodrome? — R, Oui.

D. Qu'y alliez-vous faire? — R. Assister à une expérience en ballon dirigeable.

D. Vous êtes allé le lendemain au Luxembourg? — R. Oui.

D. Quoi faire? — R. Chercher des livres à relier.

D. C'est bien. Et il n'a pas été question d'attenter à la vie de l'Empereur, s'il venait à l'exposition d'horticulture? — R. Non.

D. Allons, vous vous étiez relevé un instant en disant la vérité; maintenant vous avez peur. Asseyez-vous.

On passe à de Meren.

M. le président. — Où êtes-vous né? — R. A Marche, en Belgique.

D. Depuis quand êtes-vous en France? — R. Depuis l'an dernier.

D. Pourquoi y êtes-vous venu? — R. Pour éviter une condamnation prononcée contre moi parce que j'avais mutilé une statue religieuse.

D. C'est une triste recommandation aux yeux de la justice. Vous étiez comptable, en Belgique? — R. Oui.

D. Vous avez été destitué? — R. J'ai été cassé pour avoir pris part à des rassemblements.

D. Vous avez passé par l'Angleterre avant d'arriver à Paris? — R. Oui.

D. Avec qui avez-vous été en relation à Londres? — R. Avec qui j'ai été en relation?

D. Ne me faites pas répéter mes questions, ça n'est pas convenable. — R. Je n'ai eu de relations avec personne.

D. Vous avez connu Gérard? — R. Je refuse de répondre à tout ce que vous me demanderez.

D. C'est plus facile. Nous comprenons que vous refusiez de parler, vous, étranger à la France, qui n'y êtes venu que pour la troubler. Mais que vous parliez ou non, tout ce que vous avez fait et dit sera relevé et connu. Vous avez dit un mot grave qui a été écrit sous votre dictée : « On ne sait pas comment je suis entré là-dedans; je ne suis qu'un instrument. » Instrument de qui? Vous arrivez de Londres... ce ne serait pas difficile de deviner.. — R. Je n'ai pas dit ce mot. En me parlant de Londres, l'instruction m'a tendu un piége où je ne suis pas tombé,

M. le président. — Non, c'est le juge d'instruction qui

l'a inventé. Taisez-vous, si vous n'avez pas autre chose à dire. Vous vivez, dans la misère aux dépens de François et de sa femme, et cependant vous avez pu acheter, moyennant 35 fr., deux pistolets rue Mandar; vous avez affilié des complices, vous les avez disposés autour de l'Opéra-Comique; vous leur avez dit que vous tireriez le premier et vous vous êtes approché aussi près que possible de la voiture. Jamais un aussi grand danger n'a été couru par le chef de l'Etat, qui, sans la Providence, aurait succombé; puis vous avez dit que le coup était ajourné à la sortie... Heureusement les mesures étaient prises, et vous vous êtes lâchement sauvé, selon l'habitude de vos pareils, laissant vos dupes dans les mains de la police et allant demander à Melun l'hospitalité à un pauvre tailleur que vous avez compromis un instant.

De Meren garde le silence.

M. le président. — Et vous, Matz, vous avez de mauvais antécédents; vons avez déshonoré l'uniforme étant cuirassier, vous avez eté arrêté à la suite des affaires de juin 1849?

Matz. — Je n'ai pas souvenir de ça.

D. On examinera. Vous connaissiez Mailliet? — R. Oui, je portais du pain chez lui.

D. Vous lui avez parlé politique et vous l'avez perverti? — R. Qu'il dise si c'est vrai.

D. Nous verrons cela. L'avez-vous conduit dans une société secrète? — R. Non, monsieur, nous n'avons pas été dans une société secrète; c'est dans un complot. Nous avons été rue des Grès, chez des étudiants. Il s'agissait d'une colonisation en Californie. En route, le langage a changé, et l'on a parlé de révolution Et puis, quand nous avons été rendus, il y a un blond, qui n'est pas ici, qui a dit qu'il fallait changer de gouvernement, et commencer par l'Empereur.

D. C'est-à-dire l'assassiner? — R. Naturellement.

D. Qui vous a conduit là? — R. C'est un nommé Jacquin, de Besançon.

D. A-t-on dit quand et où l'on attenterait à la vie de l'Empereur? — R. Non.

D. Combien y avait-il de personnes, indépendamment des étudiants? — R. Nous étions quatre, et il y avait quatre étudiants.

D. Jacquin, en vous présentant, n'a-t-il pas dit : « Voilà des bras que nous vous amenons? » — R. Je n'ai pas entendu ça.

D. Que devait-on mettre à la place du Gouvernement? — R. La République.

D. Laquelle? car il y en a tant! — R. Ah! je ne sais pas. Quand j'ai vu qu'il s'agissait de tuer, j'en ai eu assez, et je suis parti. Il y avait un grand qui disait qu'il fallait faire juger l'Empereur par la nation, parce qu'il avait trompé tout le monde.

D. En voilà assez sur ce point. N'était-ce pas avant l'affaire de l'Hippodrome? — R. Oh! oui, c'était bien avant.

D. Vous étiez cependant à l'Hippodrome? R. Oui.

D. Comment vous trouviez vous là? — R. J'avais eu le pouce écrasé, et voyant sur une affiche qu'il y avait un homme « qui volait en l'air... » (On rit.)

D. Et pourquoi alliez-vous à l'Opéra-Comique? — R. Je n'y étais pas. J'étais couché aux Batignolles à huit heures un quart.

D. Vous n'étiez pas dans un cabaret aux abords de l'Opéra-Comique? — R. Mes témoins diront dans quel cabaret j'étais.

D. Et vous, Mailliet, vous connaissez Matz?

Mailliet. — Il m'apportait du pain.

D. Vous avez dit que vous aviez fini par parler politique avec lui. — R. Oui; il me dit un jour qu'il se préparait une révolution et qu'il me conduirait dans une maison où je verrais des républicains. J'ai pris conseil de Régnier, mon voisin, qui m'a dit que ça pourrait me compromettre, et qu'il viendrait avec moi.

Nous avons donc été Matz et moi chez Ruault, qui n'était pas chez lui, et nous avons pris Copinot qui est venu rue des Grès, 32, où le petit blond a dit qu'il fallait faire une révolution. Régnier, entendant dire qu'il fallait des canons pour les barricades, a dit : « J'en ferais bien si j'avais de l'argent. » C'est après ça que nous sommes partis. Un mois après, Copinot est venu chez moi demander l'adresse de Régnier pour savoir où en étaient les canons. Régnier m'avait défendu de donner son adresse. Alors Copinot est revenu plus tard et a apporté 100 fr. à Régnier pour commencer la fabrication des canons.

D. Rue des Grès, a-t-on parlé d'attenter à la vie de l'Empereur? — R. Pas devant moi. Je suis parti le premier.

D. Qu'a-t-on dit? — R. Qu'il allait y avoir une révolution; qu'il fallait avoir du courage.

D. Et vous n'avez pas demandé pourquoi une révolution. — R. Je n'ai pas dit un mot. Je ne savais ni où j'allais, ni où j'étais.

D. Vous n'êtes pas sincère. Vous avez été initié par Matz à la société secrète, et vous savez ce que c'est qu'une société secrète. — R. Non, monsieur.

D. Vous avez reçu un pistolet pour aller à l'Hippodrome. — R. Oui chez Copinot, mais pas par lui. Ça m'a fait un drôle d'effet. Régnier était avec moi, il me disait en route : « Viens avec moi chez Copinot; c'est aujourd'hui qu'on arrête l'Empereur. »

D. Vous êtes allé directement chez Copinot? — R. Non, nous avons été chez Ruault.

Ruault. — C'est faux!

Mailliet. — De là, nous avons descendu chez Copinot, où Régnier et moi nous avons reçu un pistolet. Je suis rentré chez moi et j'ai caché mon pistolet. Je ne suis pas allé à l'Hippodrome... c'est-à-dire j'y étais avec Régnier, mais avec l'intention de filer à la belle, ce que j'ai fait quand j'ai été au bas de la butte. Mais le petit blond m'a arrêté pour m'en aller dans le bois de Boulogne arrêter l'Empereur. J'étais chargé d'avertir les autres... mais je m'en suis bien gardé. Je m'ai sauvé, au contraire. Quand j'ai vu le ballon en l'air, je m'ai dit : « Le coup est manqué; tant mieux! » Et je suis revenu par les Champs-Elysées où j'ai rencontré Joiron qui m'a menacé de me casser les reins parce que j'avais fait manquer l'affaire.

D. Nous verrons cela. Vous avez dit que Régnier devait faire des canons. Comment étaient-ils faits? — R. Ils étaient en zinc, la culasse était en bois, rattachée avec des cordes et de la colle forte.

D. Tout cela faisait des canons fort dangereux... pour ceux qui s'en seraient servis. Il faut que cela soit dit et que tout le monde le sache. Que sont devenus ces canons? — R. Je ne sais pas ce que Régnier en a fait.

M. le président. — Mariet, levez-vous. Vous avez dit bien des choses dans l'instruction. Vous avez fait partie d'une société?

Mariet (âgé de dix-huit ans). — Nullement.

D. Vous avez connu le complot? — R. Oui.

D. Vous avez su qu'il devait y avoir un attentat? — R. Il ne devait rien se commettre.

D. Que dites-vous là? — R. Il ne devait rien se commettre contre Bonaparte.

M. le président. — Le mot dont vous vous servez n'est pas le mot convenable. Quand on parle du chef de l'Etat, il faut lui donner la qualité en vertu de laquelle il est reconnu par la loi. Vous vouliez proclamer la république, et par conséquent attenter à la vie de l'Empereur? — R. Nous voulions la république.

D. Mais il n'y a pas de république sans attentat? — R. Un républicain n'assassine pas.

D. Oh! arrêtez! Et d'abord nous ne vous permettrons pas de poser ici. Vous n'êtes pas sur un piédestal ici. Vous avez dit dans votre interrogatoire que vous étiez entré dans la société pour attenter à la vie de l'Empereur? — R. Je n'ai pas dit ça.

D. C'est-à-dire que vous revenez par peur sur vos aveux. Vous revenez, mais à quel prix? En accusant un magistrat de mensonge. Vous avez parlé de deux sociétés, l'une de l'attaque, c'était la vôtre. Vous êtes allé à l'Hippodrome? — R. Oui, monsieur.

D. Qu'y alliez-vous faire? — J'y allais sur convocation.

D. Vous étiez armé? — R. Par pure ostentation, par parade.

D. Vous avez dit au juge d'instruction que vous étiez philosophe matérialiste. — R. Je lui ai dit cela en conversation.

D. Il n'y a de conversation entre un juge et un prévenu que sous forme d'interrogatoire. Vous dites que vous étiez sous les armes pour le cas où l'Empereur serait assassiné. — R. Ou emprisonné.

D. Bien! Par les légitimistes ou les orléanistes? — R. Ou par une fraction du parti dominant. Il ne m'appartient pas de vous expliquer cela. Je voulais, dans tous les cas, m'opposer au triomphe des légitimistes et des orléanistes.

D. Vous avez su qu'on faisait des canons? — R. Oui.

D. Vous avez dit qu'ils ne serviraient que si l'armée ne tournait pas. Vous vous attendiez donc à la voir fidèle? — R. Il faut s'attendre à tout.

D. Et l'imprimerie? — R. On devait me la remettre.

D. Dans quel but et chez qui était-elle? — R. Je ne peux le dire.

D. C'est dire que vous êtes coupable. — R. Je ne me proclame pas comme innocent. Je ne voulais pas l'effusion du sang; je suis homme de foi.

D. Nous ne savons ce que vous entendez par un homme de foi. — R. En effet, dans ce siècle, il y en a si peu! J'ai toujours refusé l'effusion du sang, parce que ça ne cimente pas le parti qui s'en sert.

M. le président. — Allons, taisez-vous et cessez cette indigne comédie... Vous ne voulez pas l'effusion du sang... et vous armez vos complices!

M. l'avocat-général. — Commès s'est expliqué clairement sur l'usage des pistolets dont on s'était armé. Il pourrait éclaircir ce fait.

M. le président. — Nous pensons qu'il convien d'attendre l'interrogatoire de cet accusé. Mariet, vous savez ce qu'a dit Commès?

Mariet. — Un révélateur dit ce qu'il veut.

M. le président. — Nous ne savons ce que c'est qu'un révélateur. Nous ne connaissons que des accusés qui ont le courage de dire la vérité et ceux qui mentent à la justicee comme vous. Vous avez, indépendamment du mot que j'ai relevé, écrit ce qui suit :

« En politique il n'y a que deux sortes de gens : les fripons et les niais!... Les fripons qui tendent des filets pour que les niais y tombent, et les niais qui vont tomber dans les filets tendus par les fripons.

« Les fripons qui exploitent les niais, et les niais qui se laisssent exploiter.

« Voici la politique démontrée et que j'ose dire incontestable...

« Malheureusement pour moi j'ai voulu être un fripon et je n'ai été qu'un niais. »

R. Je persiste à penser ce que j'ai écrit.

D. Vous êtes allé au rendez-vous des Vertus? — R. Oui.

D. Que s'est il passé là? — R. Ce n'est pas à moi à vous le dire.

D. Vous vous oubliez, je crois. Qu'est-ce que c'est que ce ton-là? Tâchez de répondre avec plus de convenance.

On suspend l'audience pendant quelques instants.

M. le président. — Mazille, vous avez été arrêté dans des circonstances particulières. Vous avez été vu à l'Opéra-Comique avec tous ces hommes ; on vous a suivi et arrêté quelques jours après. — R. Je n'y étais pas. J'étais ce jour-là à Montmartre, et de là je suis allé au Gros-Caillou. J'ai été acheter du tabac rue Saint-Dominique ; ensuite il est venu un homme de la police me demander si je travaillais chez M. Derosne ; je lui ai dit que je travaillais chez M. Pagès, et il est parti.

D. Si vous avez fait tant de choses ce jour-là, vous n'avez pas travaillé. — R. Ce jour-là j'étais indisposé.

D. Vous avez été à l'Opéra-Comique car des agents qui vous ont suivi vous ont reconnu. Quand on vous a arrêté, on a trouvé de la poudre dans votre poche. — R. Il y a quatre ans qu'elle y était. Elle vient de mon pays.

D. Les grains de la poudre n'étaient pas pilés, et les experts ont déclaré qu'elle avait dû être mise récemment dans cette poche. — R. Je peux prouver que j'étais, ce soir là, couché à neuf heures.

D. Mariet vous a reconnu pour avoir fait partie de la société et pour avoir recueilli des souscriptions? — R. Je ne connais pas M. Mariet.

D. Mariet, c'est vous qui avez fait connaître ces détails?

Mariet. — Non, c'est Joiron. Il est vrai que j'ai reçu 35 francs, mais non pas de Mazille. J'ai remis l'argent à Copinot.

D. Copinot, qu'avez-vous fait de ces 35 francs? — R. Je les ai remis à Folliet.

Folliet. — Je n'ai rien reçu.

D. Voyons, Mazille, vous avez dit que quand votre parti aurait le dessus, vous paieriez votre propriétaire à coups de poignard. — R. Non; qu'on m'en donne des preuves!

D. Vous avez tenu des propos injurieux contre l'Empereur. — R. Mais qu'on me donne des preuves! Je n'en demande qu une. D'abord tout ceci est faux. Je ne connais ni Mariet ni aucun autre.

M. le président. — Turenne, vous avez été arrêté à l'Opéra-Comique avec des pistolets?

Turenne. — C'est vrai. J'ai rencontré Caron vers le 15 juin; il m'a dit qu'on avait essayé de tuer l'Empereur à l'Hippodrome. Je lui dis : « C'est étonnant, je n'en ai pas entendu parler. » Quelques jours après, je le rencontre, il ne travaillait pas et s'occupait de politique. Le jour du coup, je le rencontre; il me donne deux pistolets, un poignard et des capsules. Il me prie de les apporter le soir, à sept heures, au coin de la rue de Grammont. A sept heures, vous comprenez, monsieur le président?

M. le président. — Oui. Continuez.

Turenne. — C'est que je ne sais plus où j'en suis... Alors, le soir, je prends le pistolet et je vais chez Deney. Je lui montre le pistolet, il paraît étonné. Je lui dis de rien craindre, que c'est pour remettre à un individu. Deney vient avec moi. Caron ne venait pas; cela ennuyait M. Deney d'attendre. Je lui dis de se promener. Je voulais remettre le pistolet à Caron, car je ne savais rien de la conspiration. Sans cela, j'aurais jeté les pistolets dans la Seine. Enfin j'ai rencontré Caron, et M. Joiron lui a demandé s'il avait ses hommes. Il a répondu qu'il les cherchait.

D. Prenez garde, vous dites que vous ne connaissez pas

la conspiration, quelqu'un a dit que vous saviez tout. — R. C'est M. Joiron. Ah! il a bien mal surveillé, lui qui s'était mis là-dedans pour surveiller! Quand j'ai été conduit chez M. le préfet de police, on a dit qu'on allait me fusiller; alors j'ai fait la même déclaration qu'aujourd'hui.

M. le président. — C'est une fable ce que vous dites de l'administration. Asseyez-vous.

M. le président. — Gabrat, vous étiez affilié à la société ?

Gabrat. — Non.

D. Vous connaissiez de Méren? — R. Je l'avais rencontré dans un café. Il ne m'a pas affilié, il m'a seulement parlé le matin du jour de l'Opéra-Comique; il m'a dit de me trouver au théâtre, parce qu'il devait y avoir une insurrection.

D. Vous vouliez commettre un attentat contre l'Empereur, car ce n'est pas avec des pistolets qu'on fait une insurrection. Où vous a-t-il donné rendez-vous? — R. Rue Montorgueil.

D. Il vous a remis un pistolet? — B. Oui, le Belge (de Méren) m'a donné un pistolet tout chargé.

D. Vous avez été à l'Opéra-Comique seul? — R. Avec Commès.

D. A quoi devait servir le pistolet? — R. Je ne sais pas.

D. Vous aviez paru vouloir rentrer dans la voie de sincérité; vous auriez dû être plus franc.

Gabrat ne répond pas.

M. le président : Et vous, Jaud, vous avez été arrêté armé? — R. J'avais été amené par de Méren, il m'avait été présenté huit jours avant par Joiron, comme membre de la société.

D. Qui vous avait affilié ? — Le petit jeune homme Mariet.

D. Que vous a-t-il dit? — R, Vous devez savoir.

D. Non, parlez, nous voulons apprendre. — R. Il a dit quil fallait proclamer la République et y arriver par l'assassinat de l'Empereur.

D. Ainsi, Mariet vous avait parlé et de la République et de l'attentat? — R. Pas d'abord, mais plus tard.

D. Vous êtes entré dans la société. Etiez-vous chef de groupe? — R. Non.

D. Quel était votre chef? — On devait marcher sans chef.

D. De Meren ne vous a-t-il pas dit que cela allait commencer? — R. Oui, huit jours avant, dans la rue Saint-Paul.

D. Qui vous a donné des renseignements précis? — R. C'est le soir, un homme à barbe qui était avec de Méren, qui m'a initié à tout.

D. On vous a dit le jour? — R. Non; on m'a dit qu'on me préviendrait.

D. Le jour on vous a armé. Qui? — R. De Méren chez lui; il m'avait prévenu la veille en revenant des fortifications de me trouver derrière Notre-Dame.

D. Et alors quand vous avez rencontré de Méren à Notre-Dame, il vous a donné rendez-vous pour le 5 à la Pointe-Saint-Eustache. Qui avez-vous vu? — Commès; il travaillait dans mon atelier. J'avais su quelques jours avant qu'il était de la société.

D. A quelle heure étiez-vous à la pointe-Saint-Eustache? — R. A cinq heures et demie; de Méren sortait de chez lui, rue Montorgueil; il est remonté, a chargé les armes et nous les a données.

D. Alors on a parlé de ce qu'on méditait? — R. Non; on ne se connaissait pas dans la société. Il y avait quatre personnes dans la chambre; alors je n'ai pas parlé.

D. C'est une discrétion singulière de la part de gens qui vont jouer leur tête; vous êtes allés au théâtre pour tirer sur la voiture de l'Empereur? — R. Oui.

D. De Méren devait donner le signal? — R. Je ne sais pas.

D. Etiez-vous près de la voiture quand elle est arrivée? — R. Non.

D. Vous aviez donc quitté Commès? — Nous étions dispersés.

D. Mais il devait y avoir un chef. Qui l'était? — R. Je ne sais. On devait agir selon l'inspiration du moment.

D. Vous dites que vous ne vous connaissiez pas dans la société. Vous deviez avoir un chef de groupe? — R. Je le répète, je n'en avais pas.

D. Vous avez dit que vous avez été à Saint-Mandé. Qui vous a convoqué? — R. Je ne sais pas qui. On ne savait pas ce qui devait se faire à la réunion, il ne s'y est rien dit.

D. Mariet y était? — Je ne me rappelle pas.

D. Laugardière y était-il? — Je ne me rappelle pas.

D. Vous l'avez dit cependant dans l'instruction. Après cela, c'était le 3 juillet, il y a longtemps. Qu'a-t-on fait à la réunion? — R. On a commencé par lever la séance en se donnant rendez-vous pour le lendemain. Et puis, il y a eu contre-ordre.

D. Voici pourquoi, c'est que Mariet a montré trop de zèle, on s'est défié de lui, alors on s'est séparé, et de Méren a fait alors des convocations particulières. Mariet, vous êtes allé là?

Mariet : Oui.

D. Que s'est-il fait? — R. Rien.

D. Jaud, vous avez été franc sur certains points, mais vous n'avez pas tout dit. Il n'est pas possible que vous n'ayez connu que de Méren et Commès? — R. C'est cependant vrai. Dans la société, on avait fait abnégation de sa vie, et c'est pour cela qu'on ne se connaissait pas.

D. Que vouliez-vous faire? — R. Proclamer la République!

D. Proclamer la République par un assassinat! Voilà le but que vous avouez!

M. le président, s'adressant à Commès : Vous venez d'entendre Jaud; il a parlé de vous. D'autres en ont parlé. Vous faisiez partie de la société secrète.

Commès : Oui.

D. Qui vous avait initié? — Mariet.

D. Quel était le chef? — R. Il n'y en avait pas positivement.

D. Vous avez reçu des armes, de qui? R. De Méren.

D. Quand? — R. La veille de l'attentat projeté.

D. On vous a dit de quoi il s'agissait en vous initiant? — R. Je prenais un verre de vin avec Jaud. Nous avons jasé politique; Jaud, voyant que j'étais républicain, m'a dit que je ne devais pas rester inactif. Il m'a dit qu'il fallait se réunir et se concerter pour faire des barricades dans un cas donné.

D. Quel était ce cas donné? — R. Je ne l'ai demandé que lorsqu'on m'a apporté des armes pour l'Hippodrome. Quand j'ai su qu'il s'agissait d'assassiner l'Empereur, je n'étais pas trop décidé à y aller; on m'a dit qu'il valait mieux tuer tout de suite le chef de l'Etat que de faire des victimes par les barricades.

D. Qui a dit ça? — R. L'individu qui était avec Mariet?

D. C'était aussi l'opinion de Mariet? — R. Probablement.

D. De Méren vous a remis un pistolet? — R. Oui, qu'il a chargé devant moi.

D. Vous saviez à ce moment qu'il s'agissait de commettre un attentat sur la personne du souverain? — R. Je devais y prendre part, mais je ne m'étais pas engagé à le commettre.

D. Vous avez approché de la voiture? — R. J'étais seul à un pied de la voiture; je n'avais qu'à allonger le bras et le coup était fait.

D. Vous attendiez un signal? — R. J'avais entendu dire que de Méren devait tirer le premier.

D. Et c'est parce que vous n'avez pas entendu le signal que vous n'avez pas tiré? — R. Oui.

D. C'est un fait providentiel qui a retenu ce bras, et vous devez l'en féliciter pour vous, comme pour tout le monde. On vous avait dit ce qui devait se passer si ce grand crime avait été commis? — R. On devait rétablir la République.

D. Il était question de profaner le corps de l'Empereur! — R. Ce n'était qu'en pourparlers. On devait promener son cadavre.

D. Et proclamer la République dans le sang de l'Empereur! Voilà à quoi sont exposées les nations! Il a été convenu que le projet ayant échoué à l'arrivée, on l'exécuterait à la sortie? — R. Non, monsieur, j'ai cherché Jaud pour m'en aller avec lui.

D. Vous avez vu de Méren? — R. Oui.

D. Qu'est-ce qu'il vous a dit? — R. Rien.

D. Avez-vous vu Gérard? — R. Oui.

D. Et Joiron? — R. Aussi.

D. Qu'est-ce qu'il vous a dit? — R. Il m'a demandé si j'avais vu passer l'Empereur. Il a été comme vexé de ce que je n'avais rien fait.

D. Déjà, avant l'arrivée de l'Empereur à l'Hippodrome, il avait couru un grand danger dans le bois de Boulogne. Vous y étiez. — R. Oui, mais sans armes.

D. Combien deviez-vous être? — R. Neuf.

D. Vous n'étiez pas tous là? — R. Non. Il y avait Joiron et d'autres que je ne connais pas.

D. Vous étiez quatre ou cinq. Il en manquait quatre ou cinq qui étaient allés chercher des armes. Mailliet était de ceux-là.

Mailliet : Je devais prévenir les autres et je n'en ai rien fait.

D. Commès, vous étiez armé? — R. Non.

D. Qu'alliez-vous faire là sans armes? — R. C'était pour m'initier à la société.

D. Mailliet y était-il? — R. Non.

D. Etait-il armé? — R. J'ignore.

D. Et Joiron? — R. Je ne sais.

D. Avez-vous été témoin d'une querelle entre Joiron et Mailliet? — R. Oui; mais j'ignorais le motif

D. Les armes, nous croyons le savoir, n'étaient pas ce jour-là sur la personne des conspirateurs. Leurs armes étaient dans des cabarets voisins. Vous avez dû le savoir? — R. J'ignorais qu'il y avait des armes.

D. On ne prend pas part à une conspiration sans savoir où sont les armes. Il y a lacune sur ce point dans vos déclarations, et je crains que vous ne cédiez à certaines préoccupations en faisant des réticences? — R. Je ne peux dire que ce que je sais; je ne peux faire des mensonges.

D. Ce n'est pas ce que nous vous demandons. — R. J'ignorais que l'Empereur dût aller ce soir-là à l'Hippodrome. J'y suis allé parce qu'on me l'a dit.

D. Qui? — Mariet.

Mariet : C'est vrai, je l'ai envoyé à l'Hippodrome. Ce sont eux qui se sont détachés pour aller au bois de Boulogne au-devant de Bonaparte.

D. Je vous fais remarquer qu'il y a inconvenance dans le mot dont vous vous servez. Asseyez-vous.

D. A Commès : Qui devait être chef de la nouvelle république? — R. Je l'ignore.

D. Il n'a pas été question de Blanqui? — R. Je n'en ai pas entendu parler.

M. le président : Joiron, vous avez été arrêté sur les lieux et armés de deux pistolets chargés. Vous faisiez partie de la société?

Joiron : Oui, monsieur.

D. Qui vous a initié? — R. Mariet.

D. Dites-nous avec plus de sincérité qu'il ne l'a fait quel était le but de cette société. — R. Je l'ai connu dans un cabaret de la rue Marie-Stuart. Nous avons causé politique et il m'a dit qu'il me conduirait chez quelqu'un qui me dirait le reste. Il m'a conduit chez Copinot, où l'on m'a montré une liste de cent hommes d'action pour faire une insurrection et attenter à la vie de Sa Majesté; je me suis fait inscrire.

D. C'est un point qu'il ne faut pas perdre de vue. Continuez. — R. Au bout de quelque temps, Mariet est venu m'annoncer qu'il y avait réunion à l'Hippodrome, où devait aller l'Empereur. Le rendez-vous était dans l'avenue des Champs-Elysées. Nous arrivâmes; il n'y avait personne d'arrivé. Jaud arriva le premier; Mariet nous laissa ensemble et alla voir si les autres arrivaient. Bientôt il revint, mais seul. Il retrouva un peu après *le président des canons*, Mailliet. Nous sommes allés au rond-point des Champs-Elysées et nous y trouvâmes une dizaine d'individus.

D. Qu'attendait-on pour agir? — R. On attendait des ordres

D. De qui? — R. De Joseph Ruault. Vers midi, j'avais faim, et je témoignai le désir de déjeûner; Mariet arriva; il était pris de boisson. Il parlait tout haut de ses projets, et je le priai de se taire. C'est alors que je proposai d'aller nous promener au bois de Boulogne. Je dis à Mailliet de dire aux autres que nous étions là. Arrivés dans ce bois, nous étions sept ou huit...

D. Avec la pensée d'attenter à la vie de l'Empereur? — R. Nullement. Il y avait Jaud, Commès, et un petit qui boitait.

M. le président : Gabrat, vous boitez?

Gabrat : Oui, monsieur.

M. le président ; Joiron, est-ce lui?

Joiron : Oui, monsieur.

Gabrat : C'est faux,

Joiron : Mariet m'avait remis une arme chargée jusqu'à la gueule,

D. Pour tirer sur l'Empereur? — R. Je l'ai su après.

D. Vous avez dû le savoir au moment? — R. Il y avait un grand brun qui avait fait l'inventaire des armes et qui avait dit, en voyant passer un capitaine de gendarmerie : « Si nous attaquions! » J'ai dit : « Mais vous voyez bien que nous ne sommes pas en nombre. » C'est alors que j'ai su de quoi il s'agissait.

D. Vous êtes revenu à l'Hippodrome? — R. Oui, et j'y ai retrouvé Mariet,

D. L'arme qu'on vous avait remise était pour tirer sur l'Empereur? — R, Certainement.

M. le président : Vous entendez, Mariet?

Mariet : Très-bien:

M. le président : D'autres aussi ont entendu.

Joiron : Nous sommes partis ensuite dans un fiacre avec Mariet qui, étant pris de boisson, s'est endormi.

Mariet : Il a menti!

M. le président : Taisez-vous, Mariet. Joiron, continuez,

Joiron : Le sieur Mariet a pris un omnibus pour rentrer chez lui. Moi j'ai rencontré Joseph Ruault qui m'a emmené coucher chez lui.

D. Il a été question de la tentative avortée? — R. Ruault m'a dit : « Nous n'avons pas eu de chance. »

D. Et il le déplorait naturellement. Il a été question de renouer la partie? — R. Le lendemain, nous avons été déjeûner chez Copinot, et nous sommes allés de là chez des étudiants, ou les retrouver au Luxembourg.

D. Dans quel but? — R. Je l'ignorais,

D. De quoi a-t-on parlé? — R. Quand je suis arrivé à la porte du Luxembourg, Ruault avait terminé sa conférence avec les étudiants.

D. Vous n'avez pas su qu'il était question de surprendre l'Empereur à l'Exposition d'horticulture et le soir au Gymnase? — R. Non.

D. Vous avez su qu'il était question de reconstituer la société? — R. Oui,

D. Toujours dans le même but? — R. Oui.

D. Gérard était dans tout cela? — R. On s'est réuni chez lui, Gérard remit 40 fr, à Ruault, Il y avait là deux jeunes gens à qui Ruault a dit : « Etes-vous de la première attaque ou de la seconde? » Ils ont dit qu'ils étaient de la première. Alors, il leur a dit: « Partez. » Les jeunes gens ont dit : « Il nous manque des armes, » Et Gérard a répondu : « Ma femme vous attend; elle en a cinq dans son panier. »

Gérard. — C'est faux!

Joiron: — Elle les avait remises à Mariet.

D. Et vous êtes allés à l'Opéra-Comique? — R. Oh! c'est bien plus tard,

D. Qui vous a armé? — R. Ruault.

D. Où? — R. Chez un nommé Delbos.

D. Mariet était votre chef? — R. Il n'y avait que lui qui venait chez moi.

D. Il est entendu que c'est dans le but de tirer sur l'Empereur que vous avez reçu ces armes? — R. Oui.

D. Qui avez-vous trouvé là? — R. Toujours les mêmes figures. On se promenait; je ne voyais là rien de sérieux.

D. Qui est-ce qui avait ordonné la permanence de la société? — R. Mariet et Gérard.

D. Tout ce que vous avez dit est-il bien sincère? — R. C'est la vérité.

D. Vous vous accusez gravement en tant que membre des sociétés secrètes ayant pour but un assassinat sur la personne du chef de l'Etat. Vous avez été arrêté, arrêté porteur d'armes chargées. Asseyez-vous.

M. le président : Baudy, levez-vous. Vous avez été arrêté avec un poignard sur les lieux.

Baudy : Ce n'est pas moi.

D. C'est extraordinaire qu'on se soit trompé. Que faisiez-vous là? — R. Je me promenais.

D. Avec un poignard! Imitez donc ceux qui disent la vérité. Que répondrez-vous aux inspecteurs qui vous ont arrêté avec un poignard? — Je leur répondrai que ça n'est pas vrai.

D. Qu'alliez-vous faire là? — R. Je voulais voir l'Empereur.

D. On a saisi chez vous un portrait de Robespierre, un bonnet rouge... — R. En papier blanc.

D. Un drapeau rouge? — R. Oui.

D. Des capsules? — R. Oui.

D. Ça suppose des armes? — R. Mais non.

D. Asseyez-vous. Et vous, Follot, vous étiez là avec votre trousse? — R. C'est vrai.

D. Vous étiez en relation avec Gérard et de Méren. Vous avez su de quoi il s'agissait. Faisiez-vous partie de la société secrète? — R. Non.

D. Il est permis de supposer le contraire. Etiez-vous initié au complot? — R. Il n'y avait pas de complot.

D. Saviez-vous qu'il dût y avoir un attentat sur la personne de l'Empereur? — R. Non.

D. Vous revenez donc sur ce que vous avez déclaré? Pourquoi avez-vous dit que de Méren vous avait initié? — R. Je n'ai rien à ajouter à mes déclarations.

D. Mais on ne les connaît pas ici. Dites-nous comment de Méren vous a initié? — R. Je ne l'ai pas appris de M. de Méren.

D. C'est donc de Gérard? — R. Oui, le soir.

D. En quels termes? — R. Il m'a dit qu'on devait se rendre le soir à l'Opéra-Comique; que je devais m'y rendre avec ma trousse.

D. Pourquoi? — R. Pour panser les blessés.

D. Quels blessés? — R. Il ne me l'a pas dit.

D. Allons donc! soyez donc sincère ici comme vous l'avez été dans l'instruction? — R. Je ne l'ai su que le soir par Gérard.

D. Pourquoi vous faisait-il une pareille confidence? — R. Il est venu le soir à ma consultation me dire d'être à l'Opéra-Comique avec ma trousse pour soigner les blessés.

D. Mais que devait-on faire avant de soigner les blessés? Nous serons obligé de relire toutes vos déclarations. Gérard vous a tout dit, et l'attentat, et la lutte possible, et la nécessité de soigner les blessés; est-ce vrai? — R. Oui.

D. De Méren vous a fait de semblables confidences? — R. Je n'ai pas eu de rapports avec M. de Méren. Nous avons causé vaguement de cela quelques jours auparavant.

Gérard : J'ai expliqué comment j'ai averti M. Follot.

M. le président : Nous ne pouvons pas nous contenter de ce que vous avez dit.

Gérard : J'avais entendu parler d'un attentat.

M. le président : C'est un pas de plus, vous aviez dit : « Qu'il devait y avoir *quelque chose*; » maintenant vous parlez d'attentat.

Gérard : Ai-je dit attentat? Je retire ce mot. J'avais entendu dire qu'il y aurait peut-être quelque chose.

D. Quelque chose de quoi? — R. Je ne sais pas.

M. le président : Allons, assayez-vous. Follot, il résulte de tout ceci qu'on avait cru nécessaire, en vue de l'attentat projeté, d'amener là un homme de l'art pour soigner les blessés?

D. Laugardière, vous êtes étudiant en médecine? — R. Oui.

D. Vous apparteniez à l'école spéciale de Lille? — R. Oui.

D. Vous avez été licencié? — R. Oui, le 26 avril 1850, par le président de la république; je ne pouvais en vouloir à l'Empereur.

D. Nous ne pouvons accepter cette nuance. Vous avez témoigné une grande irritation de cette mesure. — R. Je n'en ai parlé à personne.

D. Ce n'était pas à vous à témoigner du mécontentement. Vous appartenez à une famille honorable, qui sert l'Etat, qui vit des services qu'elle lui rend, et de qui votre mère, sans y avoir droit, a obtenu une pension. — R. Elle y avait parfaitement droit.

D. Nous avons des raisons de dire ce que nous disons. Frère, fils de fonctionnaires publics, vous deviez mettre plus de mesure dans vos actes. Vous avez fait partie de sociétés secrètes? — R. Jamais, je prouverai cela.

D. Prouvez-le de suite. — R. Il faudrait d'abord prouver l'existence d'une société secrète en ce qui concerne les étudiants.

D. Comment! mais cela est prouvé. Et nous disons que les *habits noirs*, dans ce cas, sont plus coupables que les malheureux ouvriers en blouse qu'on y avait entraînés. — R. Je n'en ai pas fait partie.

D. Cette société avait pour but un attentat pour arriver au changement du gouvernement. — R. J'avoue que je désirais le rétablissement de la République.

D. Prenez garde. Je vous dirai ce que j'ai dit à un pauvre ouvrier : « Vous n'êtes pas ici sur un piédestal. La Cour d'assises ne grandit personne. » Joiron, Laugardière était-il à l'Hippodrome?

Joiron. — Oui.

Mariet. — Il a menti.

Laugardière. — Je suis allé le matin aux Champs-Elysées, je suis venu au quartier latin, et j'ai traversé de nouveau les Champs-Elysées, à cinq heures, pour aller chez ma mère. Voilà comment on a pu constater ma présence aux Champs-Elysées; mais je n'ai pas été à l'Hippodrome.

D. Vous vous êtes trouvé le lendemain au Luxembourg avec des ouvriers. Sans mésestimer personne, ce n'est pas pour fréquenter des ouvriers que vos parents vous ont envoyé à Paris. — R. C'est vrai. J'ai déjeuné avec Alavoine, un de mes amis; il m'a emmené au Luxembourg pour y voir des ouvriers à qui il devait donner à relier des livraisons de George Sand.

D. Alavoine est à Jersey, d'où il jette en France des écrits incendiaires au bas desquels se trouve son nom avec celui d'un certain Colfavru, et celui d'un troisième individu. On a parlé devant vous d'un complot? — R. Oui, monsieur, il était question du rétablissement de la République.

D. Par quels moyens? — Ah! je n'en sais rien.

D. C'est difficile à admettre. — R. Je n'étais pas lié avec Alavoine au point de lui demander de semblables communications.

D. C'est impossible. Vous avez dû avoir plus de curiosité. — R. Je suis ennemi des complots et des sociétés secrètes.

D. Nous ne savons si vous pensez ce que vous dites: c'est très-acceptable si c'est sincère. Vous étiez à l'Opéra-Comique? — R. Joiron seul le dit, et encore il se trompe: j'étais à Tortoni, et non au café du Grand-Balcon. J'avais entendu parler d'un événement pour le soir, et, par une curiosité concevable à mon âge, je m'y suis rendu.

D. Qui vous avait parlé de l'insurrection du soir? — R. Je ne le dirai pas.

D. Ceci ressemble beaucoup à ce que vous reproche le ministère public. Ce sont des modifications de faits établis. — R. C'est la vérité.

D. Vous étiez à l'Hippodrome! Vous dites: c'était aux Champs-Elysées. Vous étiez au Luxembourg! c'était pour y accompagner Alavoine. Vous étiez à l'Opéra-Comique! c'était à Tortoni, et non au café du Grand-Balcon. Tout cela n'est pas sincère. Dans l'instruction vous avez été plus explicite. Vous avez dit que vous saviez qu'il y avait un complot, et qu'il avait pour but l'attentat à la vie de l'Empereur? — R. Je n'ai pas dit ça.

D. Nous verrons qui nous devons croire de vous ou du juge d'instruction. — R. On parlait de cela dans le monde, partout.

D. Mais Martin dit que vous étiez sur les lieux, Joiron l'a entendu dire. Or, quand vous avouez que vous saviez ce qui devait se passer, il est difficile d'admettre que vous n'y deviez pas prendre part? — R. C'est une appréciation que je repousse.

D. Vous saviez qu'il y avait dans la société un groupe d'étudiants, et qu'on l'appelait bande Laugardière. — R. Cette bande se composait de Ranc et de moi. Je défie qu'on y joigne un troisième nom, même celui de M. Laflize, que je ne connaissais pas.

D. Vous alliez chez lui? — R. Pour un cours d'économie politique.

D. Ne parlons pas de ce cours : nous y reviendrons. Comment a-t-on saisi chez vous une presse? — R. Cette presse a été déposée chez moi par un de mes amis que je ne nommerai pas...

D. Ah! vous ne le nommez pas? — R. Non, monsieur. Un homme d'honneur ne doit pas...

D. Nous n'avons pas besoin de vos réflexions là-dessus. — R. Cette presse a été déposée chez moi; voilà tout. Elle n'a pas servi. On a fait reparaître une proclamation de décembre 1851.

D. Oui, c'était la proclamation qui appelait aux armes, et qui était signée Crémieux et Charras. Ce sont les deux seuls noms qui aient paru. Ce qui est certain, c'est qu'à côté de cette presse trouvée chez vous, on vous signale dans tous les endroits où il y a du mal à faire? — R. Tout cela ne prouve pas que j'aie fait partie d'un complot. J'en ai peut-être eu connaissance, et je ne l'ai pas révélé; mais ce n'est pas un crime.

D. Il suffit qu'il y ait eu concert, résolution arrêtée. — R. Quelle résolution ai-je prise?

D. Bien! bien! votre avocat plaidera cela. Etes-vous allé à Saint-Mandé? — R. Non, monsieur.

M. le président. — Jaud, Laugardière était-il à Saint-Mandé?

Jaud. — Je n'en suis pas sûr.

Un juré. — Demandez à Mariet si Laugardière y était.

Mariet. — Non.

D. Mariet, qui était à cette réunion?

Mariet. — Je me renferme *dans mes limites*.

M. le président. — Vous avez été plus explicite dans l'instruction.

M. le président, à Ranc : Ranc vous êtes étudiant en droit, et vous avez constamment refusé de répondre au juge d'instruction?

Ranc. — J'ai répondu dans mon premier interrogatoire.

D. Et vous êtes entré en insurrection contre la justice quand vous avez vu les charges qui s'élevaient contre vous. — R. J'ai indiqué un alibi. J'ai pu prouver que j'avais passé ma soirée chez M. Blosse, au cabinet littéraire du passage du Commerce. Quand j'ai vu que l'on ne voulait pas faire venir les témoins que j'indiquais, j'ai refusé de répondre.

D. Toujours le même système d'attaque contre le juge d'instruction! Martin vous signale comme ayant fait partie de la société secrète. — R. M. Martin a dit beaucoup de choses fausses sur moi. Il s'est dit mon ami, c'est faux. Nous n'avons pas eu de relations suivies.

D. Il vous a vu à l'Opéra-Comique, et il a dit qu'il s'était douté pourquoi vous étiez là. Il a ajouté : « Nous nous connaissons assez pour nous comprendre, et nous savions parfaitement pourquoi nous étions là. » — R. C'est une mauvaise plaisanterie de sa part. Je le connaissais trop pour jamais m'adresser à lui si j'avais eu des confidences à faire à quelqu'un.

D. Il n'y a rien de plaisant ici. — R. Voici ce que c'est que Martin. Il a écrit, en janvier 1853, une lettre à l'*Univers religieux*, dans laquelle il abjure ses erreurs (1). Il n'était considéré comme républicain par personne. Il n'a contre lui que ses aveux ; qui le forçait à les faire?

D. La vérité! Vous ne connaissez pas, vous, la puis-

(1) Voici le texte de cette lettre :

« Au rédacteur.

« Sur le point de quitter le monde et de revêtir l'habit de novice des frères Prêcheurs, je viens solliciter de votre bienveillance un service à titre de confrère et surtout à titre de chrétien.

« Je ne suis qu'un de ces obscurs hommes de lettres dont la postérité confondra le nom dans un juste oubli. Cependant mon âge m'ayant, à défaut de mon mérite, concilié la faveur du public et les encouragements de la critique, j'ai eu des lecteurs. Je dois donc à ceux qui m'ont accordé leurs sympathies, comme à ceux qui m'ont refusé la leur, je me dois à moi-même le désaveu

sance de la vérité! — R. Je ne sais s'il a connu la puissance de la vérité; ce qui est certain, c'est qu'il a sollicité et obtenu une lettre de M. Michelet pour mettre en tête d'un de ses livres. Entre cette lettre et celle de l'*Univers religieux*, il y a plus que de l'inconsistance. Je le répète, personne au quartier latin ne le prenait au sérieux.

D. Il y a quelque chose de plus inconsistant encore, c'est de voir un homme qui a voulu renoncer au monde impliqué quelque temps après dans un abominable complot.

R. Il y a encore une autre différence de lui à moi, ce sont les vols qu'il a commis.

D. — Oh! nous parlerons de cela. Ne le prenez pas de si haut, et n'oubliez pas que vous êtes sur ce banc sous une accusation de tentative d'assassinat.

Ranc. — Si je parle des vols commis par Martin, c'est parce que la police l'a mêlé à nous pour nous compromettre, et pour qu'on puisse dire dans le public : Voyez donc ces étudiants ; il y a parmi eux un voleur!

D. Etiez-vous à l'Hippodrome? — R. Non.

D. Mariet a déclaré que vous y étiez. — R. Je n'y étais pas.

D. Etes-vous allé au Luxembourg? — R. Non.

D. A l'Opéra-Comique? — R. Non.

D. Mariet et Joiron ont dit que vous y étiez.

Joiron. — Il était au café du coin de l'Opéra-Comique avec M. Laugardière et un autre.

M. le président. — Laflize, levez-vous.

Joiron. — C'était monsieur.

D. Martin a dit de même. — R. Je ne répondrai pas à ce que dit Martin. Quant à M. Joiron, c'est lui qui m'a fait arrêter, ainsi que plusieurs autres jeunes gens qui ont été relâchés plus tard.

formel de tout ce que mes écrits renferment de pensées contraires à l'orthodoxie de la foi catholique. Ce désaveu venant évidemment de ma détermination, soyez donc assez bon pour annoncer dans votre estimable journal que M. Félix Martin, auteur d'une histoire de la guerre de Hongrie en 1848 et 1849, et de quelques autres brochures historiques, entre au couvent de Flavigny, à l'âge de vingt-deux ans, pour y prendre l'habit de novice de l'ordre des frères Prêcheurs.

« Agréez, etc.

« Signé : F. MARTIN.

« Suresnes, 21 janvier 1853. »

D. Par quels motifs? Vous en veut-il? — Non, mais il a pu croire que ces complaisances diminueraient sa part de responsabilité. Quand à Martin, veuiller remarquer, Monsieur le président, qu'il ne dit pas m'avoir vu au Grand-Balcon, comme Joiron; à l'instruction il a prétendu s'être promené avec moi, sur le boulevard, à un moment très-avancé de la soirée. Or comment admettre que nous soyons restés sur le boulevard plusieurs heures après les arrestations?

M. le président. — Laflize, votre situation est la même que celle de Ranc.

Laflize. — Je n'ai jamais fait partie de sociétés secrètes.

D. Etes-vous allé à l'Hippodrome? — R. Non.

D. Vous êtes démenti par le Mariet d'autrefois.

Mariet. — Pardon, j'ai vu Alavoine; quant à ces citoyens...

M. le président. — Qu'est-ce que c'est que ça?...

Mariet. — Pardon! Si ce mot est de trop, je le retire, J'ignorais que ce mot ne fût pas *dialectique*.

M. le président. — Joiron, Laflize était-il à l'Hippodrome?

Joiron. — Oui.

D. A l'Opéra-Comique? — R. Oui.

Laflize. — J'étais en effet, au café du Grand Balcon, où j'étais allé boire une bière particulière.

D. Et Laugardière était au café Tortoni! Vous saviez bien pourquoi vous étiez tous là? — R. Je n'avais vu M. Laugardière que deux fois.

D. Vous avez assisté aux réunions Barjot? — R. Oui, monsieur.

D. Il était question d'économie politique? — R. C'était le but.

D. Mais à travers le but il s'est glissé autre chose? — R. On a parlé politique une fois.

D. Un sieur Morin, professeur, démissionnaire pour refus de serment, nous croyons, y a introduit le sieur Bastide, ancien ministre. Y étiez-vous? — R. Non, mais j'ai su qu'il y était venu.

D. Quoi qu'il en soit, la présence de M. Bastide a amené Barjot à fermer sa chambre à ces réunions; c'est alors que vous avez offert votre chambre. — R. Si Barjot était si susceptible, pourquoi venait-il chez moi?

D. Ce n'est pas la même chose. M. Bastide est venu chez vous? — R. Oui; il avait connu mon père à la Constituante.

D. Vous l'avez convoqué? — R. Ce n'était pas à un jeune homme comme moi à convoquer M. Bastide.

D. Le premier jour, il n'a pas été question d'économie politique? — R. Non. On a parlé de paix et de guerre... de la question d'Orient.

M. le président. — Quoiqu'il en soit, la présence de M. Bastide à des réunions d'étudiants où l'on buvait, où l'on fumait, où l'on s'occupait de toutes sortes de sujets, même de sujets très-légers, a quelque chose d'extraordinaire. Vous niez les faits qui vous sont imputés; vous dites n'avoir rien su. Asseyez-vous.

M. le président. — Martin, vous avez fait une *Histoire de Hongrie.*

Martin. — Oui, et une *Légende de Jeanne D'Arc.* C'est dans ces deux ouvrages que je puiserai ma défense.

D. Vous avez eu des rapports avec M. Proudhon? — R. Oui, mais des rapports fugitifs, comme ils pouvaient être entre un homme de quarante-huit ans et un jenne homme de vingt-deux ans.

D. Vous avez été en rapport avec M. Michelet? — R. Oui, mais il ne m'a jamais donné de lettre pour mettre en tête de mes livres.

D. Vous avez eu aussi des rapports avec le P. Lacordaire? — R. Oùi, monsieur; j'ai voulu entrer à Flavigny; et si je n'y suis pas entré, c'est que je n'ai pas eu les moyens de faire le voyage.

M. le président. — Puisque le nom de M. Lacordaire est prononcé, c'est un devoir impérieux pour nous de lire sa lettre, afin qu'il n'y ait aucune espèce d'interprétation défavorable contre un homme revêtu d'un caractère honorable et chef d'un ordre parfaitement reconnu en France. Voici cette lettre :

Flavigny, 4 janvier 1853.

« Monsieur,

« Je vous recevrai volontiers à Flavigny pour y examiner votre vocation avec vous, et vous pouvez vous y rendre dès ce moment. Bien que votre lettre contienne des indices d'une vocation sérieuse, je ne puis cependant, vous le sentez bien, rien décider à cet égard avant de vous avoir vu et de m'être entretenu avec vous. Venez donc avec confiance, dans la pensée de savoir ce que Dieu demande à votre âme, et soyez sûr que je ferai pour vous aider à découvrir votre voie, tout ce qu'il me sera possible.

Agréez, etc.

Signé, Fr.-Henri-Dominique Lacordaire.
Prov. des Fr. Pr. »

Martin. — Il y a eu des irrésolutions, mais je m'en suis puni en me faisant arrêter, en me dénonçant moi-même.

D. Vous étiez poursuivi pour faits de complot. En faisiez-vous partie? — R. Oui.

D. Qui vous avait affilié? — R. M. Jaubert.

D. Saviez-vous que Laugardière, Laflize et Ranc en faisaient partie? — R. Je l'ai su sur les boulevards. M. Jaubert me donna l'explication des groupes sur le boulevard.

D. Expliquez-vous. — R. Huit jours avant le 15 juillet, je causais politique avec Jaubert, et il me proposa d'entrer dans une société secrète; j'acceptai. Sur son indication, je me rendis dans ce but au Luxembourg. On me dit : « C'est pour aujourd'hui même. » Je n'eus aucune hésitation. Je dis : Allons!

D. Quel était le but de cette société? — R. L'attentat à la vie de l'Empereur et l'insurrection.

D. Quand avez-vous été convoqué pour l'Opéra-Comique? — R. Le 5 juillet dans la soirée, au Luxembourg, au pied de la statue de Jeanne d'Arc. Nous nous rendîmes en différentes bandes à l'Opéra-Comique

D. Ces jeunes gens étaient-ils avec vous? — R. Non, ils étaient sur le boulevard, au café.

D. Vous aviez la pensée que la société dont vous faisiez partie allait commettre un attentat? — R. Oui.

D. Les étudiants étaient-ils armés? — R. M. Ranc m'a dit : « Je suis armé et mes amis aussi. »

Ranc. — Martin a dit le contraire dans ses interrogatoires.

Martin. — Nous nous sommes promenés, M. Ranc et moi, puis je me suis promené avec Jaubert. Nous n'avons pas causé du complot; mais nous savions ce que nous allions faire.

D. Laflize y était-il? — R. Je ne puis l'affirmer; mais son nom a été prononcé.

D. Et Laugardière? — R. Je l'ai vu, vu de mes yeux.

Laugardière. — Où étais-je?

Martin. — Au premier étage du café.

Laugardière. —J'étais au rez-de-chaussée, à la deuxième table.

M. le président à Joiron. — Vous êtes sûr que Laugardière y était?

Joiron. — Il y était; je l'ai vu. Le neveu de Gérard, Gabrat, qui est ici, l'a vu comme moi.

Gabrat. — Je ne connais pas du tout M. Laugardière.

D. Martin, vous saviez le rôle que vous deviez jouer? — R. Assassiner l'Empereur. C'est pour cela que les jeunes gens des écoles se rendaient à l'Opéra-Comique. En passant sur le Pont-Neuf, Poisson et Jaubert discutaient même sur ce qu'on ferait de l'Impératrice.

Laugardière. — Qui m'a nommé?

Martin. — M. Jaubert.

Laugardière. — Je déclare que l'existence de Jaubert est un mythe pour moi.

Ranc. Je fais remarquer que Martin, qui est un homme assez énergique pour faire partie d'un complot ayant pour but un assassinat, a été assez lâche pour dénoncer le lendemain le complot au préfet de police. C'est de la folie ou de l'infamie.

M. le président. — Voilà d'étranges paroles dans votre bouche. Cessez de prendre ce ton là : je vous le repète, vous n'êtes pas ici pour vous poser en moraliste, mais pour répondre à une accusation d'assassinat.

Martin. — Je me suis dénoncé moi-même. J'ai su qu'on devait faire tuer l'Empereur par les ouvriers, et nous envoyer, nous autres, dans le quartier latin, pour soulever la population et donner l'alarme.

D. C'est vous qui avez imaginé de dire qu'il fallait s'approcher de l'Empereur et de l'assassiner aux cris de « Vive l'Empereur? » On vous a fait remarquer que c'était là une infamie! — R. Cest vrai, j'étais trop avancé pour reculer; j'ai été retenu par un faux respect humain.

D. Vous alliez commettre un grand crime, il est toujours temps de revenir sur le projet conçu de commettre une mauvaise action.

Martin. — C'est vrai.

M. le président. — Messieurs les jurés, voilà l'interrogatoire terminé; nous allons lever l'audience, et la renvoyer à demain pour entendre les témoins.

Audience du 9 novembre.

Alix. — Je voudrais demander à M. Folliet si lorsqu'il a dit : « Cela regarde ces messieurs, » cela se rapportait à moi ?

Folliet. — C'était Ruault, Copinot, Lux.

M. le président : — Et Alix.

Folliet. — Je ne connaissais pas le fond d'Alix.

D. Mais cela s'appliquait aussi à Alix ? — R. Oui... à peu près.

Alix. — Demandez-lui si, à la promenade des fortications, j'ai pris part à la conversation ?

Folliet. — Je ne me le rappelle pas.

M. le président. — Ce n'est pas lui qui peut répondre à cette question. Ce qui est certain, c'est qu'il s'agissait spécialement de discuter votre plan de barricades.

Laugardière. — L'acte d'accusation dit que les aveux de Commès prouvent ma culpabilité. Demandez-lui s'il me connaît et où il m'a connu ?

M. le président. — L'acte d'accusation n'est qu'une des bases de l'accusation. Tout est dans le débat oral. Mariet, avez-vous réfléchi depuis hier ?

Mariet. — Oui.

D. Avez-vous réfléchi que vous avez dit hier le contraire de ce que vous aviez dit dans l'instruction ? — R. Le contraire !

D. Ne prenez pas ce ton. Hier vous avez dit ne reconnaître personne ; dans l'instruction vous aviez reconnu tout le monde. — R. J'ai dit au juge d'instruction que je ne reconnaissais personne ; il a fait écrire ce qu'il a voulu par son expéditionnaire.

D. C'est entendu. Vous prétendez que le juge d'instruction a écrit ou fait écrire le contraire de ce que vous avez déclaré ? — R. Oui.

M. le président. — C'est bien, asseyez-vous ; je vais lire vos interrogatoires.

Après la première partie de ces interrogatoires, dans lesquels Mariet fait les aveux les plus complets, M. le président demande à Mariet si c'est bien là ce qu'il a dit. L'accusé répond qu'il n'a pas dit ce qu'on vient de lire.

D. Cependant vous avez approuvé ces déclarations en les signant ? — R. J'ai été *subtilisé*.

M. le président. — Ce mot suffit. Nous continuons cette lecture...

Toutes les fois que les interrogatoires de l'accusé mentionnent une reconnaissance de l'un des étudiants par Mariet, celui-ci se récrie et prétend qu'il y a erreur; que le juge d'instruction « a arrangé cela comme il lui a plu. »

M. le président. Vous avez signé les yeux fermés?

Mariet. — Certainement. On m'a traité de *cachot* et d'assassin..... si je ne parlais pas.

M. le président. —Pouvez-vous penser qu'il y ait ici un homme intelligent qui puisse croire ce que vous dites?

Mariet. En ce cas, il n'est pas besoin d'instruction.

M. le président. — Est-ce que vous désirez que nous lisions vos lettres au juge d'instruction, lettres dans lesquelles vous le remerciez de sa bienveillance, de ses bontés?

DÉPOSITIONS DES TÉMOINS.

M. Xavier Turlure, officier de paix, est invité par M. le président à faire connaître les détails de la surveillance dont il a été chargé.

M. Xavier Turlure. — Vers la fin de mai, j'ai reçu avis qu'un complot se tramait contre la vie de l'Empereur, et qu'un nommé Folliet en était le chef, M. le préfet de police avait reçu un avis semblable. Folliet devint le point de mire de ma surveillance. Je savais qu'il était employé au chemin de fer, et je ne tardai pas à connaître sa demeure.

Il occupait au chemin de fer un petit bureau à la gare; il était difficile de surveiller les personnes qui le fréquentaient. Cependant je sus qu'il voyait un nommé Decroix, un vieux conspirateur bien connu. Cela me fit naître la pensée de surveiller la maison de Decroix, ce qui m'apprit qu'une réunion y avait été tenue où l'on avait agité le projet d'assassiner l'Empereur en tombant une quarantaine à la fois sur sa voiture.

Plus tard j'appris que des individus à figures démocratiques devaient se réunir aux fortifications des Vertus: je les fis surveiller et suivre ensuite pour savoir leur domicile. Il y avait Ruault, Doton, Alix, Lux, et encore ce dernier avait trompé sur son domicile.

Le 7 juin, la surveillance continua sur les démarches de Folliet, et un agent vint me dire à l'Hippodrome: «J'arrive avec Ruault, que j'ai suivi; il est venu en voiture.» Cet agent vous dira ça.

L'Empereur et l'Impératrice arrivèrent. Nous vîmes dans la foule une grande quantité de figures à nous bien connues. Vers cinq heures et demie une grande agitation a eu lieu; on a poussé un cri, et à ce signal les tables des marchands de vin se vidèrent, les buveurs se portèrent sur la rue de Bellevue; mais elle était trop étroite sans doute, car ils se portèrent vers le bassin de l'avenue Dauphine, pensant que l'Empereur passerait par là. Leur attitude était telle que je fis prévenir le chef du cabinet, qui était à l'Hippodrome, et on prit des mesures de précaution ; cela suffit pour faire comprendre à ces hommes que leurs projets d'assassinat étaient déjoués.

Ils se dispersèrent alors et nous ne pûmes les suivre, si ce n'est Lux, dont nous eûmes ainsi la véritable demeure.

Le 8 et le 9, on fit quelques arrestations qui jetèrent le désordre dans les rangs de la démagogie. Nous sûmes cependant que le projet serait repris à la première occasion.

Le 5 juillet, l'Opéra-Comique avait annoncé un spectacle par ordre, auquel l'Empereur devait assister. J'eus l'ordre d'assurer le passage de Sa Majesté, ce que je fis en disposant mes agents. Bientôt on vint me prévenir qu'on reconnaissait certaines figures, bien connues de nous. J'en ai informé M. le préfet, qui m'a donné l'ordre d'arrêter tout ce qui serait suspect : nous procédâmes sans tambour ni trompette, et nous arrêtâmes quinze individus, dont huit armés de pistolets et de poignards. Nous avons fait ces arrestations avec tant de calme, que les voisins des individus arrêtés ne s'en apercevaient pas. Si nous n'avions pas agi ainsi, nous n'en aurions pas arrêté quinze sur trente qu'ils devaient être.

D. Comment savez-vous qu'ils devaient être trente? — R. Ils n'auraient pas osé descendre en plus petit nombre.

D. Qui connaissiez-vous parmi ces hommes? — R. Je connaissais Lux, et encore sous le nom seul de l'homme aux grandes poches, parce qu'il avait un paletot à grandes poches.

M. le président fait lever les accusés du premier rang. Lux en fait partie. Le témoin ne le reconnaît pas.

Lux profite de cet incident pour récriminer vivement contre les reconnaissances dont il a été l'objet dans l'instruction. M. le président a beaucoup de peine à le calmer, et n'obtient le silence qu'en le menaçant de procéder en son absence.

Le témoin : — Je dois faire observer que j'ai peu vu les

accusés, et qu'après tout ces messieurs sont aujourd'hui plus beaux qu'ils n'étaient alors.

M. le président : — Témoin, vous connaissez Folliet ?

Le témoin : — Je ne le connais que pour l'avoir arrêté le 9.

D. Que saviez-vous d'Alix? — R. Il avait été pris par mes agents et reconduit jusqu'à son domicile.

D. Et Ruault? — R. C'est la même chose, il a été pris et reconduit par les agents.

Un juré : — Est-ce qu'au chemin de fer on a refusé au témoin l'adresse de Folliet ?

Le témoin : — Nous avons eu beaucoup de peine à l'avoir. Un agent l'a accosté un jour en lui demandant où il demeurait, et en prenant le prétexte que c'était un ingénieur qui le faisait demander « Oh ! répondit Folliet, l'ingénieur qui veut savoir mon adresse, c'est le préfet de police. »

Mᵉ Fouet de Conflans : — Je désirerais que le témoin expliquât comment il connaît Decroix pour un ancien conspirateur?

Le témoin : — Dame ! Decroix a son dossier à la préfecture.

M. le procureur-général : — C'est un transporté de juin.

M. l'avocat-général Mongis : — Gracié sur sa propre supplique.

M. Goussard, inspecteur de police : — Le 7 juin, j'ai été chargé avec Nique de surveiller M. Folliet. Le matin, il s'est rendu à la gare, est monté sur une locomotive et est allé à ses travaux du chemin de fer, puis il est rentré chez lui à midi. Joseph Ruault et Lux sont venus le voir, puis ils sont redescendus tous deux et ils sont partis pour se rendre chez Delbos. Je les ai suivis. Ils sont restés là deux ou trois minutes. Ils sont venus place Lafayette, où ils ont pris un fiacre qu'ils ont choisi avec un petit carreau derrière. Comme j'ai vu qu'ils levaient le petit rideau de temps en temps, j'ai battu en retraite pour n'être pas vu, et j'ai pu les suivre jusque dans les Champs-Elysées.

Arrivés aux talus, près la barrière, ils se sont arrêtés et ont trouvé sept ou huit individus. Puis ils se sont dirigés vers l'Hippodrome où ils se sont mis en rapport avec des groupes qui attendaient. J'ai été prévenir mon patron de ce que j'avais vu.

D. Reconnaissez-vous Ruault? — R. Voici Ruault et voici Lux.

Ruault : — C'est faux.

Lux : — L'accusé dit que c'est à midi que j'ai été chez Folliet ; dans l'instruction, il est dit que c'est à deux heures.

M. le président : — Témoin, que savez-vous des affaires de l'Opéra-Comique ?

Le témoin : — Nous avons surveillé les abords du théâtre, le 5 juillet. Nous avons vu plusieurs individus à nous connus, divisés par groupes et paraissant correspondre entre eux. Dans un des groupes était Mazille avec un chapeau de paille, que je vois là sur cette table. Je l'ai suivi jusque chez lui, et j'allais demander des renseignements à sa concierge, quand il est redescendu lui-même, et la concierge m'a dit : « Tenez, le voilà ! » Ça m'a un peu contrarié. Alors je me suis arrangé pour lui parler sans éveiller les soupçons. Je lui...

M. le président. — Nous n'avons pas besoin de savoir le moyen que vous avez employé.

Mazille. — Le témoin a pu suivre un homme en chapeau de paille et croire que c'était moi.

M. le président. — Il s'est trompé alors ?

Mazille. — Mais certainement.

M. le président fait lever tous les accusés, et le témoin, sans rien affirmer, croit reconnaître Jaud pour l'avoir vu aussi à l'Opéra-Comique.

Lux. — Le témoin ne m'a pas reconnu d'abord. On a fait tout ce qu'on a pu pour faire pousser ma barbe ; quand on a vu qu'elle ne voulait pas devenir plus longue, le juge d'instruction a donné l'ordre de me reconnaître.

M. le président. — Vous insultez le juge d'instruction ; taisez-vous.

M. Sellenet, inspecteur de police. — J'ai été chargé d'une surveillance en juin et juillet dernier. Je me suis attaché à Folliet et je l'ai vu aller aux fortifications avec Gérard, Ruault et d'autres individus que je ne connaissais pas.

D. Gérard était-il avec sa femme et ses enfants ? — R. Non ; tout le monde s'est réuni dans la plaine des Vertus, et, après y être restés assez longtemps, ils sont partis deux par deux.

D. Lux y était-il ? — R. Oui.

D. Et Alix ? — R. Aussi.

D. Et Gérard ? — R. Je l'ai dit.

M. le président. — Lux, levez-vous.

Lux. — Quand on me désigne, ça n'est pas difficile.

M. le président. — M. le procureur-général, il serait temps de mettre un terme aux inconvenances de cet homme. Nous ne lui donnerons plus d'avertissement.

Le témoin. — M. Lux, en revenant, est entré chez un crêmier de la rue Montholon. M. Alix est entré chez lui, rue Buffault, et il est ressorti pour aller rue... où je l'ai perdu.

D. Et le jour de l'Hippodrome? — R. J'ai revu là Lux, Gérard et Ruault.

D. A l'Opéra-Comique, avez-vous arrêté quelqu'un? — R. Non.

D. Y avez-vous vu des individus déjà remarqués à l'Hippodrome? — R. Oui, Gérard et quelques autres.

M. l'avocat général Mongis. — Quelle est la cause qui a amené la prompte séparation de la réunion des Vertus?

Le témoin. — C'est la présence d'un sous-officier de la garde de Paris.

Avaient-ils placé des sentinelles le jour de l'Hippodrome? — R. Oui; il y avait des hommes couchés dans les fossés.

D. Il y avait des sentinelles aussi le jour des Vertus? — R. Oui, c'est Lux qui les avait posées.

D. Il a fait un signe particulier à l'Hippodrome? — R. Il était sur le talus; il a frappé dans ses mains, et il est descendu rejoindre son monde.

Alix. — J'ai entendu mon nom sortir très-facilement de la bouche du témoin; demandez-lui s'il m'a vu aux Vertus?

Le témoin. — Parfaitement.

Alix. — Et à l'Hippodrome?

Le témoin. — De mes propres yeux.

Alix. — Et à l'Opéra Comique?

Le témoin. — Non.

Le témoin ajoute qu'il a particulièrement remarqué deux des conjurés qui boitaient.

On fait descendre Gérard et Gabrat, qui font quelques pas dans l'auditoire. Ils boitent tous les deux.

M. Chevalier, inspecteur de police: Le 7 juillet, j'étais en surveillance au coin de la rue Marivaux. Un individu vint près de moi et plaça deux autres individus en disant: « Restez-là, et attention! » Comme ils n'étaient pas de chez nous, ça me donna l'éveil, et je prévins mes camarades. Nous redoublâmes de surveillance et nous vîmes plusieurs individus déjà remarqués à l'Hippodrome.

Le temoin reproduit ce qui a déjà été dit sur la surveillance exercée sur la réunion des fortifications.

D. Qui a placé les deux hommes près de vous; voyez, n'est-ce pas de Méren ? — R. Je ne peux pas le dire.

D. Reconnaissez-vous d'autres individus ? — R. Alix et Gérard, pour avoir été aux fortifications.

D. Et Thirez ? — R. Aussi; il y était, il avait une blouse et un chapeau tromblon.

M. Chiboust, inspecteur de police. — Nous avons vu à l'Opéra-Comique Copinot, Joiron et Gabrat, que nous avions remarqués à l'Hippodrome; vers neuf heures ou neuf heures et demie nous les avons arrêtés.

D. A l'Hippodrome, un individu n'a-t-il pas poussé un cri ? — C'est le nommé Lux; il avait été *amené* a l'Hippodrome par mon collègue Goussard.

Lux. — Le témoin ne m'a pas reconnu chez le juge d'instruction. Il me reconnaît aujourd'hui.

Le témoin. — Nous avons constaté qu'un assez grand nombre d'individus étaient couchés dans les fossés le long de la route et autour de l'Hippodrome. On a fait un faux départ de l'Empereur, et alors Lux a fait : Hop ! en frappant dans ses mains.

Vous avez arrêté Follot et Denaix ? — R. Oui.

Un juré. — A quel endroit précisément ?

Le témoin. — A la hauteur de la rue de Grammont.

M. Morelle, inspecteur de police. — Le 5 juillet, j'étais de service à l'intérieur de l'Opéra-Comique, quand je reçus l'avis que des groupes stationnaient près du théâtre, et qu'ils se composaient d'individus déjà vus à l'Hippodrome. Je procédai à l'arrestation de Joiron, qui fit une résistance fort vive; on arrêta Copinot et Jaud. L'arme de Joiron était armée et amorcée. Nous avons dû mettre beaucoup de prudence dans nos arrestations, parce que nous pouvions craindre quelques mauvais coups de ces messieurs, qui sont capables de tout.

M. Soret, inspecteur, n'ajoute aucun fait nouveau à ce qui a été dit. Seulement il donne avec une précision désespérante le signalement et le costume de Joiron, de Copinot, de Gérard. Casquettes, chapeaux, pantalons, gilets et cravates, rien n'a échappé à l'attention de ce témoin. Il rappelle même à Copinot qu'il mangeait une salade au moment de la sortie de l'Empereur de l'Hippodrome. Il est impossible d'avoir une mémoire plus heureuse pour la justice, plus malheureuse pour les accusés. Le témoin a déposé fort longuement, mais sans hésiter un instant sur les stations des accusés qu'il a *filés*, c'est le mot employé, soit chez des marchands de vin, soit chez des marchands de tabac, avec l'indication du côté de la rue et des numéros des maisons.

Le témoin raconte qu'il a suivi seulement Joiron et Copinot. Ruault s'étant séparé d'eux. J'étais forcé, dit-il, de prendre des précautions; car à un moment, je me trouvais entre eux deux; l'un marchait en avant, l'autre restait en arrière; si bien qu'au lieu de les *filer*, c'est moi qui étais *filé*.

M. le président félicite ce témoin sur sa prodigieuse mémoire et sur l'exactitude des renseignements qu'il a fournis à la justice.

M. Nique, autre inspecteur, répète sur la réunion des fortifications des Vertus les détails que les précédents inspecteurs viennent de faire connaître. Il a vu sortir de chez Folliet, le 7 juin, à midi et demi, l'homme aux grandes poches (Lux) et Joseph Ruault. A une heure et demie, Folliet et Montchirond sont sortis et sont allés au chemin de Strasbourg.

Le témoin donne ensuite des détails sur les démarches de Folliet pendant la journée du 7. Le 5 juillet, à l'Opéra-Comique, le témoin a vu et arrêté plusieurs des coaccusés. Il reconnaît à l'audience Joiron, Gérard Commès et Jaud.

Lux. — Chez le juge d'instruction, le témoin, la première fois, ne me reconnaissait pas, et maintenant il me reconnaît.

M. Berthot, dit Lalanne, inspecteur de police. Ce témoin a exercé autour de la maison de Folliet la surveillance dont il a été parlé déjà. Il a été aux fortifications des Vertus, où il a vu Folliet, Ruault, Lami, Thirez, Lux, Gérard qu'il reconnaît à l'audience.

M. Michel, également inspecteur de police, était de service, le 5 juillet, à l'Opéra-Comique. Il a arrêté Baudy, qui était armé d'un grand poignard. Baudy a cherché à s'en défaire, mais on a vu qu'il cherchait à le faire disparaître en le faisant glisser dans l'intérieur de son pantalon.

Baudy. — Ce n'est pas vrai, je n'avais pas de poignard.

Le temoin reconnaît le poignard qu'on lui représente pour avoir été saisi par l'officier de paix Gasnon sur Baudy.

Baudy. — Ce n'est pas à moi le poignard.

M. le président. — Faites entrer M. Gasnon.

M. Gasnon reconnaît Baudy et donne sur la saisie du poignard les mêmes détails que le témoin Michel.

M. Gasnon, qui était au bureau de police de l'Opéra-Comique, a vu amener plusieurs individus. Il a vu faire l'arrestation de Commès, qui a cherché à se débarrasser de son pistolet, que le témoin a ramassé dans le ruisseau.

L'audience, suspendue à midi et demi, est reprise à une heure.

On appelle le témoin Vauthier, employé au chemin de fer d'Orléans.

D. Vous connaissez quelques-uns des accusés? — R. J'en ai reconnu trois pour m'être trouvé quelques minutes avec eux.

D. Dans quelles circonstances? — R. Dans les premiers jours de juin, je fus convié à dîner par Bronsin; il m'emmena après dîner chez deux de ses amis, qu'il ne m'a pas nommés. Il me présenta à eux. Il m'avait dit que ma visite avait pour but de faire donner à ses amis des renseignements sur le chemin de fer d'Orléans. Une des personnes s'en alla, une autre la remplaça, puis quelques autres personnes inconnues vinrent. Une d'elles dit qu'il courait des bruits d'insurrection; ces bruits me parurent vagues et personne ne précisa rien. On me demanda si, dans un cas d'insurrection; les ouvriers du chemin d'Orléans y donneraient la main; je dis que je ne le pensais pas, parce qu'il ne restait dans les ateliers que des pères de famille peu disposés à agir. Voici ce qui est exact.

D. Il est à craindre que vos souvenirs ne soient pas ici aussi exacts que le 23 juin, quand vous avez été interrogé par le juge d'instruction. Vous ne parliez pas alors de bruits vagues d'insurrection, vous étiez plus précis. — R. Non, car je dis à Bronsin: C'est là bien peu de chose. Je ne me rappelle rien de plus exact.

D. Je vais alors être obligé de relire votre déposition. — R. Je crains que, dans cette affaire, on ne veuille me faire jouer un rôle qui ne me convient pas. Le juge d'instruction m'a demandé si je ne savais pas que la réunion où j'allais dût avoir trait à la politique. J'ai dit que je m'en doutais un peu.

D. Mais, à la réunion, on a parlé politique; qu'a-t-on dit? — R. Dans l'acte d'accusation on me fait dire que Bronsin m'avait parlé de réunion ayant pour but l'assassinat de l'Empereur.

D. On a dit ce que vous avez signé, qu'à la réunion il a été question d'une insurrection qui devait avoir lieu après un attentat. Vos souvenirs sont peu exacts. Vous êtes frère d'un ancien représentant déporté — R. C'est vrai, j'ai cet honneur-là.

D. Prenez garde: ce mot n'est pas heureux. En tout cas, ceci explique beaucoup de choses. Avant de vous interroger plus sérieusement, je vais lire votre déposition.

M. le président fait lecture de la déposition du témoin devant le juge d'instruction, où il est dit qu'il fut question d'un plan de barricades présenté par un homme de cinquante à soixante ans, gros et un peu replet.

Le témoin Vauthier. — Ce n'est pas là ma déposition textuelle.

M. le président. — Vous avez signé cependant et approuvé les mots nuls; vous saviez donc ce que vous faisiez.

M. le président continue la lecture et ajoute :

D. Je vous fais observer qu'il y a une grande différence entre votre déclaration d'aujourd'hui et celle de l'instruction. Nous ne saurions admettre la distinction que vous faites entre la déclaration d'un accusé et celle d'un témoin. — R. C'est la même chose au fond, quoiqu'il y ait des différences dans la forme.

D. A-t-on parlé d'un attentat à la vie de l'Empereur? — R. C'est possible; j'écoutais peu.

D. Pourquoi y alliez vous? — R. C'est vrai; j'aurais mieux fait de n'y pas aller.

D. Quand on parle d'insurrection et d'attentat, de canons... — R. On ne m'en a parlé qu'en dehors de la réunion en nous en allant.

D. Cela devait vous donner rétrospectivement une impression défavorable sur cette réunion. Vous avez aussi un frère expulsé de son pays? — R. C'est une erreur; mon frère est à Paris, à Sainte-Pélagie; l'autre est en Angleterre, mais volontairement.

D. C'est toujours votre position qui devait donner confiance en vous à ces hommes. Ce qu'on a dit devait vous frapper. — R. Ce qui m'a frappé, c'est l'indécision de ce qui a été dit. Ce que vous avez lu a été rédigé après les questions du juge d'instruction.

D. Mais rédigé sur vos inspirations. Vous compreniez le danger de votre position? — R. Elle n'en avait pas; j'étais innocent.

D. Vous avez désapprouvé ce qui s'était fait, et cette désapprobation vous honore. — R. Oui, j'ai dit que je le désapprouvais.

D. Comment expliquez-vous maintenant la lettre que vous nous avez écrite et dans laquelle vous demandez à être entendu à cette audience?

M. le procureur-général. — Veuillez, monsieur le président, faire donner lecture de cette lettre.

M. le président. — La voici :

« Paris, le 8 novembre 1853.

« Monsieur le président,

« Détenu préventionnellement à Mazas pour une affaire entièrement étrangère aux débats qui ont lieu en ce moment sous votre présidence, et pour lesquels la justice a invoqué mon témoignage, j'apprends que l'accusation m'y fait tenir un langage directement opposé à celui que j'ai tenu dans mes dépositions.

Je dois à la vérité, à mon honneur, à la justice et à mes amis de démentir devant vous des paroles qui, si elles n'étaient le résultat d'une erreur, ne seraient qu'une infamie pour ceux qui me les ont prêtées.

« Je vous prie donc, M. le président, de vouloir bien, à cet effet, me citer à votre barre.

« Veuillez agréer, etc.

« E. VAUTHIER.

« A M. le conseiller Zangiacomi. »

Le témoin. — J'ai voulu protester contre les propos qu'on a prêtés à Bronsin, et ma protestation n'était qu'hypothétique. puisque je disais : « Ce serait une infamie, si ce n'était pas une erreur. »

M. le procureur général : — Il est mal à vous de laisser tomber dans vos lettres ces mots : « Ce qu'on me prête serait une infamie, si ce n'était le résultat d'une erreur. » Vous devez plus d'égards, dans votre position, au juge d'instruction à qui vous avez rendu grâce dans une lettre qui est au dossier.

M. le président. — Voici cette lettre.

« Paris, le 23 juin 1852.

« Monsieur,

« La bienveillance que vous m'avez montrée ce matin me fait un devoir de vous adresser de nouveau mes remercîments et l'expression de ma reconnaissance.

« Soyez bien persuadé, Monsieur, que l'inculpation sous le coup de laquelle je me trouve, et qui, grâce à vous, je l'espère, n'aura pas de suites graves, me donne des regrets très amers sur ce qu'en apparence mon initiation à des projets aussi absurdes et insensés, dans le fond que dans la forme, peut avoir de coupable.

« Vous avez dû reconnaître, du reste, Monsieur, que cette initiation a eu lieu pour ainsi dire malgré moi et uniquement parce que j'ai été induit en erreur à propos d'une réunion que je ne soupçonnais pas avoir le caractère que vous lui attribuez. Je vous déclare sur l'honneur que si j'avais su lui présupposer le caractère que vous m'avez révélé, pour rien au monde je ne m'y serais rendu; car mes goûts, mes habitudes et mes principes, sûrs garants de la sincérité de mes paroles, m'ont toujours tenu éloigné non-seulement de toute réunion politique, mais encore des réunions publiques en général; c'est assez dire que j'ai horreur des sociétés secrètes. Partout et toujours j'ai protesté contre les idées de guerre et de violences, et je ne sais vraiment ce qui m'a valu le regrettable honneur d'être appelé à donner un renseignement que n'importe qui pourrait fournir à ma place aussi bien que moi.

Vous avez apprécié en homme de tact et d'esprit la convenance de la réponse que j'ai faite a ceux qui m'interrogeaient, et cela me suffit.

« Permettez-moi en terminant, Monsieur, de vous rappeler la promesse que vous avez bien voulu me faire d'apporter dans votre conduite à mon égard la discrétion que réclame ma petite position, que cette déplorable affaire peut me faire perdre, rien qu'en m'obligeant à me déranger, même momentanément, de mon service pour lequel ma présence est constamment indispensable.

« Veuillez agréer, Monsieur, la nouvelle assurance de mes sentiments respectueux et distingués,

» VAUTHIER. »

Le témoin. — Je ne rétracte rien de ce que j'ai dit.

M. le procureur général. — Il est entendu que ce témoin persiste dans sa déclaration écrite?

Me Fouet de Conflans, défenseur de Decroix : Combien de temps a duré cette réunion?

Le témoin. — De vingt-cinq à trente minutes.

Decroix. — Ne me suis-je pas absenté plusieurs fois?

Le témoin. — C'est vrai.

Le défenseur. — Decroix a-t-il pris part à la discussion?

Le témoin. — Nullement.

M. Nicolas Antoine, agent de la police municipale, a été en surveillance aux abords de l'Opéra-Comique. Il a procédé à l'arrestation de Baudy qui était porteur d'un poignard.

Baudy. — Ce n'est pas vrai.

M. Budan, sculpteur. — Je me trouvais un soir chez un

de mes amis nommé Dolon. J'allais le quitter quand il me dit : « Je vais sortir avec vous; accompagnez moi chez un ami. » J'y consentis, et il me mena chez M. Decroix, que je ne connaissais pas. Il y avait là Vauthier, Bronsin, Montchirond et Folliet. On parla politique, et bientôt on dit à Folliet d'expliquer ce qu'il savait.

M. le président. — Que dit alors Folliet?

Le témoin. — Je me rappelle qu'il parla de soixante barricades et indiqua où elles seraient. Les premières étaient à la pointe Saint-Eustache. La mémoire me manque... Il y a longtemps de cela.. . L'un d'eux dit : « Les barricades ne réussiront que si nous réusissons au premier coup... » Montchirond dit : « Cinq cents hommes suffiraient à l'Hôtel-de-Ville, et cinquante à chaque mairie. J'ai de quoi faire sauter l'Hôtel-de-Ville. » Je suis parti alors avec Folliet et Bronsin. Dans le trajet, Folliet dit : « C'est moi qui ai imaginé ce plan de barricades... Nous avons des petits canons. » Bronsin reprit : « Mais l'argent nous manque. »

Folliet. — J'ai dit ça, mais je n'ai fait que répéter ce que j'avais entendu dire.

Montchirond. — Est-ce dans l'intérieur de la réunion ou au dehors que tout cela a été dit?

Le témoin. — C'est dans l'intérieur. Un nommé Guérin est entré et a dit que la police était instruite. Montchirond a dit : « Vous voyez bien qu'il n'y a pas un instant à perdre! »

D. Montchirond a-t-il dit qu'on se précipiterait sur l'Empereur en criant : « Vive l'Empereur? — R. Il n'a pas parlé de l'Empereur.

D. Dans votre déclaration, vous dites : « Cette idée venait de Folliet? »

Montchirond. — C'est ce que je demandais.

Le témoin a dit cela dans le trajet, quand nous sommes sortis.

Decroix. — Ma femme ne m'a-t-elle pas demandé plusieurs fois?

Le témoin. — Je n'ai jamais vu la femme de Decroix. J'ai quitté la réunion avant la fin.

D. Qu'était-ce que le plan de barricades? — R. J'ai dit qu'elles partaient de la rue du Petit-Carreau, passaient par la pointe Saint-Eustache et le Pont-Neuf.

D. Que disait Decroix? — R. Il n'a pas pris la parole.

Mme Budan, femme du précédent témoin. — En juin dernier, mon mari est rentré assez tard et m'a dit qu'il était allé dans un endroit où il était bien fâché d'avoir été, parce qu'il avait entendu dire qu'il devait y avoir du bruit.

D. Il n'a pas parlé d'attentat à la vie de l'Empereur? — R. Je ne me le rappelle pas.

Mme Guyans, qui demeure dans la même maison : J'ai reçu les confidences de M. Budan, qui m'a dit de prendre garde, que nous allions avoir une forte révolution; qu'on l'avait amené dans une maison où il y avait une réunion, qu'il était fâché d'y être allé, parce qu'il avait besoin de gagner du pain pour ses enfants.

D. Il ne vous a pas dit autre chose? — R. Non.

Mme Durand, éventailliste, même demeure : M. Budan m'a dit qu'il craignait une révolution qui ferait un bouleversement.

D. C'est tout? — R. Oui.

M. Renotte, fabricant de peignes. — Budan est mon ouvrier. C'est un homme tranquille. Il m'a parlé, dans les premiers jours de juin, d'une réunion politique où il était allé. Il ne m'a cite aucun fait. Il a été arrêté quelques jours après. Je ne sais pas autre chose.

M. Barjaud, étudiant en médecine. — Je connais Ranc, Laugardière et Laflize.

D. En janvier dernier, n'avez-vous pas eu l'idée de réunir chez vous des jeunes gens pour s'occuper d'économie politique? — R, C'est M. Jay, avocat, qui a eu cette idée, et je l'ai adoptée dans un but d'instruction.

D. Que faisait-on? — R. On fumait.

D. On buvait? — Non. Nous parlions de beaucoup de choses, peu d'économie politique. Je me rappelle qu'une soirée s'est passée à parler de M. Alexandre Dumas.

D. Vous receviez d'autres personnes que des étudiants, un M. Morin, entre autres.— R. Oui, c'était un ami de Jay.

D. Il a amené M. Bastide? — R. M. Bastide est venu, mais je ne sais qui l'a amené.

D. Pour un étudiant, c'est un événement de recevoir un ancien ministre. — R. C'est pour cela que je me le rappelle.

D. Que disait-on? —R. Ce jour-là nous nous occupions des défauts de l'organisation de la magistrature.

D. Qu'en disait-on? — R. On disait qu'il y avait des vices dans cette organisation.

D. C'est possible; et quels remèdes proposait-on? — R. Nous ne traitions pas les questions à fond. J'étais occupé alors à donner des cigares. On a parlé du siége de Venise par les Autrichiens en 1848. On disait que les Autrichiens s'étaient émus de ce que la France fournissait des armes. M. Bastide répondait que c'était le commerce de la France.

D. N'a-t-on pas parlé d'une flotte? — R. Oui, M. Bastide disait que si les Autrichiens avaient trop serré la ville, la France aurait envoyé une flotte.

D. Ce n'était pas là de l'économie politique. Vous avez compris le danger de ces réunions, et vous les avez renvoyées de chez vous? — Elles n'étaient pas dangereuses, mas elles pouvaient le devenir.

D. C'était agir très-prudemment. Quels rapports aviez-vous avec Laugardière?—R. Je connais ces trois messieurs pour leur caractère franc.

Ranc. — Lui ai-je parlé de mes rapports avec Martin?

Le témoin. — Jamais.

Laugardière. — Combien de fois suis-allé aux réunions chez le témoin ?

Le témoin. — Une fois.

— D. Y ai-je pris la parole ? — R. Jamais.

M. Frédéric Morin, professeur. — Je connais un peu M. Barjaud, étudiant, chez qui j'ai assisté à des conférences d'économie politique et de tables tournantes.

D. Ces conférences avaient de l'intérêt puisque vous y avez conduit M. Bastide qui paraît être un de vos amis? — R. C'est par hasard que j'y ai conduit M. Bastide. Il y avait des jeunes gens qui fumaient : ils voulaient cesser, M. Bastide leur a dit de continuer. On a parlé du siége de Venise, je crois.

D. Vous êtes allé chez Laflize? — R. Oui, monsieur.

D. Toujours pour l'économie politique? — R. Non, monsieur. M. Bastide me dit qu'il avait reçu une carte de visite de M. Laflize fils, et il me témoigna le désir de lui rendre sa visite. Je lui dis que c'était un jeune homme digne d'estime. Nous y allâmes et nous parlâmes, je crois, de la gratuité du crédit.

D. Est-ce qu'on fumait dans ces réunions? — R. Je proteste contre ce qu'a dit l'acte d'accusation. Il semblerait en résulter que les jeunes gens auraient eu une tenue peu convenable pour M. Bastide. Cela n'est pas. Ces messieurs fumaient, et M. Bastide n'a pas voulu qu'ils s'interrompissent.

D. Et il a fumé avec eux? — R. C'est possible.

M. le président. On a trouvé chez vous des pièces d'or

à l'effigie de Napoléon avec un trou au cou. Il faut prendre garde à ces choses-là. Ce n'est pas chez un professeur qu'on devrait trouver de pareils objets.

M. Morin. — Si presque toutes les pièces qui circulent sont ainsi marquées, qu'y puis-je?

M. Jules Bastide, propriétaire.

M. le président. — Vous connaissez un sieur Morin?

M. Bastide. — Oui, monsieur.

M. le président. — Il vous aurait conduit dans une réunion de jeunes gens où il était question d'économie politique?

M. Bastide. — Oui, monsieur le président.

M. le président. Vous rappelez-vous ce qui s'est passé dans la réunion Barjaud, d'abord?

M. Bastide. — Je suis allé un jour avec Morin rendre une visite à un de ses amis. Je crois qu'on a parlé d'économie politique, mais il y a si longtemps que je ne me rappelle pas trop ce qui a été dit.

M. le président. — On a parlé d'organisation de la magistrature?

M. Bastide. — C'est possible. On a passé d'un sujet à l'autre... Je crois avoir parlé des affaires d'Italie, et avoir raconté des anecdotes.

M. le président. — Des anecdotes... des anecdotes importantes! car il a été question de faits qui auraient peut-être dû rester dans les cartons de l'Etat et n'être pas divulgués à des jeunes gens. Il a été question du siége de Venise, d'armes fournies, et puis, et puis... d'autres choses qu'il ne fallait pas livrer à la curiosité indiscrète de jeunes gens... Un ancien homme d'Etat a des devoirs; vous comprenez ce que je veux dire?

M. Bastide. — Je le comprends si bien que je ne répondrai pas à votre question, précisément pour observer ce devoir dont vous me parlez.

M. le président. — Vous êtes allé chez Laflize?

M. Bastide. — Je lui ai rendu une visite qu'il m'avait faite.

M. le président : — Mais on s'est étonné, avec raison peut-être, que vous vous soyez trouvé là avec les mêmes personnes qui s'étaient trouvées chez Barjaud. Il est impossible de ne pas remarquer qu'il eût été désirable de ne pas vous voir avec des jeunes gens qui, quelques temps après ces réunions, sont assis sur ces bancs. Vous avez protesté contre l'assassinat et les sociétés secrètes, ce sont de bons sentiments.

M. Bastide : — Je ne crois pas qu'on suppose que ces jeunes gens aient rien fait par mes conseils. On a dit que j'avais autrefois fait partie de sociétés secrètes, c'est pour cela que je n'engagerai jamais la jeunesse à en faire partie.

M. le président : — Il est heureux que vous disiez cela, et il est bon que cela soit connu.

M. Bastide : — Je dois protester contre le rôle que l'accusation paraît vouloir me prêter.

M. le président : — On ne vous accuse pas. croyez-le bien... On regrette seulement qu'ayant occupé des fonctions publiques élevées, vous vous soyez mêlé à ces réunions. Vous comprenez cela, monsieur, et vous comprenez aussi que la justice a le droit de vous faire cette observation... Au reste, je le répète, l'accusation n'entend en aucune façon faire remonter jusqu'à vous les faits dont il s'agit ici... J'aime au contraire, à répéter l'énergique protestation que vous avez fait entendre dans l'instruction contre l'assassinat politique.

M. Bastide : — Telle a toujours été ma pensée. L'assassinat politique ne peut jamais être approuvé, et il est toujours funeste aux partis qui l'emploient.

M. le président : — C'est bien, M. Bastide, vous pouvez vous retirer.

M. Emile Jay, avocat, qui était assigné comme témoin, est absent de Paris.

M. Carle, lithographe, est appelé à s'expliquer sur l'expertise à laquelle il a soumis une pierre lithographique sur laquelle se trouve la proclamation publiée le 2 décembre pour appeler le peuple aux armes. proclamation signée Charras, Greppo, Crémieux, Bedeau et autres. M. Carle a fait revenir une partie de cette proclamation. Cette pierre a été trouvée chez l'accusé Laugardière.

M. Carle remonte pièce à pièce la presse lithographique qui accompagne la pierre et constate qu'elle est en bon état et pourrait fonctionner.

M. le président. — Laugardière, vous ne voulez pas dire d'où vous vient tout cela?

Laugardière. — Non, monsieur le président.

La veuve Dauzier, femme de ménage : J'ai resté dans la maison qu'habitait M. Laugardière. J'ai vu une malle chez lui, mais je ne sais pas qui l'a apportée. Il y avait six mois qu'il n'habitait plus cette chambre ; il y est venu deux ou trois fois pendant ce temps.

Laugardière. — J'avais loué cette chambre pour être plus près de mes études.

M. le président. — Cela sera apprécié.

La veuve Villemaur, même maison, n'a aucune connaissance qu'on ait apporté une malle chez Laugardière. C'est un jeune homme de bonne conduite; j'en ai peu connu comme cela, dit le témoin.

Mme Leray, même demeure, a vu la malle qu'un commissionnaire a apportée. Le témoin ne sait pas à quelle époque et ignore ce qui était dans la malle.

Laugardière. — Je portais la presse et le commissionnaire portait la malle.

D. Vous saviez ce qu'elle contenait? — R. Je l'ai su trois jours après.

Le sieur Garnier, ex-concierge rue des Ursulines, où était le garni qu'habitait l'accusé Laflize, déclare qu'il recevait quelques amis. Il ne reconnaît ni Martin, ni Laugardière, ni Ranc pour être venus chez Laflize.

M. Sergent, limonadier. rue de la Harpe : Je connais MM. Ranc et Laugardière; je ne connais pas M. Laflize. Je ne les ai jamais vus avec des ouvriers.

Ranc. — Veuillez demander au témoin qu'il réponde à ce qu'on a dit de notre immoralité.

Laugardière. — Tais-toi; on ne parle pas de ça.

M. le président. — Qui est-ce qui parle ainsi?

Ranc. — Laisse-moi parler... Je désire savoir...

Laugardière. — On ne répond pas à ça.

M. le président. — Laugardière, on répond à tout ici.

Laugardière. — Non.

M. le président. — Comment, non? Tâchez d'être plus convenable, ou vous nous obligerez à prendre des mesures contre vous.

Ranc. — Le témoin, qui a entendu souvent nos conversations, peut dire s'il a jamais remarqué que nos conversations fussent des forfapteries d'immoralité, comme on l'a dit dans l'acte d'accusation?

Le témoin. — Je n'ai jamais entendu ces messieurs tenir des conversations répréhensibles.

Ranc. — Je mets au défi le ministère public de relever contre nous un fait d'immoralité, un seul!

M. Martinet, commissaire de police : J'ai saisi chez l'accusé des formes sur lesquelles j'ai fait reparaître, à l'aide du tampon, deux bulletins, numérotés 1 et 2.

Tout est reconnu. Le témoin se retire.

M. Gois, limonadier, place Saint-Michel, reconnaît

Laugardière et Laflize pour avoir fréquenté son café. Il ne reconnaît pas Martin.

Martin. — Monsieur ne me reconnaît pas parce qu'alors je n'avais pas de barbe.

Après une courte suspension d'audience on reprend les dépositions des témoins.

M. Vétillard, paveur à Neuilly : Le 3 juillet, je déjeunais à Passy. J'étais entré chez un marchand de vin où se trouvaient cinq individus qui paraissaient s'impatienter de ce que deux camarades qu'ils attendaient ne venaient pas. L'un d'eux dit : « Sais-tu que ce n'est pas facile de tuer l'Empereur sur l'avenue de Versailles? Au spectacle ce serait plus facile. »

L'un de ceux qu'ils attendaient est arrivé et a dit : « Allons vite, nous avons rendez-vous à la Bastille. »

Ils partirent; je n'avais pas osé les regarder, mais je les regardai alors. Je me dis : Mais ce sont des gredins, ces gens-là! J'allai le lendemain trouver un monsieur qui est dans la police et je lui dis ce que je savais. Ce serait bien malheureux qu'on tue l'Empereur, un homme qui nous a sauvés de l'anarchie! Ce monsieur me dit : « Venez avec moi à la police. — Ah! non, je ne suis pas de la police; je vous avertis, prenez vos mesures. »

M. le président. — Vous avez parfaitement agi; c'est le devoir d'un honnête homme de prévenir l'autorité quand il sait qu'un crime doit être commis.

M. Dourlens, commissaire de police : Le 5 juillet, vers six heures du soir, un monsieur que je connais de vue me dit qu'il avait reçu une confidence dont il était ému. Il venait du ministère de la guerre, où il n'avait pas trouvé la personne qu'il voulait informer. Ce monsieur me dit qu'il avait reçu en confidence qu'on devait tuer l'Empereur le soir à l'Opéra-Comique. Je prévins M. le préfet, qui avait déjà des informations et qui avait pris ses mesures. On fit doubler le service.

Ce monsieur m'avait dit que s'il apprenait autre chose, il m'en informerait à l'Opéra-Comique par un billet, que j'y reçus en effet. Un moment après j'ai procédé à des arrestations.

M. le président. — Il y a des remerciments à adresser à la personne qui a fait connaître le projet d'attentat, bien qu'elle soit restée inconnue.

Le sieur Reybaud, cocher de fiacre : Le 7 juin dernier, j'ai pris à la place Lafayette deux hommes pour les mener à la place de la Madeleine. Ma voiture a un petit vasistas par derrière.

D. Pouvez-vous reconnattre ces deux hommes? — R. Ça m'est impossible.

D. Vous avez reçu une pièce de 1 franc qui était tachée de plâtre? — R. Oui, et j'ai pensé que j'avais conduit des maçons.

Le témoin ne reconnaît ni Ruault ni Lux.

D. Votre fiacre porte le n° 39? — R. Oui, monsieur.

Westphall, cantonnier n° 3 : Je connais l'accusé Joseph, tailleur de pierre; je ne sais pas son autre nom (Ruault), Le 7 ou le 8 juin, je travaillais dans les Champs-Elysées, et Ruault est venu me parler.

Ruault. — Ce n'était pas le 7 ; c'était bien avant.

M. le président. — Les agents précisent que c'est le 7.

On représente Lux au témoin. Il ne le reconnaît pas pour l'avoir vu avec Ruault.

Périard, concierge de la maison habitée par Gérard : Cet accusé recevait des marchands de livraisons.

D. Vous avez dit qu'il recevait *toute sorte de monde*? — R. Il recevait des gens que je ne connaissais pas.

D. Gérard, c'étaient des marchands de mauvais écrits qui venaient chez vous? — R. Je ne sais ce que veut dire monsieur. Est-ce qu'ils demandaient après moi?

Périard, — Parfaitement,

M, Rodot, propriétaire : J'ai eu M, Alix, comme locataire, il faisait un cours que j'ai dû faire cesser, On m'a dit que c'était un cours d'anatomie, On m'a dit aussi que ce n'était pas parfaitement moral. J'ai dû faire fermer le cours.

Alix. — Je n'avais pas à m'adresser à monsieur, M, Segouin faisait un cours chez monsieur, et m'offrit sa salle,

L'auditoire était trop nombreux, ce qui a indisposé M, le propriétaire, J'ai dû cesser pour ne pas contrarier M, Segouin. Quand à la question de moralité, je ferai entendre des témoins.

Voici ce qu'était ce cours. On a beaucoup ri de ce que j'ai parlé ici de physique universelle. La frivolité rit de tout. Comme dans le mot physique se trouve la nature, j'ai traité de l'homme physique, de l'homme moral et de la hiérarchie des êtres. J'ai fait assigner des témoins qui vous diront si mon enseignement était immoral; ce mot m'est antipathique.

D. Vous vous êtes occupé de certains animaux? — R. Je suis bien heureux que vous me parliez de cela. Il y a dans la nature...

D. Certains animaux... — R. Ce sont les escargots sympathiques! Cette découverte...

D. Est-elle de vous? — R. Non, mais j'y ai dépensé beaucoup d'argent. L'inventeur est mort; c'est moi qui l'ai fait vivre, c'est moi qui l'ai fait enterrer. J'avais 15 francs, j'en ai dépensé 12 pour le faire enterrer.

M. le président. — C'est une bonne action que vous avez faite. Asseyez-vous.

Mlle Maria Lopez, artiste dramatique. — Je connaissais M. Alix qui donnait des leçons de lecture. Je ne sais pas ce que cela pouvait lui rapporter. Je sais qu'il s'occupait d'escargots, et qu'on riait; voilà tout.

D. Vous ne savez rien de ses opinions? — R. Rien du tout.

Alix. — Le mardi 7 juin, n'étais-je pas chez mademoiselle, de deux à quatre heures?

M. le président. — Comment voulez-vous que mademoiselle se rappelle cela avec une telle précision dans la date et l'heure?

Alix. — Je suis persuadé que mademoiselle se rappellera parfaitement

Mlle Maria Lopez. — Je l'ai vu, en effet, ce jour-là, de deux à quatre heures, avec son frère.

Le sieur Hue, marchand de vins à Passy, a vu beaucoup de monde chez lui; il n'a remarqué aucun des accusés.

M. le président. — Vous vous pressez bien de dire cela. Vous avez été compromis; prenez garde aux individus que vous recevez et aux objets qui sont déposés chez vous. Allez.

Gherbaert, cordonnier. — J'ai logé chez moi M. Thirez, du 17 avril jusqu'à son arrestation. Il travaillait chez moi et tenait de mauvais propos. Il m'a dit que l'Empereur était un assassin, une canaille, et d'autres propos.

D. Il y en a assez comme ça. Il vous a dit qu'il était d'une société où il s'agissait d'assassiner l'Empereur? — R. Je ne me rappelle pas cela. Il a dit qu'il ne fallait ni empereur, ni roi, ni police.

D. Ni police surtout, n'est-ce pas, Thirez? Mais vous demandiez une république démocratique et sociale? Témoin, Thirez vous a-t-il dit qu'il était allé à l'Hippodrome? — R. Oui, et qu'il y avait des armes chez un marchand de vins. Il dit qu'il ne connaissait pas ses chefs. Il ajouta qu'on avait un mot de passe. Quand la réunion devait avoir lieu, on se disait : *Il est en bonne santé.* Quand la réunion ne pouvait pas avoir lieu, on se disait : *Il ne se porte pas bien.*

Thirez. — Je nie tout cela.

M. le président. — C'était le mot de passe; mais il ne servira plus ; le voilà connu, ainsi que beaucoup d'autres.

M. Codron (prend la qualité de défenseur officieux). — Je connais Thirez depuis son enfance. Le 26 juin, il vint chez moi, et ma femme lui demanda s'il était content de la manière dont allait le travail ? « Oui, dit-il; mais ça ira mieux. Vous ne savez donc pas que nous sommes deux cents divisés en *quinturies*, et que nous devions l'autre jour, à l'Hippodrome, nous jeter sur la voiture de l'Empereur, tuer les chevaux et le cocher... — Et l'Empereur, dit ma femme, qu'en auriez-vous fait ? — Nous l'aurions coffré. » Je me levai et m'écriai : « Malheureux! un homme qui a fait tant de bien, qui a sauvé la France! »

Thirez. — Il faut que la Cour sache qu'il y a deux ans, mon oncle Codron a voulu m'emprunter 20 francs pour s'acheter un pantalon. Je lui ai refusé les 20 francs, et il est furieux depuis cette époque.

Le 26 juin nous avons causé ensemble : il m'a proposé de me faire entrer dans la société du Dix-Décembre. Nous avons parlé de l'Hippodrome et des arrestations qui y avaient été faites. Il m'a montré sa carte en me disant qu'avec ça il parlait à l'Empereur quand il voulait.

Le témoin. — J'étais chef du 8e arrondissement pour l'élection de S. A. I., aujourd'hui l'Empereur. J'avais 179 personnes sous mes auspices, et je n'aurais pas été chercher un mauvais garnement comme celui-là pour servir l'Empereur : il n'en était pas digne.

M. l'avocat-général Mongis. — Thirez n'a-t-il pas ajouté qu'il était allé coucher, le coup manqué, à Saint-Cloud, et qu'il avait pris par le bois de Boulogne ?

Le témoin. — Oui ; et il a ajouté que les autres s'étaient sauvés comme lui. Ma femme vous le répéterait, mais elle est très-malade.

Thirez. — Le bon Dieu vous punira.

M. le président. — C'est là une indigne parole. Taisez-vous.

M. le président donne lecture de la déclaration de Mme Codron, qui confirme ce que vient de dire le sieur Codron

Le sieur Godailler, concierge de la maison habitée par Mailliet et Regnier : Ce témoin ne sait rien sur la fabrication des canons imputée à Regnier.

Le sieur Lelong, bijoutier, connaît Jaud. Cet accusé ne travaillait pas très-régulièrement. Il se plaignait du gouvernement actuel, disait que les ouvriers étaient esclaves et ne pouvaient parvenir. Je lui ai répondu, dit le témoin, qu'il avait tort, qu'avec de l'ordre et de la conduite un ouvrier pouvait devenir maître, et je lui citais mon exemple.

M. le président. — Vous avez raison; ce sont de bonnes paroles que vous dites là et que vous appuyez de votre exemple. Voilà par quelles détestables idées on excite les pauvres ouvriers, et on finit par les jeter au milieu des conspirateurs.

Jaud. — J'ai dit que l'ouvrier, non-seulement sous ce gouvernement, mais de temps immémorial, n'avait jamais eu d'abri contre la misère.

M. le président. — Il y en a un dans le travail et dans l'économie.

Faizelot, invalide, concierge, et de plus *s'amuse* à faire des chaussons. — Je connais Mazille, qui recevait beaucoup de monde. J'ai entendu dire qu'on tenait de mauvais propos, et que c'étaient des rouges. Je n'ai entendu dire que ça.

M. le président. — C'est déjà quelque chose. N'a-t-il pas dit, puisque son propriétaire le poursuivait, qu'il pendrait son propriétaire quand la république rouge serait arrivée ? — R. Sa femme a dit qu'elle donnerait des coups de couteau si on l'empêchait de déménager.

Mazille. — Voulez-vous demander au témoin s'il est concierge ou l'amant de la concierge ?

M. le président. — Allons donc! taisez-vous.

M. Ganne, restaurateur, ne sait rien sur les accusés.

L'audience est levée.

Audience du 10 novembre.

On reprend l'audition des témoins.

M. Fabvier, huissier au Sénat. — J'avais rendu un service au sieur Codron, celui de lui faire apostiller une pétition par M. Troplong. Dans un moment d'intimité, nous nous entretenions des dangers auxquels s'exposait l'Empereur en faisant des promenades sans escorte; Codron me dit alors qu'il avait un arrière-neveu de sa femme d'une conduite désolante; c'était le nommé Thirez qu'il désignait ainsi; il ajouta que ce Thirez lui avait dit : « Les temps changeront, soyez tranquille! je vous donnerai une place, je fais partie d'une bande de deux cents; nous allons de Paris à Saint-Cloud par groupe de deux ou de quatre avec la ferme résolution de sauter à la bride des chevaux de la voiture impériale pendant que d'autres assassineront l'Empereur. » Dans l'intérêt du souverain, comme dans l'intérêt du pays, j'en ai prévenu l'Empereur par lettre.

M. le président. — Vous avez très bien fait. Eh bien, Thirez, vous avez tenu ces paroles à Codron?

Thirez. — Codron a dit ce qu'il a voulu; mais moi je n'ai pas dit cela à Codron.

D. Bien! Vous ne faisiez pas partie de cette société des deux cents! — R. Non.

D. On a trouvé chez vous certains écrits, entre autres un écrit intitulé: *Aux femmes du peuple*, par Boichot; on a trouvé aussi des vers de vous.

Jamais je n'aimerai la calotte,
Evêques, prêtres.....
Et la race bigotte
Est opposée à mes principes.

R. Cette chanson n'est pas de moi.

D. Elle est écrite par vous. On a trouvé encore chez vous le procès et la défense de Raspail, plusieurs débris du père Duchesne en 1848. — R. C'est une dame qui a acheté du sucre, qu'on lui a enveloppé dans ce papier.

D. Il y a aussi des lettres. En voici une qui porte: Le citoyen Durand! — R. Il s'agit d'un enterrement: on peut bien aller à l'enterrement de quelqu'un.

M. le président. — Oui, mais quand on voit le mot citoyen, on sait ce que cela veut dire.

M. Alphonse Boudros, commissaire de police, parle de propos contre l'Empereur très-inconvenants, très-révoltants, tenus par une personne qu'il ne connaît point.

M. Alphonse Caron, armurier, passage de l'Opéra, 20, a été chargé dans l'instruction d'examiner les pistolets saisis sur les accusés, et les débris de poudre trouvés dans la poche de Mazille. Cet accusé, qui a été arrêté le lendemain de la représentation de l'Opéra-Comique, soutient que les débris de poudre trouvés dans sa poche y sont depuis trois ans. Le témoin, expérience faite, déclare qu'il est impossible que ces débris remontent aussi loin.

D. à Mazille. Le témoin déclare qu'il est impossible que cette poudre ait séjourné pendant trois années dans votre poche? — R. D'où voulez-vous qu'elle vienne?

M. le Président. — C'est à moi à vous le demander. — R. Je n'avais mis ce pantalon que trois ou quatre fois depuis trois ans.

Le témoin examine les diverses paires de pistolet qui sont déposées sur la table des pièces à conviction. Ceux saisis sur Joiron sont chargés jusqu'à la gueule.

Joiron, interrogé sur l'origine de la poudre qui a servi à charger ces pistolets, répond qu'elle lui a été donnée par Mariet.

M. le président. — Mariet d'où provenait cette poudre?

L'accusé. — De moi.

D. Depuis quand était-elle en votre possession? — R. Depuis 1846.

D. Quel âge avez-vous? — R. Dix-huit ans.

D. Et il y a cinq ans que vous avez cette poudre! Et vous voulez que nous vous croyions! Asseyez-vous.

La femme Gardet, logeuse.

M. le président. — Martin, levez-vous. Témoin, reconnaissez-vous l'accusé?

Le témoin. — Je le connais bien. Il a logé longtemps chez nous dans un temps où il se conduisait bien, mais il a fait de mauvaises fréquentations et il a mal tourné. Il m'a pris deux couvertures qui n'étaient pas trop bonnes, puis de la laine d'un matelas et des ustensiles de ménage.

Martin. — Ces faits que je reconnais parfaitement exacts, ne sont pas de nature à être appréciés ici, ils sont de la compétence du tribunal correctionnel. Là je me réserve de donner des explications à l'aide desquelles je me fais fort d'être acquitté.

M. le président. — Il n'est pas sans importance de faire connaître vos antécédents.

Martin. — Veuillez demander au témoin si, pendant un long temps ma conduite n'a pas été toute retirée, toute laborieuse.

M. le président. — Le témoin l'a dit. Il est évident que vous valiez mieux qu'aujourd'hui dans le temps, par exemple, où vous écriviez au révérend père Lacordaire, lorsque vous vouliez entrer dans la maison religieuse.

Quelques autres témoignages sans intérêt sont entendus.

M. François, tailleur, a logé de Méren, à son retour de Londres. Il était alors dénué de ressources. Il s'est d'ailleurs comporté parfaitement jusqu'au mois de juillet, où, à la suite de l'affaire de l'Opéra-Comique, et à cause de lui, je fus arrêté.

D. Pourquoi était-il allé en Angleterre? — R. Il avait

reçu de son père 800 francs, pour se sauver de son pays, où il avait mutilé un Saint-Roch. A Southampton, une place de comptable qu'il devait obtenir était prise quand il arriva. Il alla alors à Londres, où il resta deux mois à chercher inutilement une place.

D. Vous-a t-il dit avec qui il avait été en rapport à Londres? — R. Avec des jeunes gens qu'il connaissait.

D. Il ne vous a rien dit d'important à ce sujet? — R. Rien, Monsieur.

D. Qui fréquentait-il à Paris? — Pendant très-longtemps il n'a vu que moi, sortait un peu le matin pour voir à se placer, et la plupart du temps passait chez nous la journée à lire Voltaire et Rousseau.

D. Et dans les derniers temps, il recevait quelques personnes? — R. Un jour, il a reçu plusieurs individus et j'ai entendu un bruit, comme un craquement de pistolet; cela m'a fait de la peine, et j'ai dit à ma femme: le voilà qui se dérange. Quand il rentrera je le ferai déguerpir.

M. le président. — Jaud, vous êtes de ceux qui sont allés chez François, voir de Méren. Combien étiez-vous? — R. Trois ou quatre.

D. Qui? — R. Il y avait Commès, moi, de Méren; cela fait trois.

M. le président. — Il y en avait encore au moins deux. Voyons Commès, c'est à vous plus qu'à tout autre d'être franc, car c'est vous qui vous êtes montré le plus sincère jusqu'ici. Pas de demi confidence! — R. Je ne me rappelle pas précisément.

D. Méren, vous continuez à ne pas vouloir vous expliquer à cet égard? — R. Non, monsieur.

Sur la demande du défenseur de de Méren, le témoin dépose un certificat délivré à cet accusé par son dernier directeur des postes.

De Méren. — On verra, par ce certificat, que je n'ai pas été démissionnaire pour manquement à mes devoirs. Ma moralité a été attaquée; je proteste contre les insinuations vagues de l'accusation.

M. le président. — Quand on est poursuivi ponr assassinat, il ne faut pas parler de moralité.

La dame François, femme du précédent témoin, confirme sa déposition. De Méren était nourri chez elle. On lui prêtait de l'argent par petites sommes pour son tabac, pour son bureau de placement.

D. En dernier lieu, il vous a fait nn billet de 168 francs pour le paiement de ce qu'il vous devait? — R. Oui.

D. N'avez-vous pas vu que dans la journée du 5 juillet, de Méren avait reçu plusieurs personnes chez vous? — R. Oui, il avait demandé la permission d'entrer dans notre chambre à coucher, parce qu'il devait recevoir du monde; plusieurs personnes sont venues en effet; elles sont restées dix minutes. Personnellement je n'ai entendu aucun bruit; mais mon mari a été fort mécontent de tout cela et il m'a dit que si de Méren revenait, nous ne le recevrions pas.

M. le président. — De Méren ne répondant pas, il est indispensable d'indiquer le but de ces deux dépositions. Il s'agit d'établir que de Méren était sans aucune espèce de ressources, qu'il vivait aux dépens des époux François, et que cependant il a trouvé de l'argent pour payer les pistolets avec lesquels il a armé les conjurés.

Métayer, armurier, a vendu le 5 juillet, dans la journée, trois paires de pistolet à de Méren. Deux ont été livrées et payées immédiatement, la troisième a été prise et payée le soir.

M. le président. — De Méren, vous ne voulez pas dire de qui vous teniez l'argent avec lequel vous avez payé les pistolets? — R. Je ne veux pas répondre.

Petit, vingt ans, agent de police, a vu l'accusé Mazille à l'Opéra-Comique. Le témoin et son collègue ont mis en surveillance cet accusé, qui a été suivi jusqu'à son domicile.

Mazille. — Ce n'est pas vrai!

TÉMOINS A DÉCHARGE.

M. Labrousse, cinquante-sept ans, directeur du collége Sainte-Barbe, déclare que le docteur Follot a été employé dans cet établissement, où il s'est conduit comme un très-bon fonctionnaire.

M. Baudin a connu le docteur Follot sous de bons rapports; jamais il n'a vu en lui l'étoffe d'un conspirateur.

M. Giovan, rentier, cité à la requête de l'accusé Bratiano, est entré un jour avec celui-ci dans son domicile. Il y avait là une caisse. Le témoin a demandé à l'accusé : « Que contient-elle? » Bratiano a répondu : « Je l'ignore, c'est un dépôt; on ne m'a pas envoyé la clef. »

Je dis alors à M. Bratiano, ajoute le témoin : « Si la personne qui vous a envoyé cette caisse n'est pas d'une nature très-rassurante, ce serait très-imprudent à vous de ne pas la faire ouvrir. — Mais il n'y a pas de clef, répondit M. Bratiano. — Rien de plus simple : faites venir un serrurier. M. Bratiano suivit ce conseil. Dans la caisse nous trouvâmes des chiffons, et sous les chiffons un rouleau, une presse et des lettres d'imprimerie. M. Bratiano remit les chiffons à leur place, et comme il n'avait pas de clef il apposa son cachet.

M. le président. — Ainsi, Bratiano, vous prétendez que vous ne saviez pas ce que contenait cette caisse que vous aviez reçu en dépôt? — R. Oui; la personne qui m'avait demandé de recevoir cette caisse m'avait dit en riant : « Tu verras ce que c'est. » Du reste, cette personne devait venir avec la caisse.

La femme de ménage de Bratiano n'a pas remarqué que, depuis le 12, jour où la caisse a été apportée, jusqu'au 16 juin, jour de son arrestation, Bratiano ait pris aucune précaution extraordinaire.

La concierge du même accusé confirme la fin de cette déposition.

M. Jules Vallès, étudiant, cité à la requête de l'accusé Ranc. — Ranc n'a jamais été lié avec Martin. Quant à ce dernier, voici l'homme : Il m'a dit un jour : « Je veux être rédacteur d'un journal bonapartiste. » Un autre jour : « Je veux entrer dans l'ordre des Frères Prêcheurs. »

Martin au témoin. — Connaissais-je assez Ranc pour le reconnaître si je le rencontrais? — R. Oui.

M. Poupart, vingt-trois ans, étudiant au collége de France.

M. le président, au témoin. — Martin a-t-il parlé politique avec Ranc? — R. Jamais.

D. Martin a-t-il été affilié par Jaubert? — R. Jamais.

Martin. — Le témoin m'a-t-il vu chez lui causer d'affaires avec Jaubert? — R. Jamais.

M. Martinon (Alexis), trente-six ans, chef de magasin au chemin de Strasbourg.

D. Les 7 et 8 juin, Folliet a-t-il travaillé comme à l'ordinaire? — R. Je ne pourrais l'affirmer; il n'y a que M. Pradel, chef des ateliers, qui puisse répondre d'une manière positive à cet égard.

D. Quelle était la position de Folliet au chemin de Strasbourg? — R. Il avait une très-bonne réputation; il était surveillant et gagnait 4 fr. 50 c. par jour. Entré en 1849 comme ouvrier, il y est devenu surveillant.

D. Faisait-il de la politique? — R. Je ne m'en suis jamais aperçu.

A quelle heure allait-il déjeuner? —R. A midi et demi,

parce qu'il devait être là pour le pointage des ouvriers.

M. Ségouin a assisté aux cours faits par M. Alix. Il n'y a rien entendu qui fût contraire à la morale, ni rien qui fût relatif à la politique. L'auditoire était assez bien composé; seulement deux ou trois personnes en blouse s'y étant montrées, le propriétaire appela le témoin qui souslouait à Alix, et lui dit : » Prenez garde ; on reçoit des personnes qui n'ont pas une mise décente, et la police exerce une surveillance très-active; il faut que ces cours cessent. » Le témoin transmit cette observation à l'accusé, qui cessa immédiatement ses cours.

M. Prevot, marchand de nouveautés à Batignolles, a été si satisfait des cours d'Alix, qu'il a confié à l'accusé l'éducation d'un jeune homme.

Alix. — Je désirerais que M. le président interrogeât le témoin sur mes rapports avec un inventeur qui est mort.

M. le président. — Inventeur de quoi?

Le témoin. — Du télégraphe *escargotique*.

M. le président. — Dites-nous ce que vous savez sur le télégraphe *escargotique*?

Le témoin entre dans des explications confuses qui excitent jusque sur le banc des prévenus une hilarité irrésistible.

Le témoin. — M. Alix a fait de grands sacrifices dans l'intérêt de l'invention et de l'inventeur.

MM. Saillard, de Ravelon et de Bonneval ont assisté aux cours d'Alix, et les déclarent très-moraux.

Madame Drevet, institutrice, certifie que le 6 juin, de dix heures à midi, Alix a donné leçon à ses jeunes élèves.

Madame Dumont déclare que le mardi 7, de une heure à trois heures, elle a pris leçon d'Alix, et ajoute, sur la demande de l'accusé, qu'elle était convenue de lui payer 60 fr. par mois pour ses émoluments.

Alix. — L'accusation prétend que je n'avais pas de moyens d'existence; or, je gagnais 60 fr. par mois chez Mme Dumont, 100 fr. avec une autre élève et deux leçons de 50 fr. chacune, ce qui faisait un total de 260 fr. par mois.

Me Floquet, défenseur, demande à faire entendre des témoins pour répondre à l'accusation qui reproche à Montchirond d'avoir abandonné sa femme et son enfant. Les témoins établissent que tous les torts ont été du côté de la femme.

M. le président. — Il ne s'agit pas ici d'un procés en adultère. Nous ne pouvons autoriser l'audition des témoins.

M. Dumesnil, cité à la requête de Mazille, déclare qu'il a vu travailler cet accusé le 6 juin.

M. Henriot a vu Mazille le 5 juillet au soir quand il est rentré à son domicile.

D. Comment était-il vêtu? — R. Il était bien mis, comme un homme qui ne travaille pas, et en effet il ne travaillait pas parce qu'il était blessé.

Un locataire de la maison de Mazille l'a vu le soir du 5 juillet vêtu d'une blouse et d'un chapeau de paille.

Le défenseur de Mazille fait remarquer qu'après sa rentrée chez lui, Mazille avait changé de costume.

M. le président. — Il n'y a plus de témoins à entendre; l'audience est suspendue.

A la reprise de l'audience, quelques incidents ont lieu. Le défenseur de Martin demande qu'on interroge le témoin Poupart sur la délicatesse de son client. Ce témoin est rappelé.

Poupart. — J'ai toujours pensé que Martin était incapable de voler; s'il a commis une action si indélicate, c'est assurément l'extrême misère qui l'a poussé à cette action.

M. le président. — Témoin, c'est vous qui avez été écroué à Mazas. comme inculpé dans cette affaire? — R. Oui.

D. On a trouvé chez vous les portraits de Robespierre et de Saint-Just? — R. Ce sont des médaillons de la collection de David.

M. le président. — Allez vous asseoir. Qu'on fasse revenir le témoin Jules Vallès.

D. Vous avez été arrêté comme inculpé dans cette affaire? — R. Oui.

M. le président. — C'est bien. Retirez-vous.

M. le président. — Joseph Ruault, depuis combien de temps êtes-vous à Paris? — R. Depuis 1848.

D. Vous n'avez jamais quitté la capitale depuis? — R. Non.

D. Vous n'êtes pas interné? — R. Non.

M. le président. — Laugardère, au sujet de vos relations avec Alavoine, le 8 juin, le lendemain de l'affaire de l'Hippodrome, vous vous êtes trouvé avec lui au Luxembourg? — R. Le 8 juin, j'ai déjeuné avec M. Alavoine chez mon restaurateur habituel; nous sommes allés ensemble au Luxembourg; il avait des livraisons à remettre à un ouvrier pour les lui relier, il les lui a remises en effet; puis il s'est entretenu avec cet ouvrier et d'autres. On a causé politique; mais je n'ai pas pris part à la conversation.

M. le président. — Alavoine est en fuite; il sera jugé par contumace dans cette affaire-ci, mais il faut qu'on connaisse cet Alavoine. Retiré en ce moment à Jersey, il répand, il multiplie les écrits incendiaires : M. le préfet de police nous en fait parvenir deux : l'un est intitulé : Aux écoles. — Le président donne ici lecture de quelques fragment. de cet écrit (V. la fin du réquisitoire du procureur général Rouland où il est cité *in extenso*). Il y est dit que les écoles sont mortes; quand on parle à certains étudiants de la liberté, ajoute l'auteur, ils répondent qu'ils ont la liberté de boire... Cependant quelques-uns ont donné l'exemple, suivez-le!

Alavoine, reprend M. le président, fait allusion au rôle que lui et d'autres ont joué dans cette affaire-ci. Vous devez comprendre Laugardière, combien sont graves les relations que vous avez eues avec un pareil homme; vous devez comprendre qu'il y a là de fortes présomptions contre vous.

Laugardière. — Les explications que j'ai données sont l'expression de la vérité.

D. Vous avez été aussi en relations avec Watteau. La Cour a rendu une ordonnance de non-lieu à son égard en ce qui concerne le complot, mais il est renvoyé devant une autre juridiction; quoi qu'il en soit, vous avez beaucoup connu Watteau. — R. Il a été présenté chez moi par Alavoine; j'étais très-sérieusement malade, il m'a donné deux consultations.

D. Il y a eu des conversations politiques. — R. J'étais sérieusement malade, j'avais la fièvre typhoïde, j'étais incapable de faire de la politique.

D. Il y a en ce moment une procédure suivie devant le tribunal de la Seine; le nom de Watteau y joue un grand rôle, et nous avons trouvé une phrase qu'il est nécessaire de citer; la voici : « Notre chef et ami est arrêté depuis deux mois; il n'est pas encore mis en liberté; nous ne savons pas quand il... » En marge se trouve le nom de Watteau, Watteau était donc chef, et vous avez eu des relations avec lui. — R. Il n'y a jamais eu d'autres rapports entre M. Watteau et moi que les rapports de malade à médecin.

M. le président. — Et vous, Follot, vous n'avez pas répondu grand chose aux questions que nous vous avons adressées. — R. Je n'avais à dire que ce que j'ai dit.

D. Il paraît que vous aussi vous êtes un homme plus important que votre attitude ne le ferait supposer; nous en trouvons la preuve dans une lettre écrite à M. Rocher. — R. Je ne connais pas M. Rocher.

M. le président. — Voici ce qu'on lit dans cette lettre : « Les arrestations continuent; on a incarcéré le docteur Follot qui est écroué on ne sait où. » Comment se fait-il qu'on écrive à Rocher, homme important dans le parti, pour déplorer votre arrestation.

Follot. — Je n'ai pas connaissance de cette lettre; je ne puis rien en dire.

D. On a trouvé chez vous une somme de 600 francs et un mobilier misérable.

Follot. — La misère est-elle un crime?

D. Non, sans doute, mais les explications prématurées que vous avez données sur l'origine de cette somme tendent à faire croire que vous étiez le distributeur des finances de votre parti, Gérard a donné 40 francs à Ruault; on dit que cet argent venait de chez vous.

Follot. — Je n'ai donné d'argent à personne.

RÉQUISITOIRE DE M. L'AVOCAT GÉNÉRAL MONGIS.

Messieurs les jurés, est-il nécessaire de le constater, après tout ce que vous avez entendu depuis quelques jours? Si jamais crime aussi grave, aussi odieux, fut soumis à l'examen du jury, jamais aussi preuves plus éclatantes ne furent apportées par l'accusation.

Jadis, dans les affaires de cette nature, quand il s'est agi pour notre pays d'avoir à porter la lumière dans ces ténébreuses machinations qui s'appellent des complots contre la sûreté de l'Etat, il a fallu souvent recourir, pour faire entrer la conviction dans l'esprit des juges, à des efforts de raisonnements, à des combinaisons pleines de difficultés; enfin, Messieurs, telles étaient les difficultés dans ces sortes d'affaires où les coupables s'entourent toujours de tant de précautions et de mystères, que, dans ces temps malheureux où elles étaient si nombreuses, on avait inventé pour elles un nom dans la presse : on les appelait des procès de tendance... Nous n'avons pas à craindre que ce mot soit prononcé ici...

Ce n'est pas par des insinuations que nous procédons devant vous; ce n'est pas par des inductions plus ou moins directes : c'est par des faits; tous ont leur valeur individuelle. Il n'est rien dans ce débat qui ne porte son enseignement et sa preuve... En un mot, ce n'est pas de la discussion que nous apportons ici, c'est un souvenir. Rappeler les faits, c'est prouver la justice de l'accusation.

En effet, est-il possible de voir rien de plus concluant? Ici, ce sont des réunions dans lesquelles l'œil de l'administration surprend les hommes qui combinent, qui préparent les actes criminels tendant à l'assassinat du chef de l'Etat et au renversement de nos institutions. Après que tous ces hommes ont été ainsi éclairés dans leurs actes, dans leurs pensées, on les voit commencer à mettre en œuvre les projets qu'ils ont combinés à l'avance.., Les uns sont saisis à leur domicile, les autres sont saisis sur les lieux même dont ils entendaient faire le théâtre de leur crime, et ils y sont saisis les mains couvertes de poudre, les vêtements regorgeant de pistolets, chargés, prêts à faire feu...

A la suite de ces constatations si puissantes, la vérité se fait jour; l'évidence domine les accusés. A côté de ces preuves si accablantes vient se placer ce qui peut le compléter encore : je veux parler des aveux d'une partie des accusés. Ainsi donc, pour les uns, c'est le flagrant délit; — pour les autres, ce sont les aveux.

Voilà la physionomie générale de cette affaire, et nous ne craignons pas d'être désavoués par vous en vous la présentant.

Il faut maintenant dire ce que c'est qu'un complot puisque c'est de complot qu'il s'agit.

L'attentat est un acte qui a pour objet d'attaquer, soit la vie, soit la personne du souverain; l'attentat est un acte qui a pour objet de changer ou de renverser les institutions du pays.

Le complot, pour nous renfermer dans l'expression de la loi, le complot, c'est le projet concerté à l'avance de parvenir à l'attentat que nous venons d'indiquer.

Or, est-il possible, en rapprochant de cette définition si simple, les faits si graves qui se manifestent ici, est-il possible de méconnaître qu'il y ait eu le complot prévu par la loi?

Toutes ces réunions dans lesquelles nous avons surpris les accusés, les unes au Palais-Royal, les autres aux fortifications des Vertus, celles-là dans la plaine de Saint-Mandé; ces réunions où il était constamment question d'assassiner l'empereur; ces réunions où l'on préparait, non-seulement les armes qui devaient armer les assassins, mais les canons qui devaient armer les barricades quand l'assassinat de l'empereur aurait donné le signal de l'insurrection... tout cela n'est-il pas suffisant pour établir le complot?

Qu'il nous soit permis de le dire, parce que, dans cette enceinte, tout ce qui est juste, tout ce qui est vrai, tout ce qui est honnête, doit être dit : nous sommes convaincus qu'en faisant appel à vos consciences, qui sont la règle de vos verdicts, à vous à qui on répète souvent que vous n'avez rien à faire avec les règles, avec les exigences de la loi, nous sommes convaincus qu'en faisant appel à vos consciences, après que nous vous avons dit ce que c'est que l'attentat, vous nous répondrez : ce n'est pas là seulement le complot, c'est l'attentat.

Si l'accusation pèche ici par quelque chose, — ce n'est ni par la violence ni par l'exagération; c'est par sa modération excessive. En effet, elle ne parle que du complot, du complot qui fait descendre la pénalité de deux degrés.

Mais le complot, il faut le dire, le complot, c'est moins que le crime des accusés. Quelle que soit la modération de l'accusation, je dirai, vous avez dû dire à chaque instant : ces hommes assis sur ces bancs méritent qu'on leur jette la qualification, l'épithète d'assassins!...

Ce que les accusés ont voulu, ce qu'ils ont tentés de faire, c'est un assassinat. Ils ont voulu élever des barricades après que de leurs poignards ils auraient frappé au cœur le chef de l'Etat. Ils ont commis un attentat! Il est impossible de méconnaître, avec les lumières de l'évidence et du bon sens, qu'ils ont tenté d'assassiner l'empereur et de renverser les institutions du pays... Oui, ils l'ont tenté! — Et s'ils ont échoué, rendons-en grâces à Dieu..., rendons-en grâces aux révélations qui ont été faites, rendons-en grâces à toutes choses, excepté aux accusés... En effet, vous n'avez pas entendu, pendant ces débats, retentir un mot, un seul, d'où l'on pût conclure que si le complot n'avait pas réussi, que si l'assassinat n'avait pas été accompli, c'était par un fait de la volonté des accusés, c'était par le remords qu'ils avaient ressenti de leur crime... Non, pour parler le langage de la loi, le crime n'a manqué son exécution que par des circonstances indépendantes de la volonté de ces hommes... Voilà, nous en sommes convaincus, les idées qui vous dominent.

Ceci est extrêmement grave, extrêmement important à constater, car si c'est là le premier mot des débats, quand le dernier mot viendra, vous aurez à peser si c'est en atténuant encore la culpabilité que vous devez apprécier la modération de l'accusation... L'accusation a fait tout d'abord ce que le jury n'avait peut-être pas fait; elle a reculé devant la grandeur du crime... Vous vous rappelez ce qu'aurait dû être l'accusation pour égaler le crime, et votre verdict, dans sa rigueur, témoignera de votre conviction.

Après cet exposé de la physionomie de l'affaire, nous entrons dans l'exposé des faits; et en vous rappelant ce que vous connaissez, nous justifierons les prémisses que nous venons de poser.

L'organe du ministère public trace ici l'historique des sociétés secrètes; il les montre s'organisant sur les deux rives de la Seine, puis se rapprochant et se fusionnant dans un but commun : l'assassinat de l'empereur et l'insurrection. Il recherche ensuite les causes de ces projets, de ces conspirations, et déclare que, dans son opinion, les excitation du dehors, les publications de certains réfugiés, ont été pour beaucoup dans le crime qui est en ce moment soumis au jury. Il rappelle les écrits du colonel Charras et ses provocations à l'armée, et s'attaque en termes énergiques à la conduite que tient cet officier. Il parle aussi d'un autre réfugié, qui, dit-il, a pollué les brillantes facultés que la nature lui avait données. Celui-là, ajoute M. l'avocat général, a écrit : « Soldats, soyez maudits !... » Non, ils ne sont pas maudits, ils sont aimés et respectés, et périsse la malédiction qu'on a osé lancer contre eux !

Après avoir cité quelques passages d'un écrit intitulé : *le Budget de la république démocratique et sociale*; après avoir lu aussi un autre écrit ayant pour titre : *l'Empire, c'est la famine et la honte*, M. l'avocat général insiste sur ce point, que toutes les publications faites au dehors par les réfugiés sont le plus puissant élément de désordre, et il annonce qu'il remet au lendemain l'examen des faits particuliers à chacun des accusés.

L'audience est levée.

Audience du 11 novembre.

M. Mongis, avocat-général, continue son réquisitoire :

Hier, messieurs, nous avons eu l'honneur de vous exposer l'ensemble des faits. Les développements que nous avons donnés à ce travail abrégeront beaucoup notre tâche.

Nous voudrions vous dire que nous serons bref, mais surtout bref et complet.

L'organe du ministère public commence par les faits qui concernent Folliet, qu'il regarde comme occupant le premier rang dans l'affaire, aussi bien que dans l'accusation. Il rappelle sa vie consacrée aux sociétés secrètes, ses relations avec Martin Bernard, Barbès, Blanqui.

Folliet, compromis dans un incendie des registres de la mairie de Belley, est signalé comme un ouvrier paresseux, aimant mieux se mêler de politique que s'occuper de travail. Il a subi plusieurs condamnations politiques qui ne l'ont pas corrigé; il est toujours le même, sauf la prudence que l'âge lui a donnée.

Ses aveux ont jeté un grand jour sur l'instruction. Il a déclaré qu'il était moins coupable qu'on ne le disait. Cependant il a avoué que, dans la réunion de la plaine des Vertus, il a émis la décision d'assassiner l'Empereur et d'ériger des barricades. Il a beau dire que les plans d'exécution ne viennent pas de lui, il les approuvait, les inspirait, en quelque sorte, et il en préparait l'exécution.

Vient le tour de Ruault, ce fondateur de la société des Deux-Cents, destinés à l'action. C'est encore lui qui forme ce qu'il avait appelé le cordon sanitaire, création dont le but était de confier à des hommes choisis la surveillance de la société pour empêcher qu'il ne s'y introduisît des éléments étrangers.

Il a fait certainement partie du comité directeur avec Alix, de Méren, etc.

Ruault n'approuve pas le plan de barricades proposé par Alix. « Non, dit-il, pas de barricades comme le dit Alix ! nous les ferons comme toujours. » C'est lui qui avait promis de livrer à Mariet, le papetier, le littérateur, une imprimerie prête à fonctionner.

Chez lui, on a trouvé deux bulletins qui émanent de cette même imprimerie, dont il sera encore question plus tard.

Le 6 juin, à la réunion dont Ruault faisait partie, ne dit-il pas à un groupe : « Etes-vous de la première attaque ? » ce qui voulait dire : Etes-vous de ceux qui doivent attaquer l'Empereur au bois de Boulogne ou à l'Hippodrome ?

M. l'avocat général représente à MM. les jurés Lux et Ruault dans un fiacre, suivis par un agent de l'administration et se rendant de la place Lafayette à l'Hippodrome par les Champs-Elysées. L'agent les voit descendre émus par une certaine préoccupation. Dans le trajet, ils regardaient toujours à travers le vasistas pratiqué derrière la voiture, tant ils craignaient d'être observés.

Les agents de l'administration remarquent aux abords de l'Hippodrome un mouvement inaccoutumé ; ils voient ces figures sinistres que les révolutions font sortir de la boue des pavés. MM. les jurés n'ont pas oublié tout ce luxe de stratégie et de précautions prises par les conspirateurs, ces hommes couchés dans les fossés jouant le rôle d'éclaireurs.

Au moment où Leurs Majestés Impériales allaient sortir de l'Hippodrome, un cri particulier se fait entendre ; l'inquiétude des agents de l'autorité augmente, et, comme pressentant le danger qui menace les augustes personnages, autant par zèle que par discipline, ils se pressent autour de la voiture, l'entourent, lui font un rempart de leurs corps ; et on peut dire que si ce jour-là la France a conservé ses souverains, c'est grâce à la vigilance si intelligente et si vigoureuse de l'administration, aidée, il est vrai, de la Providence qui ne cesse de protéger la France !

Oui, messieurs, s'écrie M. l'avocat-général, il est impossible de ne pas apercevoir la main de Dieu dans cette précieuse protection, car, vous le savez, l'Empereur est confiant, il marche souvent sans escorte, ne pouvant rien soupçonner d'odieux du caractère français, et s'entourant de sa glorieuse auréole de huit millions de suffrages ;

En résumé, Ruault est l'organisateur, le chef intelligent du complot. Il distribue l'argent et les armes ; il prend conseil sur ses plans ; et après avoir vu le premier échouer, il cherche à réparer au Luxembourg l'occasion perdue à l'Hippodrome.

Le troisième au rang de l'accusation est Monchirond. Quoique ce fait ne se lie pas directement aux faits du procès, MM. les jurés n'oublieront pas que cet accusé, marié lui-même, vivait avec une femme mariée, après avoir abandonné la sienne.

Montchirond, compromis en 1851 et 1852 pour affaire politique, se distinguait par sa violence. Le 3 juin, il assistait à la réunion chez Decroix. Il s'écriait : « Il n'y a rien à communiquer au colonel Charras ; il sait tout. » Dans cette séance, il a développé ses idées d'insurrection ; et lors de l'arrestation de ses complices, il a pris la fuite.

L'accusé Decroix était l'amphitryon chez lequel se tenaient les réunions où l'on agitait les odieux projets qui ont conduit ici les accusés. En face de cet accusé, l'honnête homme ne peut maîtriser son indignation. Il avait été l'objet de la clémence inépuisable de l'Empereur, et quel usage fait-il de ce domicile qui lui est rendu ? Il l'ouvre aux conciliabules qui préparent l'assassinat de son auguste bienfaiteur ! Mais voilà de ces choses que l'on peut regarder légèrement dans un certain parti ; mais voilà de ces choses qui, suivant nous, aggravent encore le crime que nous reprochons à cet accusé !

On ne retrouve pas bien évidemment les traces de Decroix dans l'action ; mais il suffit pour l'accusation qu'il ait été le centre des discussions qui ont traité de l'assassinat.

Lux s'est rendu à l'Hippodrome en voiture avec Ruault ; il a donné un signal. Il a un mérite de moins que quelques autres de ses coaccusés, c'est qu'il n'est pas aussi explicite qu'eux, et, quoique accablé du poids des charges, il ne justifie qu'à l'évidence.

Alix ! vous avez entendu avec quelle emphase cet accusé a présenté ses moyens de défense, vous avez vu cette légion de témoins qu'il a fait venir pour constater la moralité de l'enseignement qu'il donnait à des petites filles !

Il fut arrêté en 1849, et non en 1848, comme nous avions d'abord dit. Alors a dit l'accusé, on arrêtait tout le monde !

Non, messieurs, on n'arrêtait pas tout le monde ! Alix a été arrêté parce qu'il était signalé comme un homme dangereux.

Ce accusé était à la réunion de la plaine des Vertus. Qu'y faisait-il ? Il vous répondra avec un sentiment bucolique qu'il y allait respirer l'odeur des blés et des foins. Et, en vérité, c'est avec hésitation que nous reproduisons ces paroles, car elles amènent sur les lèvres un sourire, incompatible avec la gravité de cette affaire. Alix était à la plaine des Vertus pour concerter les infâmes projets dont il devait être un auteur.

D'après le témoignage de son coaccusé Gérard, Alix, qui tient à prouver qu'il avait de larges moyens d'existence, était obligé d'aller coucher tantôt chez l'un, tantôt chez l'autre.

Alix était à la réunion de Decroix ; il était à celle des Vertus, de son propre aveu. C'est là qu'il expose des barricades de son invention. L'accusé avait l'amour-propre de l'inventeur ; c'est au point que, se laissant aller devant le juge d'instruction, et froissé d'avoir vu ses plans rejetés par ses complices, il fait ressortir devant le magistrat les inconvénients de l'ancien système de barricades, et met au plus grand jour les avantages que l'on aurait retirés du sien.

Alix ose dire, ô l'innocent Alix! qu'il n'a pas compris le mot de permanence quand il fut prononcé dans la plaine des Vertus. Lui qui possède toutes les finesses de la langue, ignore ce que c'est qu'une société politique qui se déclare en permanance! Mais pourtant lorsqu'on a dit qu'il fallait frapper la tête, Alix avoue avoir parfaitement compris qu'il s'agissait d'assassiner le chef de l'Etat.

Tous ces faits amèneront la condamnation d'Alix, l'homme le plus dangereux de cette bande d'assassins.

M. l'avocat-général, après avoir examiné ce qui concerne l'accusé Thirez, donne lecture de quelques fragments d'écrits politiques trouvés au domicile de ce dernier. Entre autres choses était une pièce de vers de Boichot, dont voici quelques vers qui s'adressent aux femmes du peuple :

« Ne les bercez (vos enfants) qu'aux récits de l'histoire
« Dont les feuillets ont des traces de sang!
. . . .
« Que par le Christ votre haine allumée
« Creuse une tombe à tous vos oppresseurs! »
. . . .

Ensuite, de la propre écriture de l'accusé, on trouve ces fragments : « Je hais les rois... Je n'ai jamais aimé la calotte, etc. »

Bratiano, réfugié valaque, n'est pas un des hommes les moins dangereux que l'accusation a conduits ici. Il est le frére d'un réfugié politique comme lui, qui réside en Angleterre; car, vous le savez, ce pays, avec lequel d'ailleurs nous avons de bons rapports politiques, donne asile aux réfugiés de toutes les nations, au grand détriment de la France, de l'Europe, et peut-être aussi au grand détriment de l'Angleterre même.

M. l'avocat-général rapproche tous les faits qui ont accusé Bratiano. Une caisse renfermant une imprimerie a été saisie chez lui. Ce matériel était des plus compromettants, car non-seulement des caractères d'imprimerie identiques à ceux qui avaient servi à l'impression de deux bulletius publiés avant la tentative de l'Hippodrome se trouvaient dans cette caisse, mais encore on y avait découvert la composition d'un bulletin commencé.

Bratiano prétend que cette caisse lui avait été envoyée par un ami qui n'a pu être retrouvé.

Mais il suffit de réfléchir un instant pour voir combien est absurde l'explication de l'accusé. Supposez que cette caisse ait été envoyée sans qu'il eût connu la nature des objets qu'elle renfermait, il est évident qu'on n'adresse pas des objets pareils à un homme d'ordre; on les envoie plutôt à des hommes éprouvés, comme on dit dans un parti. Puis Bratiano avoue avoir ouvert la caisse. Comment! on lui confie un dépôt, et il le viole! Il faut donc s'en tenir au système de l'accusation. Cette imprimerie lui appartenait, et c'était par ses ordres qu'elle avait été apportée chez lui, comme le concierge de sa maison en a déposé.

L'accusé Gérard, pour expliquer sa présence à la réunion de la plaine des Vertus, a dit qu'il allait cueillir des marguerites. Les débats ont prouvé que cet homme sentimental voulait assassiner l'Empereur et abîmer son corps après sa mort. Telle est l'expression que les débats oraux nous ont apprise.

Il a pris part aux plans de l'insurrection dont le quartier général devait être à La Chapelle, où avaient été réunis des presses, des canons, des drapeaux.

Le portrait de Barbès, l'*Almanach du peuple* ont été trouvés dans son domicile.

Il y a une chose, dit M. l'avocat-général, que nous avions réservée, et nous nous en repentons. Deney, dans ces déclarations, a dit que tout se centralisait dans les mains de Gérard, et que ce dernier lui avait tenu ce propos, dont MM. les jurés apprécieront toute la gravité : « J'ai fait ouvrir aux étudiants un compte chez le banquier Goudchaux pour avoir des armes. »

Deney, cet accusé auquel on doit peut-être tenir compte de ses aveux, a été arrêté en armes devant l'Opéra-Comique. Chez lui ont été trouvées les deux lettres à l'armée, de l'ex-colonel Charras et de Victor Hugo.

Copinot a été arrêté devant l'Opéra-Comique porteur de deux pistolets prêts à faire feu et d'une boîte de poudre. Il a été de toutes les tentatives à l'Hippodrome, au Luxembourg.

De Méren, Belge d'origine, obligé de quitter son pays à la suite d'une condamnation infamante, vient en France en passant par l'Angleterre, ce qui ne manque pas de signification.

C'est cet accusé, redoutable par son énergie, qui devait donner le signal de l'odieux attentat en tirant le premier deux coups de pistolet sur la voiture impériale.

M. l'avocat général insiste d'une manière particulière sur les nombreuses charges qui regardent cet accusé et que les débats oraux, dit-il, n'ont pas allégées.

De Méren s'était fait l'exécuteur de l'horrible sacrifice de l'Opéra-Comique. Il avait mis un soin infatigable à se procurer de nombreuses armes à feu et à les distribuer aux acteurs du complot : à Gabrat, à Commès, etc. Il pousse l'ardeur du meurtre jusqu'à charger lui-même les armes et à les charger avec exagération. Où a-t-il pris des ressources pour acquérir ces armes ? On l'ignore, ou plutôt on le soupçonne; car cet accusé était dans un tel état de gêne qu'il se faisait héberger chez des ouvriers qui n'avaient que leur travail pour exister et qui avaient même la bonté de lui prêter de petites sommes de 50 centimes, 75 cent. pour sa barbe, pour sa consommation de tabac.

De Méren avait aussi pris la résolution de couper les fils électriques pour que le Gouvernement ne pût pas communiquer avec la province.

Malz! Cet accusé avait figuré au rendez-vous de l'Hippodrome et de l'Opéra-Comique; du moins tout porte à croire qu'il était à ce dernier théâtre, car il n'a pu expliquer l'emploi de son temps pendant cette soirée.

Mailliet avait fabriqué 26 canons destinés aux barricades; cette fabrication devait dépasser la centaine. Les 26 canons furent offerts à Copinot et payés par lui.

Mariet, papetier, est le plus jeune des accusés, puisqu'il n'a que dix-huit ans. C'est lui qui, après la lecture de l'acte d'accusation, cria : « Vive la République ! » Cet écart annonce la violence de son caractère.

Vous nous entendez quelquefois, dit M. l'avocat-général, vous parler des mères des accusés pour atténuer, s'il est possible, la sévérité de la justice. Mais que dirons-nous de la mère de Mariet ? c'est elle qui est cause de son malheur. Fière de l'éducation à peine ébauchée de son fils, elle le croyait destiné à régénérer la littérature. Elle lui avait fait croire qu'il illustrerait le papier qu'il se bornait alors à vendre.

De ces fausses directions, de ces pensées orgueilleuses, il n'y a qu'un pas pour arriver au crime.

Mariet s'intitule philosophe, et philosophe matérialiste. Voilà l'attitude qu'il prend ! Enflé de l'importance qu'il s'attribue, il écrit à M. le juge d'instruction : « Quand le socialisme triomphera, les lauriers croîtront dans les rues ; je ferai ma bibliothèque de l'univers... Je ne puis pas vous donner mon système et mon *secretorium* (il voulait dire *criterium*). » Mariet ne veut pas que le juge d'instruction ait l'honneur de s'élever jusqu'à sa hauteur.

Il écrivait encore au même magistrat : « En politique, il

n'y a que des fripons et des niais; des fripons qui exploitent, des niais qui se laissent exploiter... J'ai voulu être fripon, je n'ai été que niais. »

Mariet, dans la réunion du Luxembourg, avait dit que tous les ouvriers de Paris marcheraient contre le gouvernement. Non, messieurs, Mariet avait calomnié les ouvriers; il avait menti, en disant qu'ils donneraient leurs bras à l'insurrection. Nous sommes sûrs qu'ils offriraient, au contraire, leurs bras au Gouvernement de celui qui a su relever la confiance, et avec elle le travail ! Nous sommes sûrs qu'ils feraient à ce pouvoir un rempart de leurs corps.

Cet accusé a été signalé dans toutes les réunions. Il était armé sur la place de l'Opéra-Comique.

Mazille, propagandiste infatigable, en décembre 1851 avait excité un garde national, à se montrer en uniforme sur les barricades.

Mariet, dans l'instruction, le désigne comme chargé de recueillir les sommes que la société percevait.

Remarqué par trois agents de l'autorité aux abords de l'Opéra-Comique, il fut arrêté le lendemain, et, circonstance significative, on trouva dans la poche de son pantalon du tabac avec des grains de poudre.

Turenne, arrêté en flagrant délit sur la place de l'Opéra-Comique, avait dans sa poche un poignard et un pistolet chargé jusqu'à la gueule. Il avait eu pour mission de placer les assassins à leur poste, de leur distribuer des armes ; lui-même était armé. Du reste, Turenne a fait des aveux complets.

M. l'avocat-général passe ensuite en revue les faits nombreux qui pèsent sur les accusés Gabrat, Jaud, Commès, Joiron, Follot.

Chez ce dernier, qui se préparait à panser les blessés de tous les partis, ont été trouvés, le lendemain des arrestations de l'Opéra-Comique, des vers dont voici un passage :

Sers-lui de suaire,
Sanglante poussière,
Sans croix, sans prière,
Qu'il meure oublié !
Qu'à défaut du glaive,
Le poignard achève
Son œuvre sans trêve,
Ni grâce, ni pitié.

L'accusé dit qu'il n'a fait que copier ces vers; qu'ils ne sont pas de lui. Il est vrai qu'il appartiennent à un opéra (la *Lucie*). Mais ces vers trouvés le lendemain de la tentative du crime, chez un homme qui a ses antécédents, n'ont-ils pas une signification accablante?

Chose qui paraîtra peut-être étrange! Follot a été solliteur auprès du gouvernement actuel! Ainsi, dans une lettre qu'il écrit à S. M. Napoléon III, et par laquelle il demande une tombe pour un de ses amis, il glisse dans le *post-scriptum* une demande de place. Il rappelle à l'Empereur que Napoléon Ier l'a honoré d'un regard quand il était encore très-jeune; que le grand capitaine lui avait même donné une petite tape sur la joue. Il ajoute qu'il a eu l'insigne bonheur de naître le même jour que le roi de Rome.

Sans vouloir ajouter à un fait qui n'a pas évidemment plus d'importance qu'il ne faut, le ministère public constate que dans ces papiers saisis chez l'accusé on a découvert une lettre de son frère, de laquelle il résulterait que Follot a été l'objet d'une accusation de viol. Le ministère public ignore comment cette affaire a été étouffée.

L'accusé Laugardière appartient à une famille des plus honorables, qui a compté et qui compte encore des magistrats dans son sein. Il avait donc tous les moyens de se préserver, par l'exemple, des désordres auxquels il s'est livré. Il en est d'autant plus coupable.

L'accusé a mis au défi le ministère public de produire des pièces à l'appui des correspondances immorales qu'il avait liées avec quelques individus. Mais pour soumettre ces preuves aux jurés, ne faudrait-il pas commencer par ordonner le huis-clos? Avec ces précautions, les preuves ne manqueraient pas à l'accusation. Il y a au dossier une lettre signée Blagny dans laquelle ce dernier cherche à faire vibrer toutes les cordes de la sensualité dans le cœur de Laugardière, car il sait bien à qui il s'adresse.

Cette lettre finit par ces mots : « A propos, j'ai failli aller à la chasse avec Marey-Monge, tu sais, le cousin de celui qui a si bien gobé la prune! » Voilà avec quelle légèreté hostile on parle parmi ces hommes du meurtre et des évènements les plus tristes!

Laugardière, le 8 juillet, avait, de concert avec les délégués du club des ouvriers, arrêté le plan d'assassinat et d'insurrection. Non-seulement il assiste à la réunion de Saint-Mandé, mais le 5 il vient assister, du haut du Grand-

Balcon, au spectacle odieux que bientôt, dans ses espérances, allaient offrir les abords du théâtre.

Si une presse d'imprimerie a été saisie chez Bratiano, une presse lithographique a été découverte chez Laugardière. A l'aide de procédés chimiques, on a fait revivre, sur l'une des deux pierres lithographiques saisies, une proclamation insurrectionnelle, presque entièrement effacée.

M. l'avocat-général aborde ensuite les charges relatives à Ranc.

Nous voyons assis au banc de la défense, dit l'honorable organe de l'accusation, le père de l'accusé. Nous désirons qu'après avoir rempli ce pieux devoir, le père ne regrette pas la mission qu'il s'est donnée. Quant à nous, quelque gêne que nous impose sa présence, nous nous élèverons au-dessus des sentiments de l'homme pour remplir, à notre tour, notre rigoureux et inflexible devoir.

Ranc est coupable parce que Laugardière est coupable. Ces deux accusés se trouvent toujours agir ensemble par suite de leur intime liaison. Il a pris part avec Laugardière à la conférence du Luxembourg; avec lui il était sur le Grand-Balcon.

Dans les pièces figure un manuscrit de l'accusé; c'est un ouvrage sur Marat; voici quel portrait il en fait : « Marat, qui avait de si grandes pensées, qui était si propre à former un grand peuple à la liberté!... »

Après la dispersion de ses amis, quand la tentative eut échoué et que la France fut préservée d'une page sanglante à écrire dans son histoire agitée, l'accusé Ranc prit sa tête entre ses mains, et s'écria : « Ah! le coup est manqué! Quel malheur! »

Laflize assistait aux réunions auxquelles se trouvait Laugardière. Il était aussi au Grand-Balcon, car il y a une similitude frappante entre toutes les actions des étudiants Laflize, Ranc, Laugardière.

Martin est dans la catégorie des étudiants qui se groupaient autour de Laugardière. Martin est une intelligence peu réglée; il était en correspondance avec M. Michelet et le père Lacordaire, ce qui ne l'empêchait pas d'avoir le portrait de Robespierre. Il écrit au journal l'*Univers* qu'à vingt-deux ans il veut se faire prêtre. « N'oubliez pas, dit-il, de faire remarquer que je suis l'auteur de la *Vie de Kossuth.* »

Une exclamation de Martin et digne de remarque, après que l'odieuse tentative eut échoué, est celle-ci : « Il n'y avait pas de chef, c'était comme une République! »

Il ajoute qu'il ignorait le but de la convocation à l'Opéra-Comique, mais que, l'ayant appris, il n'avait pas reculé. Le seul scrupule qu'il avait, c'était le danger que courait l'Impératrice. C'était une pensée cruelle qu'en tuant l'Empereur on pouvait tuer son auguste épouse.

Martin avait émis l'idée qu'il fallait approcher la voiture de l'Empereur en criant : « Vive l'Empereur! » Il voulait joindre ainsi à la férocité l'hypocrisie.

Des calomnies, ajoute M. l'avocat-général, ont été répandues dans le public; le ministère public veut y répondre. Il a été répété que tous les jours, sous les prétextes les plus imaginaires, les citoyens étaient entraînés dans les cachots de la préfecture et fusillés; ceux qu'on ne fusillait pas, on les envoyait à Cayenne; c'était le sort le plus doux fait aux gens ainsi arrêtés; eh bien, voici la vérité : soixante-dix-sept individus ont été arrêtés à l'occasion de ces trames qui, ourdies pendant trois mois, ont abouti à deux tentatives avortées heureusement, l'une à l'Hippodrome, l'autre à l'Opéra-Comique. Trente-trois ordonnances de non lieu ont été rendues : trente-trois individus ont été inculpés de complot; vous aurez à prononcer sur le sort de vingt-sept; six sont en fuite; quarante-et-un ont été incriminés de société secrète; quatre ont été poursuivis et réservés à une autre juridiction pour détention d'armes de guerre; deux pour détention d'imprimerie clandestine; deux pour offenses envers la personne de l'Empereur; un autre pour vol.

Ce n'est pas, vous le voyez, un excès de rigueur, mais bien un excès de modération qu'on pourrait reprocher à l'accusation.

Notre tâche est terminée, dit en finissant M. l'avocat-général. Nous ne vous demandons grâce ni pour la faiblesse de l'organe de l'accusation, ni pour la patience que nous avons exigée de vous, messieurs les jurés. Ce serait une injure que de s'excuser auprès d'hommes qui savent si bien remplir leurs devoirs et en mesurer l'étendue.

Sans méconnaître notre faiblesse, je ne sais quelle puissance nous domine dans une affaire aussi grave; mais depuis que nous avons reçu la mission que nous venons d'accomplir, nous n'avons pas douté un seul instant du triomphe de notre parole, aidée de l'évidence de faits aussi palpables. Nous avons pensé que l'impuissance de l'homme disparaîtrait devant la puissance des charges.

Nous ne vous parlons pas de la défense. Nous n'en méconnaissons pas le talent et l'expérience; mais, après elle, une autre voix aussi puissante que respectée se fera entendre, et répondra aux arguments des défenseurs qui, nous n'en doutons pas, accompliront leur devoir avec le respect de toutes les convenances. Du reste, nous nous plaisons à le dire, nous croyons que l'attitude des accusés est due à l'influence qu'exercent sur eux leurs honorables défenseurs.

Cette double tâche accomplie, la vôtre commencera. Dans la salle de vos délibérations, après la grande voix de ces débats, vous aurez la voix de votre conscience.

Est-il besoin de vous le dire, messieurs les jurés, tant qu'il serait resté une goutte de sang dans les veines de la France, elle n'aurait pas accepté un gouvernement établi sur le crime et l'anarchie.

Quoi! la démence a donc pu persuader un instant à ces hommes que leurs mains dégoûtantes de sang auraient imposé à la France la révolution de l'assassinat et du pillage! Non, non, ce crime eût été inutile.

Le pays eût vu avec horreur changer la forme du gouvernement qui a pour lui la magnifique légitimité de huit millions de suffrages, et qui a été le point de départ de sa grandeur, de sa tranquillité, de sa prospérité actuelle. Voilà, messieurs, ce que proclamera votre verdict. Voilà ce que diront tous les hommes de bonne foi.

Vous n'oublierez pas, Messieurs, que, parmi ces accusés, il n'y a que de vulgaires pillards de la société. Vous prouverez encore une fois que ces bancs ne sauraient être un piédestal, mais que c'est le pilori de l'infamie!

Nous attendons votre verdict avec la plus grande confiance. Nous nous connaissons, messieurs; nous avons réprimé ensemble les excès de cette presse tournée au mal. Nous disions à ces journaux : « Prenez garde, vous ne cherchez pas le bien; vous semez les vents, vous recueillerez la tempête! » La voilà, devant vous, la tempête; ce sont ces accusés; nos prédictions se sont malheureusement réalisées!

Le pouvoir a voulu que le jury fût appelé à donner son verdict sur cette cause, dont les preuves vous ont été présentées d'une manière si loyale! Vous justifierez cette confiance dont vous êtes si dignes, messieurs, et, encore une fois, vous protégerez la société menacée par l'invasion des barbares.

Après ce réquisitoire qui est terminé à quatre heures et demie, M. le président donne la parole au défenseur du premier accusé.

Me Paillard de Villeneuve, avocat nommé d'office, présente la défense de Folliet.

L'audience est levée à cinq heures et demie et renvoyée au lendemain.

Audience du 12 novembre.

PLAIDOIRIES.

M. le président. — La parole est au défenseur de Folliet.

Me Paillard de Villeneuve s'associe, en commençant, aux paroles par lesquelles le ministère public a flétri l'attentat reproché aux hommes que le jury a devant lui. Mais, devant la justice, toutes les préoccupations politiques doivent s'effacer. Le jury, dans l'accomplissement de la mission de justice qui lui est imposée, doit se tenir en garde contre les impressions que peut faire naître dans son esprit l'horreur même du crime et les périls dont il menaçait la société. La défense, elle aussi, a un devoir sérieux et de conscience à accomplir, en rendant aux faits à la charge de Folliet leur véritable caractère.

L'avocat rappelle en droit que le crime de complot n'existe, aux termes de la loi, qu'autant qu'il y a *résolution d'agir*; que le projet, que le plan du crime ne suffit pas, et que la seconde circonstance exigée, c'est qu'il y ait eu des actes commis pour préparer l'exécution de l'attentat.

Ceci posé, quelle est la part qu'il appartient de faire à l'accusé Folliet? Quels sont les antécédents de Folliet? Il n'y a contre lui qu'un seul antécédent. Il a été condamné en 1838 pour détention de munitions de guerre ; il était impliqué en même temps dans une affaire de société secrète ; mais il a été acquitté par le Tribunal, et, sur l'appel du ministère public, par la Cour. Depuis 1838, rien contre lui, pas une poursuite, pas une mesure administrative, ni en 1848, ni en 1851 ; et l'accusation le saisit au milieu des témoignages les plus honorables de ses chefs sur la régularité de sa conduite, sur son travail, sa probité.

Quelle est sa situation dans le procès? « Je ne suis pas aussi coupable qu'on le croit, » a-t-il dit dans ses aveux.

Le défenseur soutient qu'en effet si Folliet a pu un moment se laisser engager dans un abominable complot, il a bientôt compris toute l'horreur du crime dont il avait été le coupable confident.

Quel jour a été prise la résolution d'agir? L'accusation le dit elle-même : c'est le 5 mai, aux Vertus. Depuis ce jour, Folliet disparaît du rang des conjurés. Les agents l'ont dit : ils l'ont suivi pas à pas. Or le 6, jour où l'on fixe le lieu et l'heure du crime, où l'on distribue les armes, on ne le voit ni chez Gérard, ni chez Delbos : il est à son travail. Le 7, jour du crime, il est à six heures du matin dans les ateliers du chemin de fer; il y reste jusqu'à midi et demi; il y revient à une heure. Il n'est pas à l'Hippodrome, l'accusation le reconnaît. Le soir du 7, les conjurés se réunissent; Folliet n'est pas avec eux. Le 8, on renoue les fils du complot qui a échoué. Ruault, Copinot, Joiron se réunissent; ils vont au Luxembourg. Folliet est toute la journée à son travail; le lendemain, il est arrêté.

Folliet a pu prendre part à la résolution d'agir; mais il n'a pas persisté; il s'est retiré du complot dès la veille du jour où il devait se commettre. Ses aveux le prouvent.

Dans tous les cas, il n'a pris aucune part aux actes préparatoires, à l'achat, à la distribution des armes. Cette circonstance aggravante du crime doit donc être écartée.

Me Lachaud présente la défense de Ruault. Il prend son client tel que l'accusation le représente, c'est-à-dire comme l'organisateur des trois sociétés qui ont figuré dans l'affaire. Puis il se demande si c'est bien là le Ruault qui est devant le jury. Est-ce un esprit fort, un philosophe qui se pose en tribun ou en réformateur ? Sous la République comme sous l'Empire, il taillera toujours des pierres et ne taillera jamais autre chose.

Le défenseur fait remarquer qu'à aucune époque on ne le trouve ni sur les barricades, ni dans un club. Arrêté un instant en 1850, dans l'affaire de l'Union des Communes, il fut mis hors de cause par ordonnance de la chambre du conseil.

Et c'est l'homme qui aurait organisé le complot odieux dont il s'agit aujourd'hui ! On n'en fait pas le bras, mais la tête ! Cela n'est pas possible, dit le défenseur. Le complot lui-même n'est pas possible; son existence répugne à toute conscience honnête, et il devrait être flétri par tout le monde s'il avait existé.

Après ces considérations générales, le défenseur entre

dans l'examen des faits particulièrement reprochés à Ruault. Il combat les déclarations faites par Folliet et Joiron, qui sont trop intéressés dans le débat pour y être sincères. Quant aux dépositions des agents de l'autorité, elles peuvent établir des charges au point de vue d'une société secrète, mais nullement au point de vue du complot, du complot surtout ayant pour but d'attenter à la vie de l'Empereur. Elles établissent la présence de Ruault à l'Hippodrome, mais elles n'établissent pas qu'il y ait eu projet d'assassinat, qu'il y ait eu un seul acte constituant une tentative de ce crime horrible. Il y a doute, un doute que toute conscience honnête doit s'empresser d'admettre pour l'honneur même du pays. Si Ruault a fait partie d'une société secrète, il aura à en répondre devant une autre juridiction.

Après cette plaidoirie, le témoin Budan est rappelé, sur la demande de Me H. Didier, qui fait demander à ce témoin s'il a vu Alix chez Decroix.

Budan répond qu'il n'a pas vu cet accusé.

Le témoin Vauthier fait la même réponse.

Me Floquet se lève et prend la parole pour Mouchirod. Il débute en rappelant ces paroles du réquisitoire : « La moralité de Mouchiroud est à la hauteur de sa politique, » et il raconte la vie de son client, comme étant la meilleure réponse à faire à cette appréciation de l'accusation. Il raconte que son client s'était fait, à force de travail, une position honorable, qui a été brisée par son arrestation à l'occasion du procès intenté au Comité de résistance. Il est resté quatre mois à Bicêtre; il a été rendu à la liberté sans jugement, et, quand il est rentré chez lui, son bonheur était détruit; il était obligé de renvoyer sa femme; il avait perdu sa place qui le faisait vivre ! Voilà ce que lui a valu cette arrestation.

Il a refait sa position, retrouvé un petit emploi, où l'accusation vient le prendre de nouveau. Le défenseur reproduit la discussion présentée par Me Paillard de Villeneuve, sur les caractères légaux du complot. et déclare ne pas trouver ces caractères dans le procès actuel.

Me Floquet prend son client à la réunion Decroix et se demande ce qui s'est passé à cette réunion. Etait-ce un conciliabule de conspirateurs? Le lieu choisi pour cette réunion, une maison habitée, proteste contre cette interprétation. Le personnel qui y figure ne permet pas non plus de l'admettre : c'étaient des personnes qui ne se connaissaient pas et qui venaient s'entendre sur les bruits qui circulaient dans Paris. Ces bruits sont-ils fondés? C'est incontestable. On les a ignorés, dit on; cela n'a rien d'étonnant, quand la publicité n'a pas ses allures ordinaires.

M le président. — Qu'est-ce que cela veut dire?

M° Floquet. — Je dis que la presse ne pouvant pas parler des bruits d'insurrection qui peuvent circuler....

M. le président. — Mais c'est très-heureux, cela. Il ne faut pas que les journaux puissent discuter et annoncer des émeutes.

M° Floquet. — Je voulais dire que ces bruits étaient d'autant plus graves, qu'ils étaient moins publics. Ce qui est certain, c'est qu'il y a quelques mois le Tribunal correctionnel a condamné plusieurs personnes dans l'affaire intitulée *la Ligue fédérale*, dont le but était le renversement du Gouvernement.

Au surplus, il résulte de la lettre même du témoin Vauthier au juge d'instruction qu'il ignorait complètement le but de cette réunion et son caractère. Mouchiroud était dans le même cas; il est protégé par la déclaration de Vauthier, que la justice a admise. Rien ne rattache donc cette réunion aux autres faits du procès, et rien n'y signale la résolution d'agir qui est essentielle pour constituer un complot. Comme Mouchiroud n'a assisté qu'à cette réunion, il est impossible de le condamner.

La présence de Mouchiroud à l'Hippodrome, dit le défenseur, n'est nullement établie. Qu'il soit allé chez Folliet le 7 vers midi, c'est possible. Qu'allait-il y faire? On l'ignore, on ne le dit pas. Sa présence chez Folliet devient insignifiante si l'accusation ne le saisit pas à l'Hippodrome.

Sur ce second point encore il est impossible de le condamner.

Le défenseur s'explique ensuite sur le reproche que l'accusation a fait à Mouchiroud d'avoir pris la fuite, et il s'applique à prouver que l'accusé, qui a été arrêté à Paris le 7 octobre, ne s'est jamais caché pour se soustraire à la justice. S'il a fui, il a bien expié sa fuite, car s'il avait été arrêté dès le principe, il eût été probablement rendu à la liberté, comme plusieurs de ceux qui n'ont assisté qu'à la réunion Decroix.

M° Fouet de Conflans, défenseur de Decroix, s'attache à prouver que Decroix, dans ce procès, est étranger à tout ce qui s'est passé hors de chez lui. S'il était véritablement devenu conspirateur, on le retrouverait ailleurs, dans des réunions où on aurait cherché à l'exalter pour l'entraîner à des actes bien étrangers à ses habitudes.

L'avocat rappelle les antécédents de Decroix, qui a été militaire estimé de ses chefs dans la garde royale, sous la Restauration, et dans la garde municipale ensuite. Decroix a sauvé la vie à quatorze personnes près de se noyer dans les flots, entre autres à une personne qui était tombée sous la glace. Il a arrêté et vaincu un bœuf furieux qui s'était échappé du marché de Sceaux et se précipitait du côté de Paris. Je dis ceci, parce qu'il n'est pas croyable que des pensées sanguinaires d'assassinat puissent trouver place dans une âme qui a donné tant de preuves de générosité. J'ai là, dit Me Conflans, des certificats que je peux lire à MM. les jurés.

M. le président. — C'est inutile, Me de Conflans, votre parole suffit.

Le défenseur examine ensuite et explique les précédentes condamnations que l'accusation avait relevées contre Decroix. Decroix a-t-il fait partie d'une société secrète? Jamais. Que le ministère public recueille mes paroles : S'il est prouvé qu'il a fait partie d'une pareille société, j'ai tort. Si cela n'est pas prouvé, qu'en penserez-vous? Dans le dossier, je n'ai rien trouvé qui puisse faire preuve; et cependant c'est à l'accusation à prouver ce qu'elle avance.

Parlant de la moralité et du caractère de l'accusé Decroix, Me de Conflans rappelle ce fait, que dans son quartier on voulait faire une pétition pour réclamer le bon Decroix, l'excellent Decroix.

L'avocat insiste sur ce fait que l'accusation ne prouve pas, ne peut pas prouver, qu'avant ou après la réunion qui a eu lieu chez lui, Decroix ait eu aucun rapport avec ceux qui la composaient; qu'il n'y a assisté que quelques minutes, et qu'il n'y a pris aucune espèce de part.

Puis, se plaçant au point de vue de l'accusation, supposant un instant que Decroix a tout su, l'avocat cherche à démontrer que dans la conduite de Decroix on ne peut pas trouver les caractères légaux de complot.

Messieurs, vous ne condamnerez pas ce vieux soldat, dont la conduite a toujours été estimée de tous. Son crime, c'est que sa maison a été le théâtre d'une réunion. La maison échappe; lui, il échappera aussi, car vous ne pourrez le condamner comme un coupable.

L'audience est suspendue.

A la reprise de l'audience, la parole est à Me Maillard.

Me Maillard, défenseur de Lux. — Quiconque a lu l'acte d'accusation, quiconque a lu les charges relevées contre Lux, condamné trois fois pour cause politique, a dû être convaincu de la culpabilité de Lux. Vous l'avez été vous-mêmes, messieurs les jurés. Je l'ai été moi-même d'abord; mais ensuite j'ai compris que ma conviction ne devait se faire qu'après les débats.

L'avocat examine ensuite les faits reprochés à Lux par l'accusation et discute les charges. Il récuse le témoignage de Folliet, qui, dans cette affaire, a voulu faire du zèle par ses aveux : « Si j'étais à l'Hippodrome, si j'avais poussé le cri, a dit Lux, on aurait dû m'arrêter. » Ce mot a frappé le défenseur, qui trouve que l'administration, instruite du complot, l'aurait arrêté avant le 7 juin s'il y avait eu complot. L'administration, qui était instruite...

M. le président. — Elle ne l'était pas, elle veillait.

Me Mailard. — Elle était prévenue depuis le mois d'avril; elle a donc eu un mois et quelques jours pour veiller.

Quoi qu'il en soit, on dit que si Alix n'avait pas été arrêté à l'Hippodrome, on l'avait suivi jusqn'à son domicile pour savoir son nom; mais son nom, un agent a dit qu'on le savait depuis le 6 juin.

Quoi qu'il en soit encore, Lux a été arrêté le 8. Pourquoi? L'administration avait été avertie qu'il se tramait quelque chose; elle s'est émue; elle a pris les dossiers des hommes les plus gravement compromis, et elle les a fait arrêter.

M. le président. — Nous ne laisserons pas dire que l'administration arrête arbitrairement.

Me Maillard. — Je n'accuse pas l'administration; mais je demande à rappeler un fait : je veux parler du complot de Marseille. A la nouvelle de cette affaire, l'administration s'est fait apporter les dossiers, et elle a fait arrêter à Paris un grand nombre de personnes, qui ont été mises en liberté deux jours après.

M. le président. — Je ne laisserai pas dire que l'administration arrête des citoyens innocents; que c'est sur le vu de dossiers qu'on arrête des citoyens. La justice, et non l'administration, — la jnstice, il faut dire le mot, —

ne provoque l'arrestation que des personnes contre lesquelles s'élèvent des charges suffisantes. Ne parlez pas, vous, Me Maillard, de l'affaire de Marseille.

Me Maillard. — M. le président vient de dire : Maître Maillard, ne parlez pas de l'affaire de Marseille. C'est vrai, j'ai été arrêté pour avoir pris part au complot de Marseille; mais j'ai été mis en liberté. Pourquoi? Parce que, de loin ni de près, je n'avais pris part à ce complot.

M. le président: — N'engagez pas votre personnalité dans ce débat.

Me Maillard. — Qui donc l'y a engagée? Je suis défenseur, M. le président, et je veux rester défenseur.

L'avocat soutient que les agents n'ont pu suivre le galop de la voiture partie de la place Lafayette pour arriver à la place de la Madeleine; il revient sur ce que les agents n'ont arrêté personne, comme c'eût été leur devoir s'il y avait eu complot, attentat prémédité et connu de la police. Il conclut en demandant l'acquittement de Lux pour insuffisance de preuves.

Me Henri Didier prend ensuite la parole pour l'accusé Alix. Le défenseur s'étonne qu'on ait agrandi outre mesure ce procès. Il s'afflige qu'on y ait mêlé par voie d'induction les noms d'anciens représentants, actuellement en exil..., celui du colonel Charras...

M. le président. — Nous ne vous permettrons pas d'aller plus loin, et nous ne vous laisserons pas réhabiliter...

Me Didier. — Réhabiliter? Je n'ai personne à réhabiliter. Ce que je veux faire, c'est restituer au procès sa véritable physionomie.

M. le président. — Posez des conclusions.

Me Didier. — On répond à M. le procureur-général!

M. le procureur-général. — Je désire que l'incident soit vidé, il paraît que je commence à être accusé.

Me Didier. — On a argumenté d'une pièce que personne ici ne connaît,

M. le procureur-général. — Avez-vous lu le dossier? La pièce y était; elle est inventoriée, cotée par des magistrats honnêtes, vous l'admettrez, je pense. Si vous ne l'avez pas lue, vous avez manqué à vos devoirs de défenseur.

Me Didier. — Je n'ai pu lire le dossier, parce que je n'ai été chargé de la défense d'Alix que la veille de l'audience.

M. le procureur-général. — Bien; mais alors ne mettez pas en doute une pièce que vous n'avez pu lire.

Me Didier. — Ce que je voulais dire, c'est que cette pièce n'a aucun rapport avec l'attentat, et qu'il ne fallait pas rattacher son auteur au procès.

M. le président. — Revenez au procès.

Me Didier. — J'y reviens, et je commence par vous dire ce que c'est qu'Alix.

Le défenseur parle de l'éducation d'Alix et de sa circulaire aux électeurs de la Vendée. Il y trouve le respect pour la religion et la famille. Seulement il promettait de demander le *droit au travail*. Il repousse le reproche d'immoralité adressé aux cours d'Alix, et ne croit pas qu'on puisse l'impliquer dans un complot parce qu'il a voulu substituer le *télégraphe des escargots* aux télégraphes ordinaires.

Le défenseur repousse l'existence du plan de barricades attribué à Alix. Il conteste la présence d'Alix à la réunion Decroix, dans le but au moins d'y faire discuter ce plan. Quant à la réunion de la place des Vertus, Alix y était, mais il y était allé comme promenade, et il y a entendu parler d'insurrection possible et de permanence; il dit n'avoir pas compris ce mot! C'est extraordinaire, le défenseur en convient, mais ce n'est pas impossible. Au surplus, rien n'établit que l'attentat ait été résolu dans cette réunion, et s'il l'a été, qu'Alix y ait pris part.

Quant à l'imprimerie qu'on devait remettre à Alix, il n'en a pas été dit un mot aux débats. Le même jour on aurait délivré des armes chez Gérard ; Alix n'y était pas. Il n'était pas le 7 à l'Hippodrome, bien que Sellonet ait prétendu l'y avoir vu, après n'en avoir rien dit dans l'instruction. Ce souvenir, revenant après cinq mois, ne peut être accepté par le jury.

Me Frémart présente la défense de Thirez. Il se félicite d'abord de ce que, sur quatre-vingts personnes arrêtées dans le principe, vingt-sept seulement aient été retenues aux débats. C'est un résultat heureux pour le pays lui-même; car il est de l'intérêt de tous que le nombre des accusés soit aussi faible que possible. Il vient donc demander un acquittement de plus, celui de Thirez.

Contre lui pas de preuves accablantes comme il en faudrait dans une affaire si grave ; il n'y a pas même l'ombre d'une preuve. On ne relève qu'une conversation par lui tenue et des antécédents judiciaires. Quant aux antécédents judiciaires, ils n'attaquent en rien sa moralité. La conversation n'est pas rapportée par des témoins en qui la justice puisse avoir confiance.

Il n'est impliqué que dans l'affaire de l'Hippodrome, et cependant il n'a été arrêté que le 17 juillet. S'il eût été coupable, il aurait eu le temps, depuis le 7 juin, de prendre la fuite.

L'avocat, s'expliquant sur les écrits trouvés chez l'accusé, leur oppose la *Biographie du général Cavaignac*, écrit parfaitement orthodoxe, dit-il, et une lettre trouvée par Thirez, conservée par lui, dans laquelle sont les conseils les plus sages, les plus salutaires sur les dangers d'une opposition systématique à l'autorité, et une approbation sans réserve à l'élection du président de la République. « J'en ai fini, dit le défenseur, avec la bibliothèque politique de l'accusé Thirez. »

L'avocat termine en cherchant le motif de la déposition du sieur Codron dans le désir qu'il avait d'obtenir une place qu'il poursuit depuis vingt-cinq ans; qu'il a demandée à la branche aînée, à la branche cadette; qu'il a sollicitée de la République, qu'il a prétendu avoir proclamée le premier sur la place de l'Hôtel-de-Ville; une place qu'il demande encore aujourd'hui... Il a voulu faire du zèle, il est allé trop loin. Voilà sa déposition. Il faut la rejeter, et alors il ne reste plus rien dans le débat contre Thirez. Comment se fait-il, s'il a fait partie du complot, que, dénoncé dès le 26 juin, surveillé avec soin évidemment à partir de ce jour, on ne le trouve nulle part, ni chez Decroix, ni aux fortifications, ni au Luxembourg, ni à l'Opéra-Comique ? C'est qu'il n'était pas dans le complot; et dès lors son acquittement ne peut être douteux.

Me Frémard, comme dernier argument, donne lecture d'un certificat du conservateur du cimetière de l'Est; duquel il résulte que le fils du témoin Gherbaart a été inhumé le 5 juin dernier, à une heure, c'est-à-dire le jour même et à l'heure où avait lieu la réunion des fortifications. Et comme il est établi par Gherbaart que Thirez assistait à cette inhumation, il est évident, dit le défenseur, que la police s'est trompée en déclarant l'y avoir vu.

M. Jules Favre, défenseur de Bratiano. — L'improvisation brillante que vous venez d'entendre et qui consacre parmi nous, dans les rangs du jeune barreau, un talent si vif et au succès duquel, nous, les anciens, nous sommes heureux d'applaudir publiquement, vous démontre, si je ne me trompe, tous les dangers des accusations qui ne s'appuient que sur des présomptions multipliées, et dont le faisceau, suivant elles, doit s'élever à la puissance d'une preuve.

Vous le savez, on vous l'a répété, et cela était indispensable, vous avez à juger un complot, c'est-à-dire une convention criminelle formée entre plusieurs personnes, et cette convention, ainsi que vous l'a dit le ministère public, elle aurait éclaté avec le plus rare cynisme; elle se serait manifestée avec la plus audacieuse témérité; elle a été percée à jour par la police, qui l'a surveillée, épiée, déjouée; à cette audience, les révélateurs l'ont expliquée et commentée au gré de leurs caprices et suivant les inspirations de leur pensée ou de leur intérêt; mais il paraît être avéré qu'aucun des hommes qui sont venus s'asseoir à côté de Bratiano ne le connaissait; qu'il ne connaissait aucun d'eux: qu'il n'a été vu à aucune de leurs réunions, dont l'administration était instruite et où elle était représentée par ses agents qui le suivaient de loin; qu'il n'a été aperçu ni de près ni de loin sur le théâtre où le crime devait être commis; que dans son domicile, où une perquisition soudaine a été faite par la police, on n'a pas trouvé, en dehors de l'objet matériel dont je vous dirai un mot, on n'a pas trouvé une ligne, un mot, quoi que ce soit, qui puisse le compromettre; cependant on le retient, on veut en faire un complice de ce complot auquel on ne prouve pas qu'il ait participé. Le ministère public a essayé de démontrer sa participation, et quelles qu'aient été les réserves dont il a entouré l'expression conjecturale de sa conviction, il en a cependant trop dit pour qu'il me soit permis de me taire, ainsi que j'en avais eu le désir et le dessein.

Je vous dois donc des explications, non pas pour écarter de la tête de Bratiano des dangers qui ne le menacent pas, mais pour repousser des attaques qui me semblent téméraires et que j'ai regretté de rencontrer dans le réquisitoire auquel je dois répondre.

Avant tout, il faut que je vous dise ce qu'est l'accusé Bratiano, qu'on veut, à toute force, associer à des hommes qu'il n'a jamais vus, dont on veut mêler la responsabilité politique à une entreprise odieuse, criminelle, mais, bien plus encore, — s'il est possible, — monstrueuse et insensée, alors que, dans tous les cas, et fût-il, lui, Bratiano, le plus désespéré et le plus misérable des ambitieux, il lui aurait été interdit d'y jouer un rôle.

Il est né à Bucharest, d'une famille considérable, ancienne et riche du pays. Il y a de grandes propriétés. Tout jeune il est venu en France pour y achever son éducation; il a passé à Paris sept années, de 1841 à 1848. Ceci n'a rien d'extraordinaire, quand on connaît l'histoire, les malheurs et les aspirations de la Roumanie. Sans qu'il soit nécessaire d'entrer ici dans des détails qui paraîtraient superflus, je dirai que cette nation, qui a servi de boulevard à l'indépendance et à la civilisation, qui a lutté contre l'Autriche, la Russie et la Turquie, qui est latine d'origine, a toujours eu avec la France une communauté d'intérêt, de sentiments, d'idées, de mœurs. C'est là ce qui explique comment les jeunes Roumaniotes qui appartiennent à des familles aisées viennent en France s'initier à nos lettres, à nos sciences, à notre civilisation.

En 1848, Bratiano a quitté Paris pour retourner en Valachie. Ai-je besoin de dire pourquoi ? Je ne sais, non pas si je l'essaierai, mais enfin je ne sais ce que je dois dire. Les temps sont bien changés... Je ne sais si, malgré mon désir de demeurer dans les limites de mon droit, je ne rencontrerai pas quelque écueil contre lequel je me briserai.

En 1848, à cette époque de république, dont il est de très-bon goût de médire, même de la part de ceux qui l'ont servie et qui en ont obtenu des faveurs...

M. le président. — Ce n'est pas là la question!

M. Jules Favre. — ... Il y a eu des mouvements considérables chez tous les peuples. La Roumanie a eu le sien. Par un privilége rare, pas une goutte de sang n'a été versée à Bucharest. Bratiano y alla. Lui en ferez-vous un crime? Non. Il y fut désigné par l'élection tout entière de la population comme devant faire partie du gouvernement provisoire qui succédait au prince qui avait abandonné son poste.

Bratiano a lutté pendant trois mois. Contre qui? Contre l'invasion étrangère, car la frontière a été franchie par les armées combinées de la Turquie et de la Russie. Les mains de Bratiano ont été chargées de fer; il a été traîné de prison en prison; mais le dévouement d'une noble femme l'a sauvé... C'est alors qu'il est venu demander à la France une hospitalité qui ne lui a pas été refusée. C'est donc un réfugié politique, l'organe du ministère public a eu raison de le dire; mais s'il le disait pour établir que ce titre lui décernait un certificat d'ambitieux, de brouillon, il sera heureux de reconnaître qu'il s'est trompé... C'est un réfugié politique puni, non pour des discordes civiles, ce qui peut quelquefois mériter des égards, mais puni par l'étranger, et par les procédés si doux des Russes.

Voilà comment Bratiano est venu en France. Il y a observé les lois du pays. Ah! certes, le ministère public a eu raison de le faire remarquer, rien n'est plus coupable que la conduite de ces hommes qui, sur le territoire français, abusant de la protection que leurs malheurs leur ont méritée, viennent se mêler à nos discordes civiles, et jettent dans les rangs du peuple les brandons d'une éloquence de carrefour; ceux-là sont condamnables; mais votre police, — vous en avez fait assez souvent l'éloge pour que nous puissions y croire, — elle a cent yeux; elle a beaucoup plus de bras; elle voit tout, elle sait tout, elle décachète les correspondances et les lettres...

M. le président. — Nous n'admettons pas cela.

Me Jules Favre. — Nous en avons vu beaucoup décachetées.

M. le président. — Pourriez-vous en donner des preuves? Dans les instructions criminelles, cela s'est fait, cela s'est vu, cela doit être; mais nous n'admettons pas que la police décachette les lettres.

Me Jules Favre. — L'arrêt de la Cour de cassation est là.

M. le président. — Il y avait une instruction.

Me Jules Favre. — Mais, d'après l'arrêt, le préfet de police, qui n'appartient pas à l'ordre judiciaire...

M. le président. — Arrivez à l'imprimerie Bratiano. Vous êtes à la barre de la Cour d'assises, et, je l'ai déjà dit, la barre de la Cour d'assises n'est pas une tribune politique. Vous avez à défendre un homme chez lequel on a trouvé une imprimerie. A tort ou à raison, on rattache la présence de cette imprimerie à un complot. Voilà le terrain; maintenant entrez-y et discutons, car, s'il y a toujours des excursions dans le domaine politique, dans le domaine des droits judiciaires, il n'y a pas de raison pour que nous ne restions pas ici indéfiniment.

Me Jules Favre. — Si nous sommes ici, ce n'est pas notre faute.

M. le président. — Pas de plaisanterie, maître Jules Favre! Soyons tous sérieux.

Me Jules Favre. — Si je ne puis répondre...

M. le président. — Vous savez bien que vous pouvez répondre et vous savez comment vous devez répondre.

Me Jules Favre. — Je n'engagerai pas une lutte qui serait inutile. Mais quand je discute les antécédents de Bratiano, je suis dans mon droit en disant que la police, qui sait tout, n'a rien trouvé qui pût le compromettre.

Le défenseur appelle ici l'attention du jury sur la conduite de son client depuis son retour en France. Il le montre conspirant, conspirant toujours, mais pour l'indépendance et le salut de sa patrie, d'où il a été chassé par les armées russes. Travailler à l'émancipation de ses frères et à l'expulsion des étrangers qui souillent le sol de la Valachie, voilà sa vie, sa vie tout entière. Il a conspiré dans le cabinet des hommes d'Etat, et l'homme éminent qui est en ce moment au département des affaires étrangères aurait pu témoigner que Bratiano n'a cessé de solliciter l'intervention de la France en faveur de son pays.

Dès lors, n'eût-il pas été monstrueux, insensé, par conséquent impossible de sa part, de se mêler à une conspiration horrible par elle-même? Et dans quel moment? On était en juin; il venait d'éclater en Orient des événements qui se développent à cette heure; Bratiano pouvait espérer l'intervention qu'il sollicitait... et il serait allé se mêler au complot Folliet, lui, le noble Valaque! lui, nourri dans les saines traditions des lettres et des sciences! lui, le réfugié politique, non par la faute de la France, mais malgré la France! Il aurait été conspirer contre la vie du chef de l'Etat, c'est-à-dire rêver un bouleversement à la suite duquel se trouve l'inconnu, et quel inconnu! Cela est inadmissible. Mais en admettant que de mauvais conseils l'eussent poussé à se mêler des désordres de la France, on le verrait, il peut le dire sans orgueil, dans une autre compagnie. Mon client, messieurs, Bratiano, que serait-il allé faire au milieu de cette cohue? (*Mouvement sur le banc des prévenus.*)

Voilà, ajoute Me Jules Favre, ce que j'avais à dire sur cette partie des débats, qui me paraît décisive. Je pourrais m'asseoir; j'ai rétabli Bratiano dans son caractère. L'accusation a dit de lui qu'il était signalé comme un homme souple, violent, dangereux. Lui, souple! Il a toute l'ardeur de son sang et de son âge. Violent! La preuve? Dangereux! Oui, pour les Russes. La justice a été trompée sur son compte, mais la Russie a été bien servie.

Bratiano est un homme honorable, exilé par l'invasion étrangère, incapable de conspirer contre la France, car la France, c'est sa seconde patrie! Mais comme c'est sa patrie d'adoption il n'a pas la prétention de se mêler de ses affaires intérieures; il demande que cette seconde patrie donne la main à l'ancienne. Voilà quel est Bratiano!

Discutant la possession de la caisse qui contenait l'imprimerie par laquelle le ministère veut rattacher Bratiano au complot, Me Jules Favre soutient que son client ne connaissait pas le contenu de cette caisse. C'est un dépôt qu'il a eu le tort d'accepter; il a voulu rendre un service. Il a pu commettre un délit, mais du délit au crime, à l'attentat, il y a un monde, il y a un abîme. Et d'ailleurs le ministère public est dans l'impossibilité de prouver que Bratiano ait eu connaissance du contenu, qu'il se soit servi des formes pour tirer des bulletins incendiaires, qu'il ait employé les caractères pour commencer la composition d'une proclamation anarchique; il ne saurait donc, à aucun titre, rattacher cet accusé au complot. On a relevé, ajoute l'avocat, cette coïncidence que les caractères trouvés chez Bratiano ont été vendus par l'imprimeur Saintin, et que Saintin est créancier d'Alix. Oh! voilà quelque chose de bien fort! Le ministère public s'en est emparé. Que voulez-vous? Quand on n'a rien, on prend ce qu'on peut, et M. l'avocat-général, en acceptant ceci comme une preuve, a atteint les dernières limites du zèle et du dévouement...

M. le président. — Arrêtez-vous, Me Favre, vous venez de dire une chose que vous n'avez pas le droit de dire. Tâchez donc de respecter quelque chose.

Me Favre. — Monsieur le président, je respecte la vérité, et je la rétablis quand elle est obscurcie.

M. le procureur-général. — Vous n'avez pas le droit de dire ici tout ce que vous y dites. Nous avons le droit, nous, d'intervenir dans cet incident pour vous empêcher de dire, à propos d'une argumentation qui, à tort ou à raison, a pu vous déplaire, que le magistrat du ministère public a atteint les dernières limites du zèle et du dévouement. Nous vous dirons, pour parler net, que c'est une insulte déguisée sous les artifices du langage.

M. le président. — C'est bien cela.

Me Favre. — Ce n'était nullement dans ma pensée, je le déclare hautement. Tout ce que j'ai voulu dire, c'est que M. l'avocat-général, en se servant de cet argument, a atteint la limite du zèle comme magistrat, la limite du zèle et du dévouement dans le devoir.

M. le président. — Ah! comme magistrat! Bien! bien! c'est entendu; cette explication était nécessaire.

M. le procureur-général. — Il est désormais bien entendu que Me Favre est éloigné de toute insinuation mauvaise, et a voulu seulement parler de l'accomplissement d'un devoir.

La rectification est complète. Que Me Favre continue sa plaidoirie.

Me Favre. — J'avais fini.

Bratiano ne saurait être considéré ni frappé comme un conspirateur. Sa vie entière, ses antécédents sont autant d'obstacles insurmontables à ce que l'accusation réussisse devant vous, messieurs lss jurés. Dès lors, c'est pour lui, comme pour le défenseur qui a l'honneur de paraître à cette barre, un rare privilége dans une affaire de cette nature, de pouvoir se tenir complètement en dehors de ces tristes et douloureux débats. Je ne veux ni abaisser ni aggraver, — à Dieu ne plaise! — la situation de ceux auxquels une erreur de justice a rattaché Bratiano; mais, pour rendre ma pensée d'un mot, il est incontestable que jamais entre eux et lui il n'y a rien eu de commun. Aussi pourquoi irais-je plus loin? L'évidence n'est-elle pas faite? Et n'est-il pas maintenant démontré que c'est à tort que Bratiano a été compris dans cette accusation?

Vous le rendrez à la liberté, et vous n'aurez, en prononçant votre verdict, aucun, je ne dirai pas de ces scrupules, mais aucune de ces craintes auxquelles M. l'avocat-général faisait allusion en terminant son réquisitoire. Non! il est impossible que Bratiano puisse jamais, démentant tous ses antécédents, aller grossir les rangs de ces ambitieux vulgaires qui croient que l'audace et le crime peuvent conduire à un pouvoir durable. Et qu'ils se trompent ceux-là! M. l'avocat-général l'a dit hier avec une haute et puissante raison, l'attentat était inutile; jamais en France un gouvernement ne s'établira sur l'assassinat. Oui, cela est vrai, et si jamais un aventurier politique pouvait réussir à l'aide d'un tel moyen, la France le repousserait; son règne serait éphémère, et tôt ou tard il trouverait la punition légitime de son forfait!

Quant à Bratiano, si je vous demande sa liberté, c'est qu'il désire qu'à l'instant les portes de la France lui soient ouvertes; c'est qu'il a autre chose à faire au dehors; c'est que, — vous le savez, — à l'heure qu'il est, le canon des Turcs a déchiré les traités à l'aide desquels le czar espérait surprendre l'Europe endormie... La jeunesse roumaniote a été appelée aux armes par lui; elle s'est réfugiée dans les montagnes, aimant mieux endurer les privations, la faim, la misère que de servir son oppresseur. Omer-Pacha lui a fait passer des armes. Il lui manque un chef qui puisse la conduire au combat; c'est un nom populaire qu'il faut; ce chef, c'est Bratiano. Rendez-lui la liberté;

il brûle de répandre son sang pour le pays, et peut-être que son sang versé sera la trace qui conduira nos soldats à la victoire.

Me Cresson présente la défense de Gérard. L'accusation s'est méprise sur le caractère de cet accusé. C'est un homme adonné au travail, simple et incapable de prendre part aux actes monstrueux qui font l'objet de l'accusation. Il a pu faire partie de réunions où des propos d'une nature compromettante ont été tenus ; mais rien ne prouve qu'il s'y soit associé. Il n'a contre lui que les déclarations de deux hommes, Deney et Joiron. Deney, qui dit que Gérard l'a perdu : Deney se serait bien perdu tout seul ! Joiron, qui prétend être entré dans la société secrète pour la surveiller, mais dont la déclaration ne saurait être acceptée par le jury.

Me Cresson fait remarquer que la présence de Gérard à la réunion de Saint-Mandé ne prouve pas qu'il ait pris part à une résolution arrêtée de tirer sur l'Empereur, si cette résolution a été prise. Il fait remarquer, en outre, qu'on ne signale pas sa présence à l'Hippodrome, et que s'il a paru un instant à l'Opera-Comique, c'est parce qu'il avait appris qu'il y aurait du trouble, et qu'il a voulu y conduire le docteur Follot dans un but d'humanité.

Il termine en disant au jury que si Gérard ne trouvait pas dans le verdict une absolution complète, il espère qu'il obtiendra au moins une déclaration de circonstances atténuantes.

Me Faverie plaide pour Deney. Il pense que le jury qui a vu cet accusé, qui peut l'étudier depuis six jours, sera convaincu, si la di ision des conspirateurs en fripons et en niais est admise, que Deney n'a jamais cherché à être fripon, mais qu'il a réussi à rester un niais.

Cet homme ne saurait être classé parmi les hommes intelligents de l'affaire ni parmi les hommes d'action. Parmi les hommes intelligents ! il suffit de le voir. Parmi les hommes d'action ! il n'a jamais touché une arme à feu ; il ne sait pas comment ça se charge. Ouvrier tailleur fort laborieux, il a jusqu'ici accompli ses hauts faits à la pointe de l'aiguille.

L'acte d'accusation, il est vrai, le qualifie d'adepte du socialisme ; sait-il ce que c'est que le socialisme ? personne ici ne le sait, et il le sait moins que personne. On ne peut pas lui supposer d'ambition : il est ouvrier actif et laborieux. Ainsi ce n'est ni un ambitieux, ni un paresseux. Que vouliez-vous qu'il fît du socialisme ?

Me Faverie se demande quel rôle a joué Deney à l'Opéra-Comique. Il n'a appartenu à aucune société secrète ; il n'a assisté à aucune réunion. Mais il était à l'Opéra-Comique ! C'est vrai. Qu'y faisait-il ? Il y était à sa place ; il se tenait à l'*ambulance*, donnant le bras au docteur Follot. Avait il reçu le pistolet pour faire feu sur l'Empereur ? mais il se tenait entre la rue de Grammont et la rue de Choiseul, loin, bien loin du lieu où devait se passer cette abominable action.

Donc il était là sans savoir ce qu'il y venait faire. Donc il n'a pas eu conscience de ses actes, et, de même que le Christ implorait le pardon de ses bourreaux en disant à son Père : « Pardonnez-leur, ils ne savent ce qu'ils font ! » de même, dit le défenseur, vous direz, dans votre verdict : Non, Deney n'est pas coupable, car il n'a pas su ce qu'il faisait.

Me Demonjay, chargé de la défense de Copinot, expose les faits spéciaux à son client ; il insiste sur sa jeunesse, ses bons antécédents : il n'a été mêlé à aucune conspiration. Pour connaître complètement la cause, il faut se rendre compte de l'influence qu'exercèrent sur sa jeune intelligence les faits au milieu desquels il grandit, les événements de 1848, et cependant il ne prit part à aucun complot ; il s'engagea dans l'armée et servit honorablement la France.

L'avocat arrive aux faits de la cause et explique que son client ne fut qu'un instrument entre des mains habiles. En présence de ces faits, le verdict du jury peut-il être le même pour Copinot que pour les chefs du complot ? En finissant, l'avocat insiste sur la modification que l'âge ne peut manquer d'apporter dans les opinions de son client.

L'audience est levée à six heures et renvoyée à lundi, dix heures.

Audience du 14 novembre.

L'audience est ouverte à dix heures un quart.

M. le président. — Nous allons nous occuper de la suite des plaidoiries. Il est à désirer que les plaidoiries finissent avec la journée. Ce résultat sera atteint si les défenseurs veulent bien se renfermer dans les faits du procès et ne pas se jeter dans des digressions politiques, comme on l'a fait dans quelques plaidoiries. Nous espérons que cette observation sera comprise par les avocats que nous allons entendre.

Me Lecanut, défenseur de de Méren, à la parole.

Messieurs les jurés, je veux défendre un accusé qui ne se défend pas; c'est une tâche dont je ne me suis pas dissimulé toutes les difficultés.

De Méren est jeune; il a vingt-cinq ans; il a cet âge qui excuse toutes les folies, toutes les extravagances, et qui atténue par cela même bien des excès. De Méren est étranger, et c'était là pour nous un devoir bien rigoureux de venir le défendre devant vous; aussi avons-nous accepté la mission que M. le président a bien voulu nous confier, mission que nous imposaient d'ailleurs et la loi et les traditions de notre profession.

Le silence que garde de Méren, nous l'avouons, ce silence nous a effrayé. Est-ce un aveu, est-ce une protestation?

Mais d'abord, à coup sûr, il y a protestation de la part de de Méren contre les antécédents que lui a faits l'accusation. Suivant le ministère public, de Méren, c'est le comptable révoqué deux fois, révoqué dans des fonctions où il y a des comptes à rendre; de Méren, c'est ce jeune homme qui a dissipé son patrimoine, et qui a été condamné à une peine que M. l'avocat-général a qualifiée d'infamante, condamné à six mois de prison pour le renversement d'une statue religieuse; enfin de Méren, c'est ce jeune homme qui spéculait sur l'hospitalité de pauvres ouvriers et consumait, dans l'oisiveté, le fruit de leurs labeurs.

Voilà de Méren suivant le ministère public. Voici ce que nous avons à répondre.

De Méren a été comptable deux fois en Belgique dans l'administration des postes. Il avait dix-neuf ans quand il fut appelé a succéder à son père dans cette administration. C'était une grande faveur, trop grande; de Méren se trouva au-dessous de ses fonctions; il fut révoqué une première fois.

Une seconde fois, de Méren est nommé; il reste pendant dix-huit mois dans l'administration des postes comme comptable, comme percepteur; au bout de dix-huit mois il est révoqué à cause de ses opinions politiques. Quant à sa délicatesse, a-t-elle été jamais mise en cause? j'ai ici un certificat qui atteste que de Méren a rempli ses fonctions avec probité, avec intelligence, et même avec une certaine capacité de fonctionnaire.

On reproche à de Méren d'avoir dissipé son patrimoine. Le père de de Méren était fonctionnaire; il vivait de ses appointements. Trois fois il s'est marié. De Méren est enfant de sa seconde femme. Vous comprenez, dès lors, que le patrimoine de de Méren a été bien faible, et que lorsqu'en 1849 mon client s'est trouvé sans place, il a pu dépenser pour vivre, et bien vite et sans dissipation, son modeste héritage.

Un fait plus grave est reproché à de Méren ; c'est une condamnation à six mois de prison pour avoir renversé une statue de Saint-Roch. Comment les choses se sont elles passées? De Méren devait partir pour toujours du continent; il devait partir pour l'Australie. La veille de son départ, plusieurs de ses amis se réunissent avec lui; on dîne; on s'échauffe; la nuit arrive; on sort, on se répand dans les rues. La ville est calme et déserte. Le lendemain une statue de Saint-Roch se trouvait renversée. De Méren allait se mettre en route. Il dit, avec cet esprit d'abnégation qu'appartient à la jeunesse, il dit : « Je pars, mettez tout sur moi... » Et il est condamné à six mois de prison, mais condamné par défaut.

On a traité cette condamnation d'infamante... Permettez! Pour la loi une condamnation à six mois de prison est une condamnation correctionnelle et non une condamnation infamante. On ne peut qualifier la peine prononcée contre de Méren plus sévèrement que la loi.

Maintenant, de Méren avait spéculé sur les époux François; il a reçu d'eux l'hospitalité; ils lui ont fait l'aumône. Non! la déposition de François lui-même proteste ; François a dit, « de Méren était un ami d'enfance ; » eh bien, le mot d'amitié exclut le mot d'aumône; d'ailleurs, François a ajouté que de Méren devait prendre chez lui son café, son déjeuner, son dîner. François connaissait la famille de de Méren; il pouvait compter sur les ressources de cette famille. Enfin les dépenses de de Méren chez François ont été réglées par un billet.

Entrant dans l'examen des faits de la cause, le défenseur soutient que de Méren n'a pas servi de lien entre les sociétés secrètes et les réfugiés de Londres. Il s'attache ensuite à démontrer qu'il n'y a pas eu d'attentat, qu'il n'y a pas eu de résolution d'agir.

L'accusation dit, ajoute Me Lecanut : de Méren devait donner le signal à l'Opéra-Comique; si ce signal n'a pas été donné, c'est une circonstance indépendante de la volonté des coupables.

On a signalé la surveillance de l'administration. Je ne sais si je me trompe, mais je remarque qu'à l'heure où l'attentat devait avoir lieu, la surveillance de l'administration ne s'exerçait pas encore. En effet, on a pu s'approcher de la voiture de l'Empereur si près qu'il suffisait d'étendre le bras pour l'atteindre. Il n'a donc pas dépendu de la police que le crime ne fût accompli... Si je prouve que le meurtre n'a pas été empêché par une circonstance indépendante de la volonté de ces hommes, je prouve qu'il n'y a pas eu d'attentat.

M. le président. — Vous plaidez là une question qui n'est pas en cause. Plaidez le complot, même pour de Méren.

Me Lecanut convient que de Méren a dû faire partie de sociétés secrètes, s'occupant d'attenter non à la vie de l'Empereur, mais à la sûreté de l'Etat. Dans quelles mesures? C'est ce que le jury aura à apprécier.

En terminant, le défenseur parle des agitations auxquelles le monde a été livré depuis 1848, et dit : les destinées extraordinaire qui amènent de Méren sur ces bancs sont dûes bien moins aux passions perverses, à de mauvais instincts qui lui sent propres, qu'aux événements funestes que nous avons traversés.

Me Andral plaide pour Matz, dit le Cuirassier. Cet homme est peu connu du jury, dit-il, et il gagnerait à l'être complétement. On se le représente comme un démagogue turbulent, presque un pillard, et cependant on ne le trouve mêlé à aucune des agitations de 1848. Un peu bavard, il s'était fait arrêter le 12 juin 1849 pour des propos imprudents, et il était mis en liberté après cinquante-huit jours d'instruction.

Ce qu'il a fait dans le débat, le voici. Il est allé, conduit par Chatain, dans une réunion d'étudiants, parce qu'on lui avait proposé de lui faire voir des républicains. Ce n'est là ni une association ni un complot : c'est antérieur au 2 juin, date que l'accusation assigne à l'origine de la conspiration. S'il est allé à l'Hippodrome, c'est pour y voir l'homme volant... en l'air. Est-ce inadmissible? Pas le moins du monde. Y serait-il allé parce qu'il avait entendu dire qu'il y aurait quelque chose? Ce serait alors de la curiosité, et la curiosité n'est pas un crime. Rien n'indique qu'il dût prendre part au complot, s'il y a eu complot. C'est un indice que rien dans l'instruction ni dans les débats n'est venu fortifier. Le condamner, ce serait non pas condamner un coupable, mais proscrire un suspect.

Me Kaempfen présente la défense de Mailliet. Son client n'est ni un de ces hommes qui sont poussés par la haine de ce qui est, ni un de ces hommes poussés par le désir d'être ce qu'ils ne sont pas. Il est de cette classe d'hommes qui agissent par faiblesse et qui conspirent par peur. Il y en a déjà plus d'un exemple dans ce procès. C'est un homme laborieux à qui il ne restait pas le temps de s'occuper de politique. Il n'est pas allé au-devant d'elle, c'est elle qui est venue au-devant de lui. Matz lui a proposé de lui faire voir des républicains. Il a eu un peu peur d'abord; mais enfin il y est allé, et c'est ainsi qu'on le voit chez Alavoine, où l'introducteur dit : « Nous apportons des bras à l'intelligence. » Quand il a entendu ce qui se disait dans cette réunion, il a eu plus peur qu'avant, et il est parti, se repentant d'y être venu.

Quant à la fabrication des canons, il y a pris part, c'est vrai; mais c'était, comme il l'a dit, « pour donner un coup de main à Régnier, » mais sans entendre s'associer à l'odieuse entreprise à laquelle devaient servir ces canons. Ce qui prouve qu'il n'a pas voulu s'associer au crime, c'est que, lorsqu'on a voulu l'entraîner, quand on lui a remis un pistolet, il a dit : « Ce pistolet me fait un drôle d'effet. » C'est trivial, et c'est d'autant plus vrai que c'est plus trivial. Aussi s'est-il débarrassé de son pistolet avant d'aller à l'Hippodrome.

Ainsi, ni participation à la pensée du complot, ni participation aux actes qui devaient le réaliser : voilà la position de Mazille. C'est un pauvre ouvrier égaré qu'il faut rendre à son travail, qu'il faut rendre à sa famille, et laisser se repentir de l'imprudence qu'il a commise.

Me Duverdy présente ensuite la défense de Mariet.

Il vient défendre un enfant, Gustave Mariet, qui a à peine dix-huit ans. Cet enfant a été trompé, exalté, entraîné par de mauvaises doctrines; mais il a encore un bon cœur. Il a avoué les faits qui lui sont reprochés, mais il les a avoués pour sauver son père, qui avait été à tort impliqué dans cette affaire. On a dit que sa mère lui avait donné des conseils qui l'avaient perdu; il tient à ce que son défenseur venge, pour ainsi dire, la mémoire de sa mère, qui n'est plus depuis quatre ans, et qui ne peut avoir exercé sur lui l'influence que prétend l'accusation.

La bonté du cœur ne défend pas contre les égarements de l'esprit. L'esprit de Mariet a été égaré par les événements auxquels il a assisté en 1848. Il a cru se grandir en acceptant les idées politiques d'alors. A treize ans, il s'est fait homme politique; depuis, son exaltation a toujours été en croissant. Le défenseur en trouve la preuve dans des écrits que Mariet a adressés au juge d'instruction, et où se trouvent les passages suivants : « Dans cent ans, à Paris, tous les hommes seront poëtes; au milieu des rues, les lauriers seront parsemés sous les pieds des savants et des artistes. » Puis Paris sera détruit : « Toutes les rivières et tous les fleuves rougiront du sang des savants, et le laboureur en silence viendra contempler d'un regard ignorant les ruines de Paris. Il ignorait sa gloire et son génie; il consultera chaque monument, curieux de savoir à quoi a été destinée une colonne qui surgira encore et que la barbarie aura respectée. Cette colonne sera celle qui, près des bords de la Seine, conservera cette inscription-ci : « La justice, la science et les arts étaient les seuls dieux d'un peuple philosophe. »

Mariet s'est intitulé ici philosophe matérialiste. Il dit dans cette lettre « qu'un jour la matière sortira de la déception pour se parer de la pureté spirituelle et pour chanter la douce harmonie et la quiétude. » Voilà le matérialisme de Mariet! La *quiétude de la matière*! Voilà comment se résume la philosophie de ce jeune homme qui voulait être philosophe à un âge où l'on sait à peine ce que c'est qu'esprit et matière!

Le jury peut maintenant apprécier à sa juste valeur l'état de l'esprit du jeune Mariet. L'avocat espère qu'il usera d'indulgence pour lui, et il termine en lui rappelant qu'il place toute la défense de Mariet dans ces mots : « C'est un enfant! »

Me Margue, défenseur de Mazille, prend la parole. Il conteste que son client soit arrivé à Paris en 1848, comme l'a dit un témoin. Il dit que Mazille n'y est venu qu'en 1850.

M. le président. — Voici la déposition de ce témoin, nommé Andus. Il a loué une chambre à Mazille en 1848 : il ne peut se tromper. Il le signale comme un socialiste exalté, comme un homme cherchant du travail et priant

Dieu de n'en pas trouver, et passant sa vie dans les cabarets des barrières.

Me Margue. — C'est en 1850 qu'il était locataire d'Andus.

M. le président. — Peu importe la date; son opinion sur Mazille est la même. Passons et arrivons au procès.

Me Margue examine la déposition de Faizelot, le concierge de Mazille, et la déclare insignifiante au procès. Quant aux agents de police qui prétendent l'avoir suivi et l'avoir reconnu, il conteste l'exactitude de leurs déclarations.

Me Racle plaide pour Turenne. Le défenseur expose quelle a été la vie laborieuse de Turenne jusqu'au jour où il eut le malheur de faire la connaissance d'un nommé Caron, accusé comme lui, mais qui est en fuite maintenant. Le soir du 5 juillet, il rencontre Caron, qui lui met dans la main, sans lui laisser le temps de refuser, trois pistolets qu'il le prie de garder jusqu'au soir. L'avocat explique que Turenne n'avait aucune intention criminelle; qu'il s'est trouvé présent à l'Opéra-Comique comme par hasard.

Ensuite Me Racle se demande si le fait matériel de la présence de Turenne à l'Opéra-Comique peut le faire rattacher au complot. Aucun agent ne l'a reconnu pour avoir pris part aux actes qui peuvent constituer le complot. Il faut plus qu'un acte matériel, il faut l'intention criminelle pour que la conduite d'un homme puisse être trouvée coupable et condamnée comme telle. Turenne n'a-t-il pas dit ici, avec l'accent de la vérité, que s'il avait connu la destination des pistolets, il les aurait jetés à la Seine? Contre Turenne, il n'y a qu'un fait matériel, il n'y a pas ce qui constitue la volonté criminelle.

L'avocat invoque une parole de M. le président qui disait que les instigateurs des complots étaient bien coupables, mais que les pauvres ouvriers qui étaient entraînés l'étaient moins certainement, et il implore la pitié de MM. les jurés.

Le défenseur de Gabrat, Me Alexandre Sorel, prend la parole : Son client, dans cette affaire, n'occupe qu'un rang obscur, ne joue qu'un rôle secondaire. Il a eu le malheur d'être en rapport avec de Méren; et sans vouloir charger personne, l'avocat fait remarquer au jury quelle influence un homme tel que de Méren pouvait exercer sur un esprit faible comme celui de Gabrat. Aussi MM. les jurés verront dans Gabrat un homme égaré, qui ne doit pas être traité avec toute la sévérité de la loi.

L'avocat termine en disant : Après les sanglants événements de juin qui, plus d'une fois ici, ont été de nouveau si justement flétris, alors que la société avait besoin de se tenir sur ses gardes, on substitua au cours régulier de la justice une autre justice plus rapide et peut-être plus sévère. Des commissions militaires furent organisées, des catégories d'accusés furent établies, et quand on rencontrait de ces hommes aux antécédents irréprochables et qui avaient été entraînés sans conscience de leurs actes, on les mettait en liberté, et la plupart de ceux-là sont aujourd'hui de bons ouvriers qui ont renoncé à jamais aux insurrections, parce qu'ils ont vu que le profit qu'on en tire, quand profit il y a, n'est jamais égal aux chances et aux dangers que l'on court. Eh bien, messieurs les jurés, vous agirez de même, et vous rendrez à la liberté cet homme qui n'a contre lui que d'avoir suivi de déplorables conseils.

L'audience est suspendue à une heure.

A la reprise de l'audience, Me Emion, défenseur de Jaud, sollicite en faveur de son client les circonstances atténuantes.

Me Hublard défenseur de Commès part de ce point que notre législation n'est pas matérialiste, que pour déclarer un accusé coupable, il faut le prendre dans la liberté du mal. Or, Commès a-t-il été un membre libre du complot qui est déféré au jury.

C'est là ce que Me Hubbard veut rechercher en reproduisant devant MM. les jurés les explications que son client lui a données.

Le défenseur raconte ici que Commès lui a dit qu'il avait rencontré Gustave Mariet, et que celui-ci avait séduit son consentement, avait séduit sa liberté. Mariet a excité Commès, il lui a parlé de la république ; il lui a parlé du 2 décembre ; il lui a dit qu'à cette époque la terreur régnait...

M. le président. — Qu'est-ce que cela?

Me Hubbard. — C'est Commès qui parle.

M. le président. — Vous vous êtes mis sur un diapason que vous ne pourrez pas garder... Il est impossible de voir un contraste plus frappant que celui qui existe entre vos jeunes confrères qui avaient été désignés d'office et vous Me Hubbard, qui avez été aussi désigné d'office.

Me Hubbard. — C'est vrai, M. le président, et je vous en remercie.

M. le président. — Vous n'avez pas à m'en remercier.

M. de Mongis, avocat-général. — Vos jeunes confrères vous avaient donné un exemple que nous espérions vous voir suivre.

Me Hubbard. — Que M. le président me permette de le lui dire: quand j'ai accepté la défense d'office qu'il a bien voulu me confier, je m'en suis chargé avec la résolution bien arrêtée de suivre les inspirations de ma conscience de défenseur. J'ai communiqué avec l'accusé. Il m'a fait part de son système de défense; ce que je vous répète ici, c'est Commès qui vous le dit. Je vais vous le dire. (*Mouvement*).

M. le président. — Qu'est-ce que cela? Il y a des gardes ici! S'il y a un seul murmure, faites évacuer la salle.

Me Hubbard, continuant à reproduire les explications qu'il a reçues de son client, montre Commès, troublé, agité par les excitations de Mariet, et lui disant enfin: « Faut-il recommencer les barricades de 1848? Je suis prêt à monter sur la première! » Mais alors Mariet répond: « Ce n'est pas cela. Il y a déjà eu assez de victimes!... Aujourd'hui l'empire c'est l'empereur; le gouvernement c'est lui; l'Etat c'est lui... » Et l'on trouve Commès à l'Opéra-Comiqne.

Demandez-vous maintenant, ajoute le défenseur, si Commès ainsi surexcité a été un homme libre? Commès est accusé d'avoir pris part au complot; eh bien, cette accusation, il ne la mérite pas; il n'a pas concerté, il n'a pas fait le complot, il l'a subi.

Quoiqu'il en soit, voilà Commès sur le passage de l'Empereur, ses deux pistolets sont à sa ceinture; ils sont chargés; ils sont amorcés... L'Empereur arrive; la voiture est à un pied de Commès, il n'a qu'à allonger le bras... L'Empereur descend sain et sauf de voiture; pourquoi Commès n'a-t-il pas tiré?

Il l'a dit dans l'instruction: « Je vous assure que je marchais avec répugnance; j'aurais pu tuer l'Empereur, car sa voiture a passé à un pied de moi... » Eh bien! pourquoi donc Commès n'a-t il pas tiré?

Je ne parle pas d'un signal hypothétique que les conjurés auraient attendu; non, ils n'attendaient pas de signal, c'est la mort de l'Empereur qui devait être le signal de l'insurrection.

Pourquoi encore une fois Commès n'a-t-il pas tiré? Pourquoi n'a-t-il pas frappé? Il n'avait qu'à allonger le bras. Il s'était armé contre la tyrannie; il a fait un pas, il a vu un homme devant lui, et il a compris qu'il allait devenir assassin!

M. l'avocat-général dit : « Dieu veillait en haut ; l'administration veillait en bas. » Eh bien, Commès s'est trouvé à un pied de la voiture, il n'avait qu'à allonger le bras, et il ne l'a pas fait... Il a reculé devant l'homicide.

Après avoir ainsi indiqué la situation de son client, Me Hubbard termine en déclarant qu'il le livre au jugement du jury.

Me Dumirail présente la défense de Joiron. Il examine les antécédents de son client, le représente comme un ouvrier laborieux, aux habitudes régulières, appartenant à une famille honorable, militaire irréprochable, et il se demande comment il a pu être mêlé à l'affaire actuelle ? C'est un esprit faible, façonné à l'obéissance par l'habitude de la discipline militaire, ce qui l'a merveilleusement disposé à accepter les doctrines de Mariet, du philosophe matérialiste, qui a pu facilement lui persuader qu'il est républicain.

Passant sur les faits préliminaires des réunions auxquelles a assisté Joiron, le défenseur arrive aux faits de l'Hippodrome et de l'Opéra-Comique. A l'Hippodrome il était de ceux qui devaient attendre l'Empereur dans le bois de Boulogne, ce qu'il avoue ; il répond : « Je ne savais ce que je faisais; j'étais entraîné, j'étais arrivé à me persuader que j'étais républicain. Mais quand j'ai été là, j'ai compris la gravité et l'horreur de mon action ; j'ai eu peur et je me suis arrêté. » Et c'est ainsi, dit le défenseur, qu'il a manifesté l'horreur que lui inspirait le crime odieux que nous sommes tous d'accord pour flétrir.

A l'Opéra-Comique, il n'était pas de ceux qui devaient frapper l'Empereur. Arrêté sur les lieux, il a racheté sa faute en faisant les aveux les plus sincères et les plus complets. L'avocat repousse comme absurde, insensé, impossible, ce qu'a dit Joiron, qu'il était dans le complot pour le surveiller, pour en révéler plus tard les acteurs et les secrets. Il a une meilleure position au procès. Arrêté en flagrant délit, il comprend que son devoir est de faire des révélations, de faire arrêter les coupables, et il fait successivement arrêter plusieurs des accusés assis avec lui sur ces bancs. Ce que je dis ici, ajoute le défenseur, ce n'est pas en vain que je le fais, car il y a au Code pénal une disposition que j'invoquerai plus tard, et qui doit lui profier. A-t-il fait ces révélations parce qu'il connaissait l'art. 108 du Code pénal ? Non, il ignore encore en ce moment l'existence de cette disposition de la loi. Il s'est conduit honnêtement; car il ne peut y avoir de point d'honneur vis-à-vis d'hommes impliqués dans un complot si abominable.

Me Dumirail donne lecture de l'art. 108 qu'il vient d'invoquer, et soutient que cet article est parfaitement applicable à Joiron. Il annonce qu'il demandera la position d'une question spéciale tendant à savoir si Joiron a procuré l'arrestation de quelques-uns de ses complices, et si, par conséquent, il n'échappe pas à toute pénalité.

M. le président : La question ne peut être posée en ces termes.

Me Dumirail : Je ne m'occupe pas de la rédaction, pour laquelle je m'en remets complètement aux lumières qui ont si bien présidé à la direction de ces débats.

Me Baron présente la défense de Baudy, et soumet au jury les doutes sérieux qu'on fait naître dans son esprit l'instruction et les débats de l'audience sur la culpabilité de Baudy. Il a attendu des preuves, et les preuves ne sont pas venues. Baudy n'est impliqué que dans les faits de l'Opéra-Comique. Il aurait été arrêté porteur d'un poignard; il l'a constamment nié, et il n'y a pour combattre ses dénégations que les déclarations d'un agent de police. Mais cet agent a pu, dans la précipitation des opérations de cette soirée, commettre une erreur; attribuer à Baudy la possession d'une arme qui a pu tomber de la poche ou des mains d'une autre personne.

Mais eût-il été porteur de ce poignard, il faudrait prouver contre lui qu'il était du complot, qu'il savait ce qu'on allait faire, qu'il avait participé à la résolution d'agir. C'est cette preuve qu'on ne fait pas contre lui. Il faut remarquer que Baudy ne connaît aucun des conjurés, qu'il n'a assisté à aucune réunion et qu'il n'a rien dans ses antécédents qui puisse faire présumer qu'il a connu le but du complot. S'il avait fait partie du complot, il y aurait joué un autre rôle que celui qu'on lui reproche.

Tout se résume donc par le doute dans cette affaire, et le doute, en matière criminelle, c'est toujours l'acquittement de l'accusé.

Me Billequin a la parole pour présenter la défense de Follot; il explique au jury comment il a été chargé par cet accusé du soin de le défendre; c'est qu'il le connaît particulièrement depuis longtemps et qu'il sait que cet homme a été toujours incapable de prendre part à un aussi abominable complot; qu'il a toujours été étranger à la politique, ainsi que l'ont établi les dépositions des témoins Labrousse et Boudin.

Me Billequin raconte la vie de son client, professeur d'abord, puis étudiant en médecine, enfin docteur en 1842. et il montre que jusqu'en 1851 il est resté étranger à la politique et s'est concilié l'estime de ses chefs militaires.

Arrivant aux faits du procès, le défenseur repousse la qualification de caissier du complot donnée à Follot par l'accusation. Il reproduit l'explication donnée sur la présence du docteur aux abords de l'Opéra-Comique. Il est convenu qu'il savait en y allant qu'il y avait complot d'attentat contre la vie de l'Empereur, mais il n'est pas devenu pour cela le complice des auteurs de ce complot. Il a pu recevoir des confidences, et ce qui prouve qu'il n'est pas soupçonné d'avoir fait partie de la société qui a organisé le complot, c'est qu'après le jugement de cette affaire, il n'est pas réservé à comparaître devant le juridiction correctionnelle.

Sa présence sur les lieux vis-à-vis de l'Opéra-Comique est déplorable et fâcheuse, mais rien n'établit qu'il s'y soit rendu dans une intention criminelle.

Me Bozerian présente la défense de Ribault de Laugardière. Ami du frère de l'accusé, magistrat en province, l'avocat vient mettre au service de l'accusé son zèle et son dévouement. Il regrette, comme trop générale, l'appréciation sévère que le ministère public a faite de la jeunesse des écoles. Il examine s'il n'y a pas dans l'enseignement, tel qu'on l'a donné jusqu'ici, des explications admissibles à l'égarement de l'esprit des jeunes gens. Ne leur a-t-on pas trop vanté la liberté ? la liberté, ce mot qu'on peut traduire de tant de manières; qu'on traduit raisonnablement à un certain âge, mais que les jeunes gens traduisent parfois d'une tout autre manière ? Voici comment Laugardière le traduisait, lui, si j'en crois les vers suivants saisis dans ses papiers :

Amis, la Liberté c'est une vierge pure,
Belle en son innocence et noble en sa candeur.
Jamais, jamais le sang, de sa rouge souillure
N'a de sa blanche robe altéré la blancheur.

Aimons-la donc, amis, cette vierge divine,
Et n'oublions jamais sa céleste origine :
Elle est fille du ciel et riche de bonté ;
Dieu, comme son enfant, chérit la Liberté.

Laugardière n'est pas un philosophe matérialiste : il s'incline devant Dieu comme il s'agenouille devant sa mère. Sa main est pure ; mettez-y un gant blanc si vous voulez, mais elle ne saurait s'armer du poignard des régicides et des assassins.

Est-ce un paresseux, un étudiant pour rire ? A seize ans, il était bachelier ès-lettres ; à dix-sept ans, il était bachelier ès-sciences. Un an après, à la suite d'un brillant concours, il était admis comme élève chirurgien à l'hôpital militaire de Lille. Licencié en avril 1850, il a pris régulièrement ses inscriptions à la Faculté de Paris : s'il n'eût pas été arrêté, il aurait été docteur en médecine à vingt-deux ans.

Il a été arrêté, pourquoi ? parce qu'on avait dit : « Il y avait des étudiants... les étudiants ont dit ceci, ils ont dit cela. » Et comme il y avait des étudiants en fuite, peut-être a-t-on mis sur le compte de Laugardière, de Ranc et de Laflize, des faits et des paroles qui émanent d'autres individus. L'avocat soutient que l'existence même de la Société des étudiants est parfaitement contestable. Comment Laugardière en aurait-il fait partie ? Il parle des réunions qui ont eu lieu dans le quartier latin, et il dit qu'elle n'ont rien de grave au point de vue de l'accusation. Quant à la présence de Laugardière à l'Hippodrome, l'avocat la conteste, et rien ne l'établit, pas même la déclaration de l'honnête Joiron.

La présence de Laugardière à l'Opéra-Comique peut être une imprudence, mais de l'imprudence au crime il y un abîme, et Laugardière ne l'a pas franchi. Enfin, quant à la presse lithographique, rien n'établit qu'elle ait servi au complot : il est prouvé que les bulletins en provenant ont été lithographiés à l'époque des événements de décembre 1851.

Arrêté le 6 juillet et conduit devant M. le préfet de police, il a été relâché après interrogatoire. S'il eût été coupable, il aurait pris la fuite et n'aurait pas attendu trois jours après qu'on vînt l'arrêter de nouveau.

Me Desmarest prend la parole dans l'intérêt de Ranc. Il se rattache à ce qui vient d'être dit pour Laugardière :

avoir accusé Laugardière, c'est avoir accusé Ranc, avoir défendu l'un c'est avoir défendu l'autre ; pas plus contre l'un que contre l'autre il n'y a de charges sérieuses. Cependant le défenseur aborde la discussion des charges spéciales à son client ; il les dégage des considérations générales dans lesquelles l'accusation a voulu l'envelopper, et partout il ne trouve que des présomptions tirées des déclarations de Joiron, de Martin et de Mariet. Mariet s'est rétracté, restent Joiron et Martin.

Joiron ! la précédente discussion en a fait justice ; il suffira d'y greffer quelques observations. Joiron a dit qu'il était entré dans l'affaire pour la surveiller, et son défenseur vous a dit qu'il fallait effacer ce mot de l'instruction. L'effacer ! dans l'intérêt de Joiron, bien. Mais dans l'intérêt d'autres accusés, non. Ce mot fera juger la portée de ses révélations.

Martin ! mais cest l'inconsistance même de la pensée ! quel fonds faire sur cette pensée, sur cette parole mobile, sur cette existence composée de contre-sens, de non-sens et de contrastes ?

Ainsi, pas de participation établie de Ranc aux réunions signalées. Des soupçons, des présomptions sur sa présence à l'Hippodrome et à l'Opéra-Comique ! Le jury doit garder dans sa conscience les doutes, les souvenirs, les impressions, et ne rendre son verdict que lorsque les preuves sont manifestes, lorsqu'à côté de ces souvenirs il y a des témoins, des témoins acceptables, lorsqu'il y a enfin des preuves juridiques.

L'audience est levée.

Audience du 15 novembre.

Les plaidoiries continuent.

Me Martin (de Strasbourg) débute, dans l'intérêt de Laflize, par annoncer au jury que c'est comme ami du père de son client qu'il vient présenter la défense de ce jeune accusé. Il croyait n'avoir pas à prendre la parole, et il s'étonne de l'insistance avec laquelle l'accusation a été soutenue. Rappelant les plaidoiries qui ont terminé l'audience d'hier, l'avocat dit qu'il s'est écrié en quittant l'audience : « Laflize est défendu ! Laflize est acquitté ! »

Le défenseur reproduit la substance des discussions qui ont été présentées sur la nature des preuves juridiques, et il examine si les faits relevés contre Laflize ont le caractère et la force que le jury doit rencontrer dans un débat pour prononcer une condamnation. Les réunions chez Barjaud et chez lui ! mais l'accusation ne les a pas incriminées. On a reconnu que ce qui y avait été dit n'avait aucun trait soit à une société secrète, soit à un complot.

A l'Hippodrome ! qui a vu Laflize? Personne. Et cependant quelle merveilleuse sagacité, quelle prodigieuse mémoire ont déployées les agents ! La démarche, les vêtements, rien ne leur a échappé, et ils n'ont pas vu Laflize.

A l'Opéra-Comique ! Joiron déclare qu'il y était; mais Joiron est indigne de confiance ! Il a infirmé sa propre déclaration par ses contradictions. Il y a le même défaut de certitude quant aux déclarations qui signalent la présence de Laflize à la conférence du Luxembourg. Joiron dit que Laflize y assistait. Mais Copinot y était aussi; et que dit Copinot? qu'il y a vu Laugardière et un autre de ses amis. Nous savons que c'était Alavoine. Donc il n'y avait pas un troisième étudiant. Donc Laflize n'y était pas.

A côté de cela, on trouve dans les déclarations des témoins à charge la preuve que Laflize n'est ni un débauché, ni un paresseux. Son plus grand crime aux yeux de l'un des témoins, c'est d'avoir joué toute la nuit de la flûte dans sa chambre. C'est pour cela que le ministère public en a fait un tapageur.

Me Martin (de Strasbourg) répond à ce que le ministère public a dit dans son réquisitoire sur les opinions de M. Laflize père, sur la mesure de justice à laquelle il a été astreint, et sur la surveillance dont il a été l'objet.

M. le président. — Il est entendu, Me Martin, que M. Laflize père n'a en aucune façon à répondre des opinions de son fils.

M. l'avocat général. — Le ministère public n'a pas dépassé la limite de son droit. Il maintient ce qu'il a dit.

Me Martin. — Ah ! vous maintenez ce que vous avez dit. Eh bien ! je répond : quant à la surveillance, c'est une erreur, et vous devez regretter de l'avoir commise. Quant à la mesure judiciaire, M. Laflize a été, il est vrai, interné à Metz pendant quelque temps; c'était par décision administrative, dont l'autorité n'est pas, pour l'honneur de la justice...

M. le président. — Je ne vous laisserai pas dire cela ici ! L'autorité de ces décisions...

Me Martin. — Je maintiens le droit de dire sur ces décisions ce que j'ai à en dire. Je ne veux pas élever ici une tribune politique...

M. le président. — Et ce n'est pas très-utile pour les accusés, je vous en avertis.

Me Martin — Je dis que ces décisions sont sans autorité juridique.

M. le président. — Ce mot ne peut être admis. Il ne reste aux débats que sous réserves.

Me Martin continue sa plaidoirie et arrive à ce qui a été dit de M. Goudchaux dans le réquisitoire. Les quittances qu'on a trouvées chez lui constatent les secours nombreux qu'il accorde...

M. le président. — C'est entendu sur ce point; tout est dit; mais encore sous toutes réserves, car il y a une instruction commencée.

Me Martin. — Je me tais, si mes explications sont admises.

M. le président. — Sous toutes réserves, toujours.

Me Martin termine en lisant un passage dans lequel M. Guizot réprouve l'intervention d'un exposé de faits généraux dans dans les affaires criminelles en général, et dans les affaires de complot en particulier.

Me Jonnes a la parole pour Martin, le dernier des accusés. Cet homme que tout le monde accuse dans ce débat, il vient le défendre résolûment; après avoir causé avec Martin, il a compris ce qu'il était.

Quoique la vie de Martin soit bien courte, il y a déjà assez d'amertume dans eette vie pour remplir la longue carrière d'un vieillard.

Le défenseur révèle au jury que Martin est affligé d'affections épileptiques qui ont ébranle sa raison et qui, pendant quelque temps, ont obligé son père à le faire enfermer dans une maison d'aliénés. Quand il en sortit, il perdit son père, partit comme soldat, se rendit en Afrique, fut réformé à cause de sa maladie, et n'eut pas même le bonheur de mourir pour son pays.

C'est là la cause de ses irrésolutions, de ses contradictions. Malheureux en amour, il se trouva un jour dans Notre-Dame, il y entendit le père Lacordaire, et aussitôt son âme s'ouvrit aux aspirations du cloître, et il voulut aller vers Dieu, vers celui qui reçoit toujours ceux qui se donnent à lui. L'argent lui manqua pour accomplir ce dessein.

Le voilà dans le complot! Par qui y a-t-il été mis? Je n'ai pas à vous le dire, car avec la robe que je porte, il ne m'est pas permis d'ajouter un fétu aux charges de l'accusation. Il a été républicain un moment. La République est un de ces rêves qui ont passé dans son imagination, insensés ou radieux. Mais de là un assassinat, la distance est immense.

On a parlé d'une action indélicate, d'un vol : Martin, ce jour-là, n'avait pas mangé depuis plus de vingt-quatre heures. Il est facile à ceux qui n'ont jamais ressenti les déchirures de la faim, de lui jeter la pierre, mais s'ils étaient soumis à l'épreuve, resisteraient-ils à la douleur ? Martin n'a pas eu cette force ; il a emporté quelque chose de son logement, une mauvaise couverture, et il est allé la vendre pour avoir du pain... Est-il besoin d'ajouter qu'il aurait donné son sang pour racheter cette faute et qu'il voulait restituer ce qu'il avait pris?

Vous vous souviendrez, dit en terminant le défenseur, que celui que dans sa colère, la main de Dieu a touché, est inviolable pour la justice des hommes.

M. le président, a Joiron. — Votre défenseur a fait valoir que vous aviez procuré l'arrestation de plusieurs complices, et il a demandé la position d'une certaine question. Le 5 juillet, qu'avez-vous dit au magistrat?

Joiron. — J'ai révélé le complot.

D. Avez-vous indiqué des domiciles? — R. Quelques-uns.

D. Avez-vous dit des noms propres? — R. Ceux que je connaissais.

D. Vous n'avez dit que des prénoms. Il est bien entendu qu'avant votre arrestation vous n'avez rien révélé? — R. Oui.

Me Dumirail. — Les réponses de Joiron sont incomplétes ; il ne parle que des indications qu'il a données dans ses premiers interrogatoires, et qui ont procuré l'arrestation de divers coupables. Mais, après cela, d'autres services lui ont été demandés. Il n'a refusé aucun concours, il a été conduit au quartier latin ; on lui a montré ces hommes, il a dit : « Ce sont ceux-là! » et il les a fait arrêter. Tout s'est fait régulièrement, et les bons citoyens peuvent se rassurer en voyant l'intelligence et l'activité de la police.

M. le président. — Il y a sur ce point absence de documents judiciaires, et nous ne pouvons que nous en rapporter à ce qu'il vient de répondre.

M. le président. — L'audience est suspendue. A la reprise, la parole sera donnée à M. le procureur général pour la réplique.

Audiences des 15 et 16 novembre.

RÉPLIQUE.

M. Rouland, procureur général : Messieurs les jurés, en prenant la parole pour répondre à la défense, je n'ai point l'intention de la suivre pied à pied dans tous ses développements. Il serait mal, à cette heure, de prolonger de pénibles débats, dans lesquels, d'ailleurs, la saine et ferme intelligence du jury a déjà trouvé les véritables éléments de conviction. La tâche qui reste au ministère public est donc d'indiquer rapidement les erreurs du système général de la défense, de résumer en quelque sorte l'ensemble de ce triste procès, et d'en exprimer surtout des vérités qu'on ne saurait obscurcir et des enseignements qu'il faudrait garder toujours. A Dieu ne plaise, au reste, que je veuille passionner des discussions si vives! La magistrature peut s'exagérer les nécessités du devoir ou se tromper même dans ses appréciations; mais, ainsi qu'on l'a reconnu dernièrement par une rétractation que je crois loyale, elle ignore les emportements du zèle aveugle et du dévouement servile; elle obéit à des inspirations plus pures; elle respecte la loi, elle punit le crime, et elle agit toujours sans colère comme sans faiblesse.

Telle est, messieurs, la voie qui m'est ouverte, et j'espère y rencontrer la confiance du jury, parce que je suis incapable de la trahir. Qu'importent, en effet, à l'homme courbé sous le poids des affaires et des dures leçons de la vie, qu'importent le bruit, l'éclat, le succès et toutes les misères de la vanité! Il lui faut, à lui, le respect de la conscience qui le juge et le seul honneur de son devoir loyalement accompli. Voilà les sentiments que j'apporte dans cette lutte dernière entre l'accusation et la défense, et je puis dire que nul ne me reprochera plus tard de les avoir oubliés.

Quels sont les caractères légaux du complot contre le souverain ou pour le renversement du gouvernement? Un complot formidable a-t-il existé? Les accusés sont-ils coupables de ce crime? Telles sont les questions qui doivent être agitées devant vous. Mais avant d'entrer dans la discussion de ce que j'appelle l'élément judiciaire, permettez-moi, non pas de faire appel à des passions politiques que je repousse du sanctuaire de la justice, mais à des vérités sociales qu'on ne saurait trop mettre en lumière. Le complot actuel n'est pas né de lui-même; il n'a pas germé, sans précédents, dans le cerveau des hommes que je poursuis. N'ai-je pas le droit de demander d'où viennent tous ces malheureux qui sont devant vous? Qui donc a perverti leurs esprits, faussé leurs idées, exalté leurs imaginations? D'où sortent les passions maudites qui ont armé leurs mains? Oui, nous sommes en présence du crime; mais il faut trouver sa source. Il n'y a pas un homme honnête et intelligent qui ne se dise que la plupart des accusés sont des instruments à côté de provocateurs plus coupables. Il est vrai que Dieu ne les a point déshérités de leur part de raison; qu'ils ont eu la conscience du mal, la perception du crime, et qu'ils doivent en subir toute la responsabilité. Mais enfin il a fallu détourner ces ouvriers de leurs habitudes de travail et de famille, et dépraver leurs instincts. Il a fallu fanatiser ces étudiants et déshonorer leur jeunesse. Encore une fois, d'où viennent ces provocations? Quelles sont-elles? Que la défense se rassure. Je ne veux pas entraîner l'esprit du jury par des considérations politiques étrangères à la cause. Non, je me place au cœur même du procès, et en montrant les détestables influences qui ont incessamment agi sur les accusés, je raconte la véritable histoire du complot, et je contribue peut-être à augmenter la mesure de sage indulgence qu'il conviendra de départir à certains accusés.

Il y a d'ailleurs, ainsi que nous le révélait dans son habile plaidoirie le défenseur de Bratiano, il y a les conspirateurs d'en haut, les hommes qui ont un nom politique, des idées, de l'intelligence, et qui, pour me servir toujours d'expressions que j'emprunte, forment comme une sorte de *bonne compagnie* si on les compare aux conspirateurs vulgaires ramassés dans l'atelier et dans la rue. Il y a enfin ces derniers, que l'on dédaigne lorsqu'ils succombent, que l'on traite en plèbe ignorante et mal avisée, et qu'on abandonne au châtiment des lois après les avoir jetés dans le complot et l'insurrection.

Eh bien! messieurs, que la lumière se fasse éclatante autour de nous! Montrons les provocateurs pour les flétrir; montrons leurs œuvres pour qu'elles soient détestées, et que le pays sache comment on propage la hideuse pensée du régicide et des conspirations!

Après le 2 décembre, au milieu de tous ces partis impossibles qui s'agitaient autour du gouffre béant de l'anarchie, la France se leva presque tout entière pour acclamer le prince qui la sauvait. Le parti révolutionnaire (car il faut lui donner son vrai nom) n'avait pas désarmé; mais il resta quelque temps étonné par la foudroyante rapidité des événements et atterré par l'unanimité de la nation. Qui pouvait nier, en effet, la puissante expression politique de ces 8 millions de suffrages acclamant librement l'Empereur? Bientôt, cependant, ce parti, éternel et irréconciliable ennemi de tous les gouvernements réguliers, ce parti qui ne peut et ne veut avouer que le triomphe de la démagogie, ce parti vaincu et exilé sous la République même, qu'il voulait dévorer, revint à ses instincts agitateurs. Il trouvait d'ailleurs à donner la main à tous ceux qui avaient concouru au renversement des monarchies et qui avaient dû sortir de la France, puisqu'ils protestaient contre la volonté nationale. Tous ensemble comprenaient que l'Empire poussait de profondes racines; que le pays embrassait avec énergie un pouvoir réparateur, et qu'ils couraient le risque, s'ils restaient inactifs, d'être oubliés, effacés même dans la mémoire des soldats habituels de l'émeute. On s'organisa donc pour la guerre sociale. A Londres, le Comité révolutionnaire central européen, avec Ledru-Rollin, Bratiano, Ruge, Kossuth, etc.; le comité de la Commune révolutionnaire, avec Félix Pyat, Boichot, Caussidière; à Jersey, le comité des Exilés, avec Colfavru et Alavoine; en Belgique même, on recruta certains exilés; et tous ces conspirateurs enfin, se rapprochant, se concertant, les mains s'étreignent, les volontés s'unissent, les passions se confondent, et tous jurent haine à celui qu'ils nomment « le tyran; » tous appellent et préparent une nouvelle révolution.

Mais que faire? quel plan adopter? Retombera-t-on dans ces insurrections ordinaires qui avaient si bien réussi dans le passé? Sans doute elles avaient réussi sous des gouvernements affaiblis par les excès d'une critique folle et violente. On triomphait facilement, par les barricades, de ces pouvoirs énervés, tiraillés par la lutte des ambitions, et donnés en pâture à toutes les violences de la presse et à toutes les agitations parlementaires. Il suffit alors de quelques émeutiers qui sortent de dessous les pavés pour chasser une dynastie. Mais on comprenait que les choses avaient bien changé. On s'avouait tout bas que ce que l'on appelait tout haut « tyrannie » était une force immense, tutélaire, conservatrice de la société. On savait que l'Empereur avait le juste sentiment de la puissance et la résolution inébranlable du maintien de l'ordre public. — On le savait appuyé sur la nation qu'il honore et sur cette vaillante armée, qui n'oubliera jamais la honte qu'elle eut à subir des démagogues brisant ses armes et souillant ses drapeaux.

Devant l'insurrection le pays se lèverait et les canons de l'armée vomiraient la mitraille. — Aussi les conspirateurs ont compris qu'ils étaient en présence d'un obstacle, et qu'il fallait avant tout supprimer l'homme que la Providence opposait à leurs desseins. Lui mort, la voie peut s'ouvrir aux plus effroyables agitations, et le parti révolutionnaire espère l'avènement de la République démocratique et sociale, au moyen des bandes qu'il aura organisées. Voilà donc la double pensée connue : trouver des misérables pour commettre l'assassinat, et le crime commis, arborer le drapeau rouge. en écrasant tous les partis par l'audace et l'insurrection. Si terrible qu'elle soit, cette logique révolutionnaire voyait juste et allait droit au but. Voyons maintenant comment elle s'est formulée, comment elle a parlé, pour révéler ses desseins et pour entraîner une foule de malheureux dans des complots d'assassinat et de renversement de la société.

Un homme, que je ne veux pas nommer par respect pour sa gloire passée, a publié d'odieux pamphlets que je ne saurais lire. Le talent l'avait fait grand parmi les poëtes; puis un jour il voulut se faire grand encore dans le monde politique. Pour se consoler d'avortements multipliés, il s'est rué, comme l'ange déchu, dans tous les abîmes de l'orgueil froissé, et le génie s'est déshonoré avec les rugissements de la haine et de la malédiction de son pays.

Je n'ai rien à dire de Ledru-Rollin qui ne soit connu de tous. Membre de ce Comité révolutionnaire européen auquel appartient le frère de Bratiano, il a publié une foule d'écrits incendiaires. Je prends le dernier, intitulé : *Union contre le tyran*. C'est, assurément, celui dont la rédaction est la moins violente. Il s'agit, en effet, de tromper le pays, c'est-à-dire de lui faire croire que l'arrivée de la République démocratique et sociale est la chose la plus souhaitable et la meilleure, même pour la bourgeoisie, — pour l'armée, — pour les propriétaires, — pour l'industrie et le commerce. — Il est vrai qu'il y a certaines réserves peu rassurantes, certaines arrière-pensées sous-entendues, et que des lettres saisies dans une autre procédure dévoilent complétement. L'union proposée contre le tyran est, en définitive, l'imposition forcée, un peu plus tard, du drapeau rouge à tous ceux qui se laisseraient prendre à l'alliance. Je reviens à la citation du pamphlet. Ecoutez, messieurs : — « Voilà le bilan : d'un côté, la nation tout entière ; de l'autre, une poignée de brigands, qui ne croit même plus à son lendemain, protégée par une bande de mouchards, race immonde, qui les trahit déjà à moitié. »

Et comme il faut une conclusion claire pour tous, on termine par ces mots :

« Haine au tyran! révolution! »

L'ex-colonel Charras a aussi publié son manifeste. Il est adressé à l'armée. J'aurais voulu croire, pour mon compte, qu'un homme, qui avait été brave soldat, ne se serait jamais avili par une lâche provocation à l'assassinat. Il faut renoncer à cette illusion. — Je lis :

« Frappez le tyran et ses complices! La France en deuil vous en conjure, et la justice vous l'ordonne! »

Ecoutez maintenant ce qu'écrit la *Commune révolutionnaire* de Londres, par la plume de l'ex-sergent Boichot, de Félix Pyat et de Caussidière, et vous comprendrez comment l'imagination impressionnable du peuple peut être fanatisée par cette lave brûlante d'injures et d'exécrations :

« Ogrillon de Corse, croisé de prince, de prêtre et de grec, d'histrion, de ribaud et de bourreau, sorte de métis de Bonaparte et de Macaire, de Machiavel et de Mandrin, de marquis de Sade et de Torquemada, Napoléon de nuit, Napoléon coupe-tête, Napoléon coupe-bourse. Ni paix ni trêve avec cet homme... ce n'est pas un homme, avec ce monstre. Il est honteux de vieillir sous lui. Esclave qui le laisse régner; assassin qui le laisse tuer. Tolérer ses crimes n'est pas seulement lâcheté, c'est complicité. Permettre le mal, c'est le commettre. Son règne est un reproche à nos courages autant qu'une menace à nos sûretés. Nous sommes dans le cas de légitime défense ; et puisqu'il se proclame obstacle, puisqu'il se pose en travers du chemin, puisqu'il barre le passage à tous, avec le trône et l'échafaud, que la France fasse comme la fille de Tarquin, qu'elle lui passe sur le corps plutôt que de reculer. Qu'il serve encore à prouver, celui-là comme les autres, que le châtiment atteint le crime. Le trône le met hors la loi, l'échafaud hors l'humanité. Que l'horreur qu'il inspire le presse de toutes parts! que la terre elle-même le combattre! que les pavés se soulèvent sous ses pieds! que les tuiles le frappent à la tête, comme Pyrrhus! que les outils deviennent des armes! qu'on les trempe dans le sang et dans les larmes des victimes! Ce n'est plus seulement avec du coton et du sucre qu'il faut faire de la poudre, oui, c'est avec les larmes, avec le sang, avec tout ce que peuvent fournir de plus explosif les cœurs exaspérés. Que tout soit dans la main de tous arme de guerre, moyen de combat! Point de César sans Brutus! A bas le tyran! »

Voilà, messieurs, un échantillon des provocations régicides et insurrectionnelles que le parti révolutionnaire a essayé de répandre à profusion. On cherchait à les introduire en France par tous les moyens, toutes les ruses, à l'égal de la plus active contrebande. Voilà ce qu'on appelait « donner des bras à l'intelligence. » — Et ce que j'appelle, moi, « mettre le couteau du régicide dans la main du peuple égaré. »

Mais non-seulement on galvanisait les esprits dans les délires de la haine et de l'invective, on les trompait aussi, pour les appeler à l'insurrection, par le tableau menteur d'un bien-être imaginaire. Les conspirateurs, spéculant sur les faiblesses humaines, s'adressaient aux sentiments égoïstes, aux appétits matériels, aux souffrances habilement surexcitées et à la perspective d'un bonheur social impossible. En réalité, ils savaient bien le néant de toutes ces promesses, comme ils savaient l'odieux de leurs calomnies. Il est curieux, à propos de calomnies, de surprendre les habiles du parti démagogique se faisant confidence les uns aux autres de la honte des moyens qu'ils emploient. Voici une lettre écrite par un républicain socialiste à un autre soi-disant patriote de l'Ouest. Elle est extraite, vous le savez, d'une procédure qui s'instruit à Paris.

« Paris, dans ce moment, c'est une loge de portier, un lavoir public, la reine du monde et des cancans, que moi-même je propage autant qu'il est possible : il n'y a sorte de choses qui ne courent sur le compte du héros du jour : il tue des officiers en plein bois de Boulogne ; il assomme un de ses cent Corses ; il fait fusiller dans les cachots de la préfecture de police ; enfin, l'empoisonnement du nonce Garibaldi n'est qu'un bruit partout ; une main de papier ne suffirait pas à énumérer tous les on-dit que chacun affirme. Je les propage moi-même, ai-je dit plus haut ; ne pouvant combattre à découvert, je me fais jésuite. Beaumarchais a dit : « Calomniez, calomniez, il en reste toujours quelque chose. » Dans tous les cancans, il y a pourtant de très-grandes vérités, j'affirme toujours le tout ; aux yeux de l'homme aux principes à l'eau de rose, aux vertus apparentes, ce que je fais paraîtra ignoble ; par le fait, ce n'est guère mieux appréciable. Quand il s'agit de tuer une bête immonde qui se trouve sur votre route, vous ne retournez pas chez vous prendre des gants et l'arme la plus noble, vous lui écrasez la tête avec le talon de votre botte. »

En vérité, après cette lecture, chacun se demandera comment de tels misérables trouvent crédit auprès du peuple, et comment le peuple se laisse duper par de pareilles infamies.

Je disais à l'instant, messieurs, que les conspirateurs d'en haut, si habiles à rester dans l'ombre ou à ne parler que hors des frontières de France, tentaient, souvent avec un déplorable succès, de tromper les classes ouvrières par l'appât d'un état social tout resplendissant d'un bien-être à eux réservé. Il suffit d'une preuve. Est-il vrai que le rêve socialiste soit de faire dévorer la moitié de la France par l'autre ? Est-il vrai qu'on promette au peuple de courir sus à ceux qui possèdent ? Est-il vrai qu'on leur donne à l'avance les dépouilles de la bourgeoisie ? Est-il vrai que la révolution attendue soit la spoliation violente de la société actuelle et le vol de toutes les valeurs existantes, au préjudice de ceux qui les ont, en faveur de ceux qui ne les ont pas ? — Si quelqu'un doutait, après les insolentes publications qui, à une certaine époque, effrayaient le pays, il pourrait arriver à la certitude par la lecture d'une pièce que MM. les jurés connaissent déjà. C'est le projet de budget de la républque démocratique et sociale pour 1854, projet saisi dans les papiers politiques d'un inculpé, attribué par lui à un ex-représentant montagnard. Je me soucie peu, du reste, du nom de ce représentant, car, après tout, son œuvre n'est que la reproduction des idées favorites de nos financiers socialistes. — Permettez-moi, messieurs, d'extraire de ce projet de budget les passages suivants :

« Convaincu, dit l'auteur, plus que jamais, par les efforts insensés du 2 décembre, que la monarchie constitutionnelle ou absolue est impuissante depuis 1789 à diriger notre pays, certain que le royalisme est destiné à périr par cela seulement que, pour se constituer un instant, il est obligé de s'appuyer sur une aristocratie quelconque dont la France ne veut plus ; ayant vu la république elle-même s'abîmer sous nos pieds, parce qu'elle avait répudié le concours du socialisme, qui seul peut désormais garantir son avenir, j'ai cru devoir remplir mon devoir de citoyen en faisant à l'avance son budget.

« Je supprime entièrement le chapitre des cultes; l'Etat ne doit pas solder « les ennemis de ses institutions. » Chaque culte sera payé par ses adeptes.

« Je propose une réduction de 124 millions sur le chapitre de la guerre. La république ne doit pas solder à grands frais « des oppresseurs. »

« Je confisque à « nos adversaires politiques » pour « six milliards nets d'immeubles; » j'en vends seulement pour 500 millions, « afin de ne pas trop déprécier la propriété foncière; » j'emploie 200 millions à la mise en pratique du « droit au travail, » qui devient ainsi une institution normale; « je prélève 150 millions pour la création de villages en Afrique, où seront déportés nos adversaires; » j'applique, en outre, 50 millions à favoriser le développement des associations, et je réserve le surplus pour les « éventualités d'une guerre générale. »

Donc, pour résumer tout ce hideux système de provocations et de dépravations, on calomnie l'Empereur pour le rendre odieux aux ouvriers.

On ment au peuple, on le plonge dans la fraude la plus grossière, pour lui faire désirer, comme une réparation, la révolution qui serait sa ruine.

On se raille de sa crédulité; on fait briller à ses yeux le riche butin de la société mise au pillage révolutionnaire.

Et tous ces crimes de la pensée et de la publication sont employés pour enfanter l'assassinat de l'Empereur et la ruine de la société actuelle!

Oh! il faut maudire les hommes qui ont publié de si détestables écrits. car ils sont les provocateurs du complot que vous allez juger! L'éloquent défenseur de Bratiano, en parlant de ce complot, disait : « C'est une chose abominable, monstrueuse! » Et moi, je reprends ces loyales et énergiques paroles dont je n'aurais pu peut-être égaler l'indignation. — Oui, les hommes qui ont tenté de dépraver le cœur du peuple par le mensonge, la calomnie et la haine; les hommes qui l'ont égaré jusqu'au guet apens de l'assassinat, ont fait « une chose abominable. » — Et qu'au nom de la conscience publique, au nom de l'honneur de la France, ils soient à toujours déshonorés et flétris! Que si ces aventuriers politiques (pour continuer à me servir des magnifiques paroles de Me Jules Favre), songeaient jamais à reprendre, par l'assassinat et l'émeute, le pouvoir qui est si heureusement tombé de leurs mains, qu'ils le sachent bien, on ne fonde rien de durable dans le sang, et ils seraient chassés par la colère du pays comme on chasse les infâmes!

Tenez compte, messieurs, de ce tableau si sombre mais si vrai de nos misères politiques, non pour prendre en haine les malheureux assis sur ces bancs, mais pour faire remonter à ceux qui l'ont prise devant les hommes et devant Dieu la responsabilité morale des crimes qu'ils ont provoqués. Eh bien! ouvriers et étudiants, essayez donc maintenant de vous croire des héros ou des martyrs élevés sur je ne sais quel piédestal! Voyez, pauvres dupes, ce qu'on fait de vous! Vous n'avez pas réussi dans le crime dont d'autres devaient profiter; et ils se détournent de vous avec cette parole de dédain: — « Cohue obscure!... défends-toi comme tu peux!!... » — Quelle leçon!

Voilà, messieurs, ce que j'avais à vous exposer sur les véritables origines du complot. Vous comprenez maintenant d'où il vient et comment il s'est créé. Je reprends désormais l'élément judiciaire du procès, et la discussion des questions et des faits qu'il renferme.

Entre la défense et l'accusation il n'y avait pas, on l'a bien senti, de débat possible sur la définition du complot. Cette définition, nous la trouvons dans la loi, c'est « la résolution d'agir concertée entre plusieurs personnes dans le but d'attenter à la vie ou à la personne du souverain, ou de renverser le gouvernement. » Puis, la loi a reconnu une circonstance aggravante dans l'existence de tout acte accompli ou commencé pour préparer l'exécution, et elle a alors édicté une peine plus forte.

La défense s'est rejetée sur les mots « résolution d'agir » qui sont, dit-elle, un des éléments constitutifs du complot, parce que la loi n'a pas entendu punir l'intention isolée et qu'elle a voulu, avant de frapper, que la pensée criminelle fût manifestée par un acte extérieur.

La défense a ainsi confondu la résolution d'agir avec la tentative de l'attentat ou l'attentat lui-même. Elle l'a même confondue avec les actes commencés ou consommés uniquement pour préparer l'exécution. Cependant la loi punit et la simple résolution d'agir, et cette résolution accompagnée d'actes. Donc la résolution d'agir, seule, unique, constitue un crime, indépendamment de ce qui peut la suivre et l'aggraver.

Au surplus, la résolution d'agir n'a d'autre but que d'exclure l'idée abstraite qu'il serait absurde de vouloir punir. Ainsi, vous avez la pensée d'un complot, vous l'exprimez à ce titre de pensée pure, en dehors de toute volonté de réalisation; vous aurez ainsi une pensée mauvaise assurément, un détestable rêve; mais elle ne sort pas du monde intellectuel; comme elle n'est pas encore le caractère d'une volonté exprimée, elle reste insaisissable pour la loi positive. — Mais supposons que cette pensée de complot, sortant du domaine des abstractions de l'esprit, cessant de se contempler elle-même, se transforme, en passant dans le monde réel, en une résolution d'agir, elle devient coupable. Pourquoi? parce que l'homme qui a résolu d'agir, en se concertant avec d'autres pour un complot contre le souverain ou le gouvernement, devient une menace vivante pour la société. Nul n'a le droit d'inquiéter profondément sa sécurité. Et il importe peu que ceux qui ont résolu d'agir ne sachent encore ni le lieu, ni l'heure, ni les moyens. — Il importe peu que des actes ne soient ni commencés ni consommés. Encore une fois, la résolution d'agir, étant prise, suffit pour créer de graves inquiétudes à la société, à qui on a ainsi déclaré la guerre.

Qu'y a-t-il maintenant dans le procès? Est-ce qu'il peut être un seul instant douteux que ces hommes ont eu la volonté d'agir? Et ce n'est pas seulement quelques jours avant les faits de l'Hippodrome et de l'Opéra-Comique qu'ils ont eu cette volonté; tous ou presque tous, ils l'avouent, ils ont appartenu à des sociétés secrètes préexistantes. Elles avaient un but, ces sociétés, une raison d'être : c'était l'assassinat de l'Empereur et la proclamation de la République rouge sur son cadavre. Quelques défenseurs ont fait une distinction en contestant que ces sociétés aient eu pour but l'assassinat de l'Empereur. Ils ont admis qu'il s'agissait de renverser le gouvernement par l'insurrection; mais la répression est la même dans les deux cas : le crime est le même.

Que voulaient donc les accusés? Formaient-ils un comité de précaution, mû par une idée simplement spéculative; un comité d'attente institué dans la prévision de je ne sais quelles émeutes possibles de la part des partis monarchiques? Ceci n'est pas sérieux et ne vaut pas qu'on s'y arrête. Tous les faits protestent contre cette interprétation. Ces hommes étaient les instruments d'une pensée arrêtée, d'une résolution concertée à l'avance. Est-ce qu'au-dessus d'eux il n'y avait pas un comité directeur? Est-ce que ce comité directeur n'avait pas une presse? est-ce que cette presse n'a pas été saisie chez l'accusé Bratiano? est-ce que cette presse n'a pas servi à imprimer les bulletins du 20 mai et du 5 juin?

Le 20 mai, entendez-vous! c'est-à-dire avant les faits de l'Hippodrome et de l'Opéra-Comique. Souvenez-vous, messieurs, de ce que dit le premier bulletin, intitulé : « Le Réveil du peuple! »

« Citoyens, il n'a fallu que trois ans pour renvoyer l'ancienne monarchie et mener Louis XVI à l'échafaud. Il n'a fallu, en 1830, que trois jours de combat pour chasser Charles X. — Quarante-huit heures ont suffi pour que Louis-Philippe et sa famille montassent dans un fiacre et prissent la fuite. Pour renverser Louis-Napoléon, deux heures suffiront... Citoyens! relevez-vous; tout annonce un dénouement prochain. Aux armes! On vous dira le lieu et le moment. — *La résolution est prise.* — Chacun se prépare. Citoyens. tenez-vous prêts! »

Voilà la pensée de la conspiration, dit M. le procureur-général. Ce bulletin ne s'est sans doute pas égaré sans savoir qui il allait trouver. Il devait exciter les courages, exalter les esprits. Il exprime formellement la résolution d'agir.

Ne demandez donc plus où l'accusation a vu la résolution d'agir. Vous aviez vos hommes comptés et résolus. Un mois avant la scène de l'Hippodrome, avant le 7 juin, vos canons étaient fabriqués : Mailliet et d'autres l'ont avoué : vous criiez aux armes! Vous vouliez tuer le tyran! Vos canons étaient prêts pour les barricades! Et cela ne constituerait pas la résolution d'agir! Qu'est-ce donc?

Voyons! il faut discuter les choses qui offrent des doutes graves. J'aurais compris qu'on discutât les circonstances aggravantes, l'exécution commencée; mais non, c'est l'évidence des faits qu'on attaque, c'est l'élément capital et irrécusable de l'accusation qu'on veut nier. C'est tenter l'impossible!

On tâtonnait, dit-on; ce sont là les expressions de l'acte d'accusation. Oui, on tâtonnait, en ce sens que, la résolution d'agir étant prise depuis longtemps, il fallait pourtant encore convenir du lieu, de l'heure et des moyens. Mais les réunions se succèdent; les faits dans lesquels nous saisissons les accusés se multiplient. Le 2 juin, nous trouvons Alix et Ruault chez Gérard. Le 3, nous les retrouvons au Palais-Royal. Est-ce que c'était pour discuter le plan d'Alix sous les arcades, à la lumière du gaz? On a fait dire cela à l'accusation, je le sais; on lui a prêté une niaiserie dont elle n'est pas coupable. Ce qu'elle a dit, ce qu'elle a prouvé, c'est que le plan a été discuté, pendant un assez long trajet dans la rue, par les accusés, parfaitement sûrs l'un de l'autre et résolus à l'action.

Chez Decroix, même discussion. Là, Mouchiroud, homme énergique, s'explique à cœur ouvert. A l'Hôtel-de-Ville, il faudra envoyer 500 hommes, et 50 hommes dans chaque mairie; on attaquera la voiture impériale au cri de : « Vive l'Empereur ! » Et il n'y a pas là résolution d'agir?

Et à la réunion des Vertus! on y déclare la permanence. Or, nous savons ce que cela veut dire. C'est la société secrète en armes, debout, prête à marcher. C'est l'appel à tous les hommes d'action; c'est là le droit de leur dire, à chaque heure, à chaque minute : : « Prends tes armes, tue ou fais-toi tuer ! » La permanence est une mesure extrême et décisive. En effet, nous sommes au 5 juin, et c'est le 7 qu'éclate le drame de l'Hippodrome.

Vous êtes, Messieurs les jurés, non des jurisconsultes chargés d'interpréter la loi, mais des hommes intelligents chargés d'apprécier les faits. Nous vous devions donc les explications dans lesquelles nous sommes entrés, et qui étaient une réponse nécessaire à la défense.

Vous venez de lire le bulletin du 20 mai; en voici un autre qui porte la date significative du 5 juin, le jour même de la réunion des Vertus, et qui émane, comme le précédent, du *Comité directeur*. Il est ainsi conçu :

« Parler à la conscience publique chez un peuple tel que le nôtre, c'est être assuré du succès.

« Si le peuple a laissé passer le 2 décembre et la proclamation de l'Empire presque sans protestation, c'est qu'il attendait son jour, son heure; mais il n'a pu voir avec insouciance ou sans douleur ces tristes journées pendant lesquelles furent mis en doutes ses droits si chèrement acquis.

« C'est à la conscience des citoyens que nous nous adressons, bien persuadés que le cri d'indignation que nous jetons trouvera de l'écho dans leurs cœurs et sortira de toutes les bouches, sans distinction d'opinion, pour ainsi dire.

« C'est à qui n'osera pas s'avouer bonapartiste, tant les actes de Bonaparte paraissent odieux. Chacun cherche également à se faire amnistier de sa participation à l'attentat de décembre; celui-ci donne sa démission; celui-là se retranche derrière des ordres reçus; un autre,— et c'est le plus grand nombre, — prétend s'être trompé et avoir cru la société en danger; en un mot, il n'y a qu'un criminel, c'est Bonaparte. Pour peu, ils nous le livreraient pieds et poings liés.

« Citoyens, quand un pays en est là, il suffit de sonner le tocsin et d'appeler aux armes !

« Eh bien, oui! debout! et le peuple tout entier entendra cet appel au premier signal du Comité directeur.

« Arrière donc, parasites, repus, sangsues du peuple, escrocs, voleurs, vous tous qui avez été les complices de Bonaparte, non par amour de lui, nous le savons, mais pour garder vos priviléges; arrière, car le peuple va s'armer pour vous frapper au nom de la justice humaine!

— Que chacun s'arme donc et se tienne prêt! »

« Que toutes les nuances républicaines se fondent et se groupent sous le drapeau universel de la Liberté; que les différentes écoles socialistes s'effacent; assez d'idées ont été semées pour que les matériaux ne manquent pas au nouvel édifice social.

« Que chacun sache bien que le socialisme est une science que la liberté seule peut développer, et que cette science a pour raison d'être et pour but l'humanité tout entière. »

« Que les âmes timorées qui grossissent ordinairement les rangs réactionnaires n'aient plus frayeur des républicains ou des socialistes, car ces fantômes, à l'instar du SPECTRE ROUGE, ne sont que pures et méchantes inventions.

« La République est grande, forte, généreuse; elle veut pour tous le bien-être, la fortune. Rassurez-vous donc, vous tous qui vivez d'un commerce honnête; — bourgeois, petits commerçants, rassurez-vous!

« Et vous, gardes nationaux, que le pouvoir craint, vous qui allez être désarmés, parce que l'on sent déjà lever en vous le vieux levain du libéralisme, venez à nous, et l'Empire ne pèsera pas lourd dans la balance.

« Encore une fois, veillons et courons à nos armes au premier signal!

« Paris, 5 juin 1853. »

Maintenant qne les réunions ont reçu leur véritable signification, permettez-moi de passer successivement en revue tous les accusés. Je heurterai pour quelques-uns la défense; mais je le ferai avec toutes les convenances qu'on me connaît.

Folliet! Que voulez-vous que je vous en dise? C'est un vieux conspirateur, il le sait, il l'avoue. Il s'est corrigé, tant mieux, je veux le croire; mais le vieux levain du conspirateur s'est soulevé une dernière fois. On s'est adressé à lui parce qu'il est employé au chemin de fer de Strasbourg et qu'on voulait par lui agir sur les ouvriers. On lui a demandé de se réunir chez lui, il a refusé par prudence. Mais il a été chez Decroix; il a promis d'aller aux Vertus et il y est allé. Il a fait des aveux! Faut-il lui en tenir compte? Non, ils lui ont été arraché par l'évidence : qu'ils ne lui comptent pas.

Ruault! Qu'en dire? Rien. Il est mêlé à tout, il est impassible devant le public. Depuis trois mois, il répond toujours non! Il est partout et dit n'avoir été nulle part. Sa culpabilité est évidente, vous la consacrerez.

Mouchiroud! Cet accusé a provoqué la réunion Decroix. Il aime à s'envelopper de quelques importance. Il a voulu protéger l'ordre menacé par des factions, et assurer le triomphe de ses idées républicaines! Est-ce que c'est admissible? Quoi! les partis monarchiques, qui n'ont pas su se défendre, songent à triompher par l'insurrection et l'assassinat! C'est à hausser les épaules. Ce qu'on a voulu, ça été la mort de l'Empereur et l'insurrection à la suite. Ce qu'on a discuté c'est le plan des barricades, la place des canons, le moyen d'arriver à l'assassinat! Voilà la résolution d'agir bien établie. On se réunit pour savoir ce qu'il faut faire : c'est très grave. On se demande : que ferons-nous? comment réaliserons-nous nos projets? C'est la résolution; c'est clair, c'est évident.

Il ne veut pas avoir demandé sa grâce! Quand on souffre, il est permis de demander à ne plus souffrir. Oui, mais quand on est républicain, ces choses, à ce qu'il paraît, ne s'avouent pas. Un républicain s'avilit en demandant grâce! J'en suis fâché pour Mouchiroud; l'avilissement y est : j'ai là la requête, et c'est la soumission la plus complète, la prière la plus suppliante adressée au président de la république, qui a fait grâce à un ingrat.

Decroix, c'est chez lui que la réunion du 3 juin a eu lieu. Je ne veux pas répéter ce que j'ai déjà dit de ces réunions; il y a eu de sa part résolution d'agir.

Lux, le condamné de 1834, avait trouvé des *amis* qui voulaient reconquérir la liberté, et il leur a donné un *coup de main*. Eh bien! à Paris, il a trouvé encore des amis, c'est un homme d'action : il a voulu leur donner un coup de main. Il est partout, il est surtout à l'Hippodrome où il dirige tout. Vous le condamnerez.

Alix! c'est l'homme mobile, inquiet, intelligent et vaniteux. Il a l'intelligence, qu'il subisse les conséquences de cette intelligence. C'est lui qui a imaginé le plan de l'insurrection, qui a proposé un nouveau système de barricades. Un conspirateur plus énergique, un émeutier plus abrupte, a dit : « Non, non! les anciennes barricades ont réussi. Nous les ferons comme autrefois. »

Que vous dirai-je de sa théorie sur la *résistance* et la *puissance*? Tout cela est obscur, inintelligible. Le jury verra s'il peut lui faire une part dans son indulgence.

Et Thirez! Il est coupable. Je sais que la parole humaine peut créer beaucoup d'illusions! mais enfin il était à la réunion des Vertus. Il a parlé d'alibi! Thirez était à l'enterrement de Ghebaert! Non, car les inspecteurs ont vu Thirez et l'ont suivi; ils ont dépeint son costume. Ses propres témoins disent qu'on a été, après la cérémonie, de cabarets en cabarets. Ghebaert est-il sûr que Thirez n'a pas quitté la société? Et, d'ailleurs, qui a parlé du complot? Qui a tout raconté? Thirez lui-même; il n'a pas inventé cela, ou ce serait un singulier hasard et un amour-propre bien mal placé.

Bratiano! il a été défendu habilement et que le défenseur me permette de le lui dire, trop habilement défendu. A l'entendre, nous serions parfaitement ridicules d'avoir gardé si longtemps en prison un homme qui était si complètement innocent! Non, je n'accepte pas cette position. Qu'au point de vue légal, on puisse élever des doutes, produire des discussions, soit. Quant à nous, dans notre conscience, nous le disons, nous croyons à la complicité, à la culpabilité de Bratiano.

Ecartons d'abord ce qui a été dit sur le noble Valaque, sur le chef que les Roumaniotes attendent! Ceci provient du fonds si riche de l'imagination du défenseur; car Arthur Bratiano, qui est complètement libre, qui peut voler en Valachie, préfère rester à Londres et y rédiger des programmes de république socialiste. L'affranchissement des Valaques ne dépend donc pas de l'acquittement de Bratiano.

Ecartons aussi une lettre de M. Michelet, lue par Me Favre, dans laquelle on dit que l'arrestation de Bratiano est un bonheur pour la Russie! Ce sont des calomnies qui se trouvent dans les pamphlets d'un parti. On y dit que l'Empereur est aux pieds des Cosaques! et l'on sait cependant que la France est là, la main sur la garde de son épée. On sait que les flottes de France et d'Angleterre sont à Constantinople, et qu'il ne sera rien fait qui porte atteinte aux intérêts et à l'honneur de l'Empire français.

Retranchons donc ces exagérations; ne faisons pas de cet accusé le chef qu'il ne saurait être et que ses compatriotes attendent. Voyons comment il est ici.

On vous a fait une histoire merveilleuse sur les circonstances de la malle saisie chez lui. On a parlé d'un serrurier, d'un ami, d'une portière! Voici ce que dit le serrurier : Il a été requis par la portière; il a été conduit chez Bratiano par cette femme, qui s'est ensuite retirée. Le serrurier n'a trouvé là qu'un jeune homme, c'est l'accusé. —Ainsi, ni la portière, ni l'ami, que nous ne connaissions pas, n'ont assisté à l'ouverture de cette caisse, dont le contenu n'a pas été visité devant le témoin.

Que contenait-elle? une presse et des caractères d'imprimerie. Ce n'est pas tout : il y avait deux bulletins, ceux que j'ai lus. Il y avait un troisième bulletin commencé; il y avait du papier qui avait été mouillé, préparé pour l'impression! Comprenez-vous maintenant pourquoi Bratiano a apposé un cachet, deux cachets sur cette caisse? Il n'est pas chez lui, il a une femme de ménage qu'il ne peut pas renvoyer pendant dix jours. Prenez garde! vous ne voulez pas dire de qui vous tenez ce dangereux dépôt? Je ne suis pas dépourvu de cœur, je ne peux vous faire un crime de cette réserve; mais elle a ses dangers, et vous vous y exposez à vos risques et périls. Si le jury a la conviction de votre culpabilité, Bratiano, il vous condamnera; s'il a des doutes, qu'il vous absolve.

Quant à moi, je conserve ma conviction, et je n'ai voulu qu'une chose, justifier la poursuite et montrer que ce n'est pas sans de graves raisons que cet accusé a été retenu dans les liens de l'instruction. Je n'insiste plus.

Gérard! vous savez ce qu'il a fait. Il est chez Decroix, il est aux Vertus, il a donné 40 francs à Ruault. il était à l'Opéra-Comique. Sa défense a été tentée; mais elle était impossible.

Deney! il a été arrêté armé; on a trouvé chez lui les écrits que vous savez. Il dit qu'il a été entraîné, égaré par un tiers. Je ne suis pas d'une sévérite outrée, mais je ne peux admettre une indulgence excessive quand il s'agit d'un crime si grave, si facile à comprendre, quand on s'engage à le commettre ; et il doit subir les rigueurs de la loi.

Matz! ancien militaire, déserteur : c'est lui qui a perdu Mailliet. Matz était à l'Hippodrome, et sa culpabilité est certaine. C est lui qui a conduit les ouvriers chez les étudiants.

Mailliet! il est allé chez Alavoine ; il a amené des bras au soutien de l'intelligence. Il a pris part à la fabrication des canons ; il a reçu 150 fr. pour pourvoir aux frais. Il est allé à l Hippodrome ; Mailliet est coupable.

Mariet! que dire de cette intelligence dévoyée, pervertie? de cet homme qui a débuté par des révélations, qui les a rétractees ensuite, en ce qui touche les étudiants ; qui, trompé par sa vanité, égaré par les insuffisances de sa raison, est un homme très-actif, très-dangereux? Mais il a menti sur un point dans ses rétractations. Pour lui, je comprends la culpabilité entière, parce que c'est lui qui l'a voulue.

Mazille ! c'est celui qui s'est rejeté sur les quittances de son propriétaire. Il était à l'Opéra-Comique. Il a été suivi, reconnu par les agents, qui ont dépeint son costume avec une exactitude désespérante. Il a invoqué un alibi qui a tourné contre lui. Vous le déclarerez coupable.

Turenne, c'est le neveu de Gérard; voilà son excuse. Il était à l'Opéra-Comique. Il demande de la pitié! La pitié peut se placer à côté de la loi ; elle devient de l'indulgence. Mais il faut qu'il soit puni, et il le sera.

Gabrat avoue tout; rien à dire.

Jaud était chez Decroix, aux Vertus; il est à l'Hippodrome, à l'Opéra-Comique. Il l'avoue ; rien à dire.

Commès! il avait tout avoué. Son défenseur a cru devoir établir ici un système contre lequel je dois protester au nom même de la dignité du barreau. On a prétendu que Commès a pu tuer l'Empereur, qu'il ne l'a pas fait parce que dans les idées d'un républicanisme violent, un homme peut tuer un homme dans une pensée d'insurrection, et ne pas le tuer dans une pensée d'assassinat ! Cette théorie, si elle était souvent répétée, tuerait plutôt un parti qu'elle ne le servirait. Je la flétris comme immorale, et je dois la flétrir à ce titre. Isolez Commès, Messieurs, isolez-le de cette défense; ne l'en rendez pas responsable. Il fallait faire appel à votre indulgence, à votre pitié; vous l'auriez entendu.

Joiron! on a demandé pour lui le bénéfice de l'art 108 du Code pénal. Voyons ce qui s'est passé : il a été arrêté le 5 juillet devant l'Opéra-Comique. Conduit dans une pièce du théâtre, à la lueur des bougies, trouvé les mains armées, il fait ce qu'aurait fait tout autre à sa place. Ecrasé sous l'évidence, il fait des aveux. Des révélations? non. Il a indiqué des noms, des noms de guerre, Auguste, Charles et d'autres encore. Il est sorti avec les agents et les a aidés dans les arrestations qu'ils ont faites. Mais alors les renseignements arrivaient déjà. Il y a concouru, il y a apporté son contingent. Qu'il profite de ce bénéfice, non pour un acquittement, mais pour recevoir une marque de votre indulgence.

C'est lui qui a déclaré que Follot était venu là, sachant tout; qu'il était venu pour donner ses soins à ceux qui auraient pu être blessés, pour ceux qu'on appelait « les satellites de l'Empereur. »

Martin ! pour celui-là, je ne peux insister longtemps. C'est lui qui, avec cette étrangeté d'esprit que vous avez constatée, est venu se dénoncer lui-même. Il a obéi à une inspiration de sa conscience. « J'étais dans le complot, a-t-il dit. » C'est vrai. Vous le jugerez selon ce que dictera votre conscience.

Viennent les étudiants. Dans leur intérêt, l'accusation a été attaquée, je ne dis pas avec violence, la défense en est incapable, mais avec une vigueur, une insistance qui tendaient à nous représenter comme ayant traduit ici légèrement, sans preuves, ces trois jeunes étudiants.

Eh bien! non; Laugardière était du complot; il savait tout; il a tout organisé. Il a bien fallu que j'accuse les malheureux ouvriers ici présents, de complot et d'assassinat. Où est donc le privilége de ces jeunes gens? Est-ce parce qu'ils ont des familles haut placées et qui ont rendu des services? Est ce parce qu'ils avaient toutes les raisons de respecter l'ordre établi, de ne pas jouer la considération de leurs familles et leur avenir dans un complot odieux? Non; vous êtes accusés comme les autres, et vous serez punis comme les autres; sans cela, où serait l'égalité devant la loi?

Faut-il donc que les hommes qui polluent tout dans

l'intérêt de leur ambition politique aillent chercher la jeunesse jusque sur les bancs de l'école pour en faire l'instrument de leurs abominables menées ? Les étudiants ne devaient pas frapper, c'est vrai, mais ils allaient sur le lieu du crime, fascinés par ces idées fausses que ces sophistes leur avaient données et en se disant martyrs du droit et de l'idée. Vous les jugerez donc selon la rigueur de la loi.

Les étudiants ! on les retrouve partout. Il fallait qu'on pût dire aux ouvriers : Allez en avant ! tuez l'Empereur ! faites des barricades ! volez à l'insurrection ! et puis les étudiants viendront. Vous aurez la curée ; ils proclameront la république ! Les étudiants étaient là pour honorer la honte de la conspiration. C'est la tactique des conspirateurs. Il n'est pas besoin d'aller chercher Joiron, il n'a rien imaginé de tout cela. Pourquoi mentirait-il ? la vérité lui suffit pour sa propre sécurité.

Est-il seul, d'ailleurs ? Vous demandez des preuves ! Attendez ; elles abondent ; nous les trouvons à chaque pas. Voyons donc.

Laugardière ! Mais nous le trouvons tout disposé à ce crime. Il faut bien que je vous montre que son cœur et ses pensées l'ont disposé à la conspiration. Eh bien ! je vous le montre intimement lié avec Alavoine. Est-ce vrai, cela ? Est-ce que ce n'est pas lui qui le premier, a dit : « Alavoine est un de nos amis ! » Et Alavoine, c'est l'auteur de la *Proclamation aux écoles*, dont M. le président a lu quelques passages, où il se proclame « martyr du droit et de l'idée », parce qu'il a voulu tuer l'Empereur et bouleverser la France, et qu'il en a été empêché.

Voici, messieurs, cette proclamation

AUX ÉCOLES.

« Citoyens,

« En visitant les différents refuges offerts à la proscription bonapartiste, nous avons été abordés partout par les martyrs du droit et de l'idée avec cette même question : « Que deviennent les Ecoles ? .... » et je voyais les yeux de ces hommes briller au souvenir de leur jeunesse à eux si belle, si dévouée, si patriotiquement remplie ; ils nous croyaient tels qu'ils avaient été, et nous étions forcés de leur enlever cette illusion, cet espoir dans la génération qui doit venir après eux, et de leur dire :

« Les Ecoles sont mortes de la gangrène que leur a

« léguée Louis-Philippe ; l'étude pour les uns, mais l'étude « froide, égoïste ; pour les autres, les plaisirs fièvreux du « Prado et de la Chaumière, voilà les étudiants ! Qu'on ne « vienne pas aujourd'hui leur parler de liberté, ils répon- « dent qu'ils ont la liberté de se griser avec des filles, « qu'ils n'en connaissent ni n'en veulent d'autre ; qu'on ne « leur parle pas non plus de leurs frères qui souffrent « rongés par la misère ou l'exil, ils répondent qu'ils font « leur affaires et s'occuperont de politique plus tard. Rien, « plus une idée grande et généreuse ! »

« Voilà ce que j'étais *forcé* de dire, moi, étudiant, à ces hommes qui espéraient encore que la jeunesse sauverait la patrie. Disais-je vrai ? Je le crois ; mais vous pouvez me démentir, *quelques-uns d'entre nous vous ont montré l'exemple, suivez-le* ! Pensez aux hontes de la France ! pensez à l'avenir brillant que vous pourriez lui faire ! Notre époque est une époque de lutte ; lancez-vous dans la mêlée avec le savoir, l'énergie et l'abnégation de notre âge ; que les Ecoles ne forment plus qu'un bataillon sacré armé pour la conquête de la RÉPUBLIQUE SOCIALE ET UNIVERSELLE, et alors vous aurez relevé notre drapeau, que nous laissons traîner dans la fange depuis cinq ans ; alors, avant-garde du progrès, vous aurez bien mérité de la *Liberté* !

« *Vive la République* !

E. ALAVOINE,

« Etudiant en médecine.

« Londres, 24 juillet 1853. »

Voilà les relations de Laugardière. Qu'on ne m'accuse pas, je suis obligé de les faire connaître, car elles expliquent sa participation au complot. Ce n'est pas du premier bond qu'on arrive à un crime si odieux,

Et cela n'est pas isolé dans le débat. Il y a la déclaration de Joiron ; il y a celle de Folliet, qui avait les secrets du complot ; il y a Jaud, qui a vu Laugardière au Luxembourg. Et vous demandez pourquoi ces jeunes gens ont été mis en prévention ? pourquoi ils sont ici accusés ? Pourquoi donc ces ouvriers, accusés aussi, diraient-ils, l'un, que Laugardière était aux Vertus ; l'autre, qu'il était au Luxembourg, à l'Hippodrome, à l'Opéra-Comique ? Pourquoi ces ouvriers diraient-ils que l'un de ces étudiants s'écriait, après l'affaire de l'Opéra-Comique : « C'est à se rompre la tête ; nous avons encore échoué ? » Il faut admettre contre ces jeunes gens le même genre de preuve qu'on admet contre les ouvriers.

Il fallait que Laugardière, s'il voulait taire certains noms qu'il sait, s'il voulait garder certains secrets qu'on lui a confiés, il fallait qu'il s'affranchît du vain point d'honneur qui l'a empêché de reculer; et puisqu'il n'a pas reculé, il fallait par des aveux se concilier la bienveillance du jury et celle de la justice. Il ne l'a pas fait; ce n'est pas notre faute. Il avait commencé ces aveux: il avouait avoir fait partie de réunions qui se tenaient en plein air, qui avaient pour but d'assassiner l'Empereur...

Laugardière. — Est-ce signé de moi?

M. le président. — Taisez-vous, Laugardière.

Laugardière. — C'est faux.

M. le président. — Si vous ajoutez un mot, je vous fais sortir.

Laugardière. — Ça m'est égal; c'est faux.

M. le procureur-général. — Non, ce n'est pas faux.

Laugardière. — Si.

M. le procureur-général donne lecture de l'interrogatoire de cet accusé devant le juge d'instruction, qui contient des aveux tant sur les faits de l'Hippodrome que sur ceux de l'Opéra-Comique.

Voici, dit M. le procureur-général, les commencements d'aveux que Laugardière repousse aujourd'hui en disant: « C'est faux! » c'est-à-dire qu'il y a un magistrat, un père de famille, qui a eu l'infamie d'inventer tout cela pour flétrir un pauvre jeune homme. Oh! tenez, Laugardière, ce que vous venez de faire, c'est votre condamnation. Vous venez de rompre avec les honnêtes gens, et je n'ajoute pas un mot de plus, ni pour Laugardière, ni pour les deux autres étudiants.

Je crois, Messieurs, la discussion terminée, que je n'ai rien exagéré dans les preuves et les faits. J'ai voulu être vrai. Ce procès, du reste, et vous me permettrez ces considérations finales, présente un douloureux spectacle et doit être fécond en enseignements utiles à la société actuelle. Elle est égoïste, frondeuse, oublieuse du passé, se livrant étourdiment aux impressions qu'elle aime, et peu disposée à réfléchir aux périls qui la menacent. Malgré tout, qu'elle apprenne, en dépit de son insouciance, qu'elle a et qu'elle aura toujours dans ses flancs un ennemi mortel, le principe révolutionnaire. Nos pères ont voulu, et grâces leur en soient rendues, affranchir l'intelligence et se draper dans le légitime orgueil de la liberté conquise. Ils ont édifié un monde nouveau, fier de sa raison, impatient du joug, avide de progrès. Mais Dieu n'a pas permis que les choses humaines fussent parfaites, et à côté de l'intelligence et de la liberté, il y a les égarements des mauvaises passions, qui s'arment à leur tour et de cette intelligence et de cette liberté, et qui en font un épouvantable abus.

L'esprit de subversion sera toujours celui de ces hommes qui, trop ardents au bien-être personnel, ne se trouvent jamais une assez large part au soleil. Pour eux, le temps est trop long, l'heure du succès n'est pas assez rapide. et ils détestent la société qui, suivant eux, ne sait pas les comprendre. A côté d'eux, tous les aventuriers cherchant dans le désordre ce qu'ils devraient demander au travail; les sophistes, qui vont aussi profondément dans le mal que leur vanité est grande, et les dupes qu'on exalte et qu'on égare. Tout ceci forme, contre la société, une formidable coalition qui, à certaines époques, éclate, triomphe et sème autour d'elle la ruine et la désolation. C'est alors que les trônes s'écroulent, que les dynasties sont chassées à coups de fourche et qu'un pays tout entier subit les angoisses et les terreurs des révolutions. Sachons donc profiter de l'expérience si chèrement acquise, et si nous sommes si imprévoyants et si faibles à l'heure des périls, soyons au moins assez sages pour garder puissante et honorée l'autorité qui nous protége. Nous n'avons qu'un moyen sûr de salut, c'est la force et le respect du pouvoir central. Au lieu de l'affaiblir par nos folles taquineries, par nos tristes ressentiments, serrons-nous autour de lui pour braver toutes les attaques des partis révolutionnaires. La question n'est pas de savoir aujourd'hui si l'on aura la satisfaction de ses idées, de ses affections, de ses engagements politiques. Nul n'a le loisir de rêver des restaurations, car tous ont à craindre l'ennemi commun, le socialisme et la démagogie. La vraie, l'unique question sociale qui se pose aujourd'hui est celle de savoir si la civilisation actuelle vivra ou sera détruite : — être ou ne pas être ! — Si nous voulons la durée, gardons la force, et elle est dans le respect profond, sincère, immense du principe de l'autorité. Choisissez! ralliez-vous énergiquement au pouvoir modérateur, ou bien restez sans défense contre le mal, et allez vous engloutir dans le torrent des révolutions.

Et pour les classes ouvrières est-ce que ce procès ne leur donne pas aussi de grands enseignements? Le peuple est un instrument puissant, mais sait-il toujours à quelles mains il se livre? Sait-il où on le pousse? Non. C'est cette ignorance dont les révolutionnaires ont si cruellement abusé. Si le peuple savait le solde définitif des agitations publiques, s'il voyait clairement les regrets et les misères qu'il exprime ; s'il pouvait mesurer les amères déceptions qu'on lui prépare... ah! comme il chasserait les provocateurs qui le trompent et le perdent! comme il rejetterait dans la poussière les intrigants qui le poussent jusqu'à l'assassinat! — On le flatte, on lui prodigue les adulations les plus hypocrites, on lui dit qu'il est le maître. — Salut! peuple souverain!... Peuple, tu es roi! — Oui, roi sur des ruines; roi en haillons et en larmes, car, dans les révolutions, quand il aura dévoré toute la substance du pays, non reproduite par le crédit et le travail, il tombera épuisé dans la stérilité et le chaos. Peuple souverain, sous la main de fer de tes tribuns! Tu n'es qu'un instrument, et tu serais, esclave! Qu'il regarde donc ce qui se passe dans cette enceinte : Voici de malheureux enfants du peuple, pervertis par les démagogues et déshonorés dans des pensées d'assassinat et d'insurrection. Ils sont là, étreints par l'autorité qui veille, haletants sous l'œil de la justice; ils cherchent ceux qui les ont dépravés avant de les armer pour le crime. Personne ne vient; tous les regards se détournent, et une seule voix se fait entendre pour prononcer, comme la plus cruelle et la plus impitoyable raillerie, ces paroles qui résument toute l'histoire du peuple abusé dans les révolutions: « Qui « êtes-vous, hommes sans nom, sans idées, tourbe obs« cure, informe cohue!... » Et les malheureux, loin de leurs rêves et de leurs excitations, se débattent aux pieds du jury. — Ouvriers, gardez éternellement ce souvenir!

J'ai terminé, messieurs, la réplique que je devais à la défense. A vous maintenant d'agir en hommes probes et libres, en loyaux défenseurs de la loi et du pays. Il est temps qu'on sache que la politique n'excuse pas les crimes; il est temps qu'on apprenne que la société ne veut plus souffrir la plaie saignante des complots. Il est temps d'apprendre à tous que la résolution du régicide est monstrueuse et abominable. Faites votre devoir, messieurs les jurés. Quant à la clémence, elle est le privilége de l'Empereur, qui ne se lasse pas de faire des ingrats.

L'audience est suspendue.

A la reprise, M. le président s'exprime ainsi :

Nous pensons que les défenseurs se seront concertés pour que quelques-uns se chargent de répliquer... (On fait passer à M. le président la liste des défenseurs qui doivent répliquer.)

C'est aujourd'hui que finit la session. Il faut que MM. les jurés soient libres; désirent-ils qu'il y ait une audience de nuit ou qu'on renvoie à demain?

Conformément au désir exprimé par MM. les jurés, la Cour décide qu'il y aura une audience de nuit.

Me Fouet de Conflans réplique dans l'intérêt de Decroix.

Me Jules Favre prend ensuite la parole pour Bratiano. Il regrette que M. l'avocat-général ait tourné contre les accusés son propre langage. Jamais il ne lui est arrivé de fournir des armes à l'accusation. Aurait-il donc été assez mal inspiré pour avoir eu ce malheur? Assurément il ne peut le penser, car il n'a fait que protester au nom de son client contre toute participation à un complot pour lequel il n'a que de l'indignation.

Après avoir discuté de nouveau, mais très-rapidement, les charges de l'accusation, Me Jules Favre termine en disant : J'ai essayé de remplir mon devoir comme un honnête homme : vous, messieurs les jurés, vous remplirez le vôtre comme d'honnêtes gens; j'ai fini; j'attends votre verdict en toute assurance.

Me Fremard réplique pour Thirez; Me Kaempfen pour Mailliet; Me Bozerian pour Laugardière; Me Desmarest pour Ranc; Me Billequin pour Follot; Me Faverie pour Deney; Me Margue pour Mazille. Tous insistent sur les principaux moyens qu'ils ont déjà développés dans leurs plaidoiries.

Me Dumirail annonce que M. le président recevra sans doute des documents qui éclaireront complétement sa religion sur les faits que lui, défenseur, a invoqués en faveur de l'accusé Joiron.

Conformément à la loi, M. le président adresse successivement à chacun des accusés la question suivante : — Avez-vous quelque chose à ajouter à votre défense?

Voici les réponses :

Folliet. — Je ne suis jamais entré dans un complot.

Ruault. — Je n'ai rien à dire.

Mouchiroud. — Rien.

Decroix. — Je n'ai pas eu connaissance d'un complot.

Lux. — Rien.

Alix. — Je m'en rapporte au jury.

Thirez. — Je n'ai rien à ajouter.

Bratiano. — Je n'ai rien à dire.

Gérard. — Rien.

Mariet. — Non.

Deney. — J'ai déclaré la vérité.

Copinot. — Je n'ai pas fait partie d'une société ayant pour but l'assassinat.

De Méren. — Je n'ai pas dit que je n'étais qu'un instrument; je proteste contre ces paroles.

M. le président. — Qu'est-ce que cela signifie? Tâchez de respecter l'autorité française, vous qui êtes étranger.

Matz. — Ma pensée est étrangère à l'assassinat.

Mailliet. — Je n'ai rien à dire.

Mazille. — Je n'ai pas fait partie d'une société secrète; je ne connais pas ces messieurs.

Turenne. — Je n'ai pas connu le complot.

Gabrat. — Je n'ai rien à ajouter.

Jaud fait une réponse qu'on n'entend pas.

Commès. — Je m'en rapporte au jury.

Joiron. — Je n'ai rien à dire.

Baudy. — Je soutiens que je n'ai pas eu connaissance du complot et que je n'avais pas d'armes à l'Opéra-Comique.

Follot. — Je n'ai rien à ajouter.

Laugardière. — Je prierai MM. les jurés de lire le dossier. Ils y verront que l'interrogatoire dont a parlé M. l'avocat-général n'existe pas.

M. le président. — Taisez-vous, vous vous perdez.

Laugardière. — J'ai voulu dire que M. le procureur-général a pu se tromper et m'attribuer un interrogatoire qui est à un autre.

M. le président. — Nous avons lu la lettre de Blagny, et nous le regrettons. Vous connaissez le colonel Charras?

Laugardière. — Non, monsieur.

M. le président. — Cette lettre cependant vous demande l'envoi de la lettre du colonel Charras.

Laugardière. — C'est la lettre que les journaux ont publiée dans le temps, lorsque M. le colonel Charras a refusé de prêter serment.

M. le président. — Il y a en *post-scriptum* : « Si tu connais en politique quelque chose d'*extra-juteux*, envoie-le moi. »

Laugardière. — Je ne sais ce que signifie ce mot.

Ranc déclare n'avoir rien à ajouter.

Martin dit un mot que les sténographes n'entendent pas.

M. le président déclare les débats clos et suspend l'audience jusqu'à huit heures.

Audience de nuit.

A huit heures précise la Cour prend place.
M. le président résume les débats.
Les questions soumises au jury sont au nombre de 82.
Trois questions sont posées sur chaque accusé, savoir : deux questions principales sur le complot contre la vie de l'Empereur et contre la forme du gouvernement, et une question relative à la circonstance aggravante que la résolution d'agir aurait été suivie d'actes commencés ou commis pour en préparer l'exécution.
A trois heures du matin, le jury est rentré dans la salle.

Sont déclarés non coupables :

Thirez, Bratiano, Baudy, Ranc, Laflize et Martin.
M. le président ordonne leur mise en liberté, s'ils ne sont retenus pour autre cause.
Sont déclarés coupables :
Folliet, sur toutes les questions, avec circonstances atténuantes.
Ruault, sur toutes les questions.
Mouchiroud, sur toutes les questions, circonstances atténuantes.
Decroix, sur les deux questions principales, circonstance aggravante écartée.
Lux, sur toutes les questions.
Alix, sur toutes les questions, avec circonstances atténuantes.
Deney, même décision.
Mailliet, même décision.
Turenne, même décision.
Jaud, même décision.
Commès, même décision.
Joiron, même décision; la question d'excuse résultant de ce qu'il aurait procuré l'arrestation de plusieurs coupables est résolue négativement.
Gérard, sur toutes les questions.
Copinot, sur toutes les questions.
De Méren, sur toutes les questions.
Mariet, sur toutes les questions.
Gabrat, sur toutes les questions.

Matz, sur les deux questions principales, circonstance aggravante écartée.

Mazille, même decision.

Follot, même décision, avec circonstances atténuantes.

Ribault de Laugardière, même décision, avec circonstances atténuantes.

Il est donné lecture de cette décision aux accusés. Tous gardent en l'entendant le plus profond silence.

M. le président demande aux défenseurs et aux accusés s'ils ont des observations à faire sur l'application de la peine.

Après les observations des défenseurs qui réclament l'indulgence dans l'application de la peine, la Cour se retire pour délibérer.

Pendant le délibéré, les accusés gardent le plus profond silence.

L'arrêt condamne :

Ruault, Lux, Gérard, Copinot, de Méren, Mariet et Gabrat à la peine de la déportation.

Mouchiroud, à dix ans de détention.

Matz, Mazille et Turenne, à sept ans de détention.

Deney, Mailliet, Jaud, Commès et Joiron, à cinq ans de détention.

Folliet, Decroix et Alix, à huit ans de bannissement.

Laugardière, à cinq ans d'emprisonnement.

Follot, à trois ans d'emprisonnement.

M. le président. — Condamnés, vous avez trois jours pour vous pourvoir en cassation contre l'arrêt que vous venez d'entendre,

Les condamnés se retirent sans prononcer une seule parole.

L'audience est levée à quatre heures e demie.

Les accusés dont le jury avait prononcé l'acquittement ne furent pas mis en liberté; une prévention nouvelle, celle du délit de société secrète, devait quelque temps après les amener, ainsi que tous leurs co-accusés, devant le tribunal de police correctionnelle.

Quelques jours après le jugement de la Cour d'assises, une nouvelle se répandit. Mᵉ Hubbard fut arrêté chez lui et écroué à Mazas. On disait que l'arrestation du jeune avocat était due à sa plaidoirie. Personne ne cria à l'invraisemblance. Les journaux, même les feuilles judiciaires, enregistrèrent la nouvelle sans manifester aucun étonnement.

On apprit ensuite que cette version contenait une inexactitude. Mᵉ Hubbard était accusé de faire partie de la société secrète. L'avocat était prévenu de complicité avec son client.

C'est le 10 janvier 1854 que cette nouvelle affaire vint devant la 6ᵉ chambre, présidée par M. d'Herbelot. En dehors des accusés du premier procès, dix-neuf nouveaux prévenus sont cités; ce sont MM. Dominique Delbos, Joseph Doton, Jean Lamy, Antoine Regnier, Louis Robin, François-Marie Labouille, Christophe Schmidt, Antoine Laurent, Arthur-Nicolas Hubbard, Charles-Eugène Furet, Louis-Joseph-Marie-Ferdinand François, Charles Léon, Alfred Angot, Louis Watteau, Bronsin, Baron, Poisson, Jaubert, Pierre-Eugène Regnier, Alavoine; les six derniers absents.

Les quarante-six prévenus sont cités comme ayant fait partie d'une société secrète.

Bratiano, Ribaud de Laugardière, Hubbard et Furet sont, en outre, prévenus de détention d'une imprimerie clandestine; Decroix, Commès et Ruault, de détention d'armes de guerre; Angot, d'exercice de la profession de libraire sans brevet.

Martin, de vol.

Nous ne reproduisons pas les débats qui roulent sur les mêmes faits que l'affaire précédente. — La plupart des prévenus déjà condamnés pour complot refusent de répondre. Quelques-uns, Lux entre autres, déclarent que n'acceptant pas le gouvernement ils ne reconnaissent pas au tribunal le droit de les juger.

Les avocats posèrent l'exception de chose jugée, prétendant que la prévention de société secrète n'était qu'un démembrement de l'accusation du complot sur laquelle était intervenu l'arrêt de la Cour d'assises.

Le jugement fut rendu le 16.

Le Tribunal repousse l'exception de chose jugée, au fond il déclare constants : 1° l'existence de trois sociétés secrètes : le *Cordon sanitaire*, la *Société des Ecoles* et la *Société des Deux-Cents* qui, plus tard, se sont réunies et confondues; 2° les détentions par quelques-uns des prévenus d'imprimeries clandestines; 3° la détention par quelques autres d'armes et de munitions de guerre; 4° le délit de vol commis par Martin au préjudice de sa logeuse. (Vol de la laine provenant d'un matelas, de deux draps, d'un pot à eau et sa cuvette).

Voici le dispositif de ce jugement :

« Attendu que Ruault, Lux, Gérard, Copinot, de Méren, Mariet, Gabrat, Folliet, Decroix, Alix, Mouchiroud, Mazille, Turenne, Matz, Joiron, Commès, Jaud, Deney, Maillet, Follot et Ribaud de Laugardière ont été condamnés à des peines supérieures à celles prononcées par le décret du 28 juillet 1848; qu'aux termes de l'article 365 du Code d'instruction criminelle, le Tribunal n'a pas de peine à prononcer contre les susnommés, et qu'à leur égard il doit se borner à une simple déclaration de culpabilité;

» En ce qui touche Schmidt, Antoine Régnier, Lebouille et Laurent :

» Attendu qu'aucun des documents du procès n'établit à la charge de Schmidt une affiliation quelconque à une société secrète;

» Qu'à l'égard des autres la prévention n'est pas suffisamment établie;

» Par tous ces motifs, le Tribunal renvoie Schmidt, Antoine Régnier, Lebouille et Laurent de la prévention; ordonne qu'ils seront mis en liberté;

» Déclare que Ruault, Lux, Gérard, Copinot, de Méren, Folliet, Mouchiroud, Ribaud de Laugardière, Mariet, Gabrat, Decroix, Alix, Mazille, Turenne, Matz, Joiron, Commès, Jaud, Deney, Maillet et Follot ont fait partie d'une société secrète, avec cette circonstance à l'égard des huit premiers, qu'ils en ont été chefs ou fondateurs; dit néanmoins qu'il n'y a lieu à leur faire application d'aucune des peines portées aux lois et décrets susdatés;

» Déclare également que Watteau, Furet, François, Bratiano, Alavoine, Thirez, Baudy, Ranc, Laflize, Martin, Lamy, Doton, Delbos, Angot, Robin, Poisson, Caron, Jaubert, Ronsin et Pierre-Eugène Régnier, ont fait partie d'une société secrète, avec cette circonstance que les cinq premiers en auraient été chefs ou fondateurs.

» Faisant application à tous les susnommés, sauf Martin, des dispositions de l'art. 13 du décret du 28 juillet 1848 ;

» Faisant application au lit Martin de l'art. 401 du Code pénal, lequel emporte la peine la plus forte ;

» Condamne Watteau, Furet, François, Bratiano et Alavoine chacun à trois ans de prison et 500 fr. d'amende ; Thirez, Baudy, Ranc, Laflize, Martin, Lamy, Doton, Delbos, Angot, Robin, Poisson, Caron, Jaubert, Bronsin et Régnier (Pierre-Eugène), chacun à un an de prison et 100 fr. d'amende.

» Ordonne que tous les susnommés seront privés de leurs droits civiques pendant cinq ans ;

» Les condamne tous solidairement aux dépens ;

» Ordonne la destruction des imprimeries ou ustensiles d'imprimerie, d'autographie ou lithographie qui ont été saisis ;

» Ordonne la confiscation des armes saisies. »

Le prévenu Hubbard, retenu par une grave maladie, n'avait pas été jugé; la procédure avait été disjointe à son égard. Son affaire fut appelée le 22 mars ; Me Berryer présente la défense. — Le Tribunal condamne M. Hubbard à 3 ans de prison et 500 f. d'amende, comme chef fondateur de la société secrète ; comme détenteur d'une presse clandestine à dix mille francs d'amende, six mois de prison, se confondant avec les trois ans ci-dessus prononcés, cinq ans d'interdiction des droits civiques.

APPENDICE

MON CHER FERMÉ,

Vous entreprenez la publication des procès politiques du second Empire. Le complot dit de l'Hippodrome et de l'Opéra-Comique, où mon nom figure, est un des premiers en date, comme l'un des plus importants par le nombre des accusés et la gravité des peines qui furent prononcées. Il a encore ce caractère particulier que les accusés comparurent successivement devant la Cour d'assises et la police correctionnelle. Les mêmes faits furent qualifiés d'abord complot, puis société secrète, de sorte que ceux d'entre nous qui furent acquités par le jury furent renvoyés devant la sixième chambre, où ils n'échappèrent pas.

Si jeune que je fusse alors — 21 ans à peine, — j'en ai assez su avant, pendant ou après, pour qu'il me fût facile de présenter l'histoire vraie de cette conspiration avortée comme tant d'autres; histoire qui, ainsi qu'il arrive toujours dans les affaires de ce genre, n'apparaît pas clairement à l'audience. Mais quoique les faits soient désormais couverts par l'amnistie, il ne me serait pas possible, il n'est pas temps encore d'en discourir librement. Je dois donc me borner à quelques éclaircissements sur des points de détail.

Au quartier Latin, nous fûmes arrêtés trois : Laugardière, Laflize et moi. Un quatrième, Alavoine, qui se trouvait à Lille au moment des arrestations, et qui, depuis, a été condamné à mort par contumace, avec MM. Regnier et Bronsin, put passer la frontière. Nous étions pris, mais nous eûmes ce bonheur et cette joie qu'aucun de nos camarades des Ecoles ne fût compromis à cause de nous, qu'aucun ne figurât à nos côtés sur les bancs de la Cour d'assises et de la police correctionnelle. Je dis aucun, car je ne compte pas Félix Martin, qui n'avait coopéré à l'affaire ni de près, ni de loin. C'est là un phénomène psychologique bien singulier : Félix Martin, qui était moitié étudiant, moitié homme de lettres, était, je le répète, absolument étranger à tout ce qui s'était passé; le hasard l'avait fait seulement se rencontrer avec quelques-uns d'entre nous. Il souffrait d'un mal horrible qui lui enlevait parfois la plénitude de ses facultés; pris de je ne sais quel vertige, il se dénonça lui-même au préfet de police, et une fois arrêté, il voulut soutenir son rôle. Je me suis souvent reproché d'avoir été, dans mon interrogatoire à la Cour d'assises, trop dur pour ce pauvre garçon, qui était plus malade que malfaisant. Mais je me défendais!

Dans cette malheureuse affaire, il y eut, depuis l'origine jusqu'à la fin, bien des fautes commises, des maladresses, des inexpériences de jeunesse ; il n'y eut pas, si j'excepte l'homme qui se fit révélateur, et que chacun, en lisant ce procès, saura bien reconnaître, il n'y eut pas de trahison. Il me serait pénible, par exemple, qu'en s'en rapportant aux débats, on se méprît sur Gustave Mariet et qu'on le jugeât trop sévèrement.

Mariet était un enfant de dix-sept ans. A l'instruction, il perdit la tête et dit des sottises. A l'audience, il fit ce qu'il put pour réparer le mal. Dans sa longue détention à Belle-Isle et au Mont-Saint-Michel, il tint la conduite la plus ferme et la plus digne. Gustave Mariet est mort en Afrique, où il s'était établi après l'amnistie.

Après quinze ans, je vois encore les bancs de la Cour d'assises, je vois assis entre deux gendarmes Joseph Ruault, un caractère stoïque, une âme impassible; de Meren, une des natures les plus vigoureuses qu'il soit donné de rencontrer; ce brave Lux, qui discutait les dépositions des agents de police avec une énergie si plaisante et un accent alsacien si convaincu; mes braves amis Copinot et Baudy ; Turenne, et d'autres encore!

A la police correctionnelle, il y eut un incident bien curieux. Un employé du ministère des finances, nommé Schmidt, avait été arrêté sur la dénonciation d'agents qui prétendaient l'avoir remarqué à l'Hippodrome « corroborant avec les conspirateurs. » Nul de nous ne l'avait jamais vu. Nul ne le connaissait. Il n'en fit pas moins six mois de prévention à Mazas. Lorsqu'il fut interrogé par le président de la sixième chambre, son innocence apparut plus claire que le jour, et il fut renvoyé des fins de la plainte. A la fin de l'interrogatoire, le président ayant cru devoir lui adresser ces paroles sévères: « que cela vous serve de leçon! » Schmidt trouva cette réponse admirable : « Mais monsieur le président, je ne puis pourtant pas me mettre d'une société secrète pour savoir les endroits où il ne faut pas aller ! »

Quelques-uns de nos avocats se tinrent bien, notamment Mes Maillard, Floquet, Lecanu et Hubbard ; Hubbard dont on lira dans le procès la singulière aventure, et qui, avocat au début, fut à la fin accusé. Floquet défendit Mouchiroud avec une grande fermeté. Lecanu plaidait pour De Meren, ce qui n'était pas commode, attendu que de Meren ne voulait ni se défendre ni être défendu. Il désirait seulement que l'avocat dit ceci : « Messieurs les jurés, mon client se considère non comme un accusé, mais comme un vaincu. » Lecanu le fit. Cela paraît peu de chose aujourd'hui, mais en 1854, il y avait, à tenir un pareil langage, quelque mérite.

Parlant des avocats, je ne dois pas passer sous silence un épisode dont il a été souvent question, mais qui a presque toujours été inexactement rapporté. M. Jules Favre plaidait pour Bratiano, le même qui était dernièrement ministre de l'intérieur et des finances dans les Provinces-Unies. Au milieu de sa plaidoirie, qui fut d'ailleurs fort belle, M. Jules Favre s'écria tout à coup en tournant vers les accusés sa lèvre dédaigneuse : « Mon client, Messieurs, Bratiano, que serait-il allé faire au milieu de cette cohue ? » Grande fut notre surprise : Subir le réquisitoire du ministère public, c'est bien ; être condamné, on s'y attend; mais être insultés en bloc par un défenseur, c'est inattendu et c'est dur. Bratiano le premier était blessé au vif, et il s'en expliqua avec nous tous dans les termes les plus nets. L'admirable, c'est que le lendemain quand, avant l'audience, quelques-uns d'entre nous allèrent dire leur façon de pensée à M. Jules Favre, il parut très-surpris, Il ne comprenait pas ce qui avait pu nous choquer. Dans sa réplique, Me Jules Favre retira le mot, et avec une grande magnificence de langage, il expliqua qu'il avait été mal compris. Mais il était trop tard, le mal était fait, et M. le procureur-général Rouland avait pu s'écrier : « Eh bien, ouvriers, étudiants, vous l'avez entendu ! On se sert de vous, et quand vous avez échoué, on vous repousse du pied comme une vile cohue ! »

Ah ! les avocats ! rien de plus dangereux ! Dans les procès politiques, il y a deux règles de conduite dont on ne devrait jamais se départir :

1o Refuser de répondre dans l'instruction;

2o Ne pas prendre d'avocat.

Moyennant quoi, il y a quelques chances de s'en tirer.

En tout cas, on est sûr au moins de ne pas se compromettre soi-même, sûr de ne pas en compromettre d'autres.

Permettez-moi maintenant, mon cher Fermé, de franchir presque deux années et de vous entretenir d'un fait sur lequel vous trouverez bien peu de renseignements dans les journaux de l'époque. Je vais être obligé encore de parler de moi, mais on me pardonnera, car il s'agit de publier une page inédite et instructive de l'histoire du second empire.

C'était le 8 septembre 1855. Devant le Théâtre-Italien, où l'Empereur était attendu, un jeune homme tira deux coups de pistolet sur la voiture des dames d'honneur de l'Impératrice. Le lendemain, le *Moniteur* rendant compte de l'événement, disait que ce jeune homme qui se nommait Bellemare avait tiré presque sans viser, et qu'il paraissait « plutôt un maniaque qu'un assassin. »

Bellemare avait été détenu deux ans à Sainte-Pélagie, où je l'avais connu, et à Belle-Isle. C'était un tempérament fébrile et un esprit un peu mystique. Lorsqu'il arriva de Belle-Isle, il revit ses anciens camarades de Sainte-Pélagie, moi entre autres, et il leur parla vaguement d'un grand projet qu'il avait; il voulait, disait-il, donner sa vie, se sacrifier. Du reste, il entendait agir seul, ne demandait pas d'assistance et n'acceptait pas de conseil. On ne le prenait guère au sérieux. Un soir, pourtant, il alla acheter des pistolets de poche, et au moment où les voitures de la Cour arrivaient sur la place Ventadour, il lâcha ses deux coups.

Cela se passait à neuf heures; à minuit, j'étais arrêté; à la même heure on arrêtait un ouvrier cordonnier Pascal Lange, qui lui aussi avait connu Bellemare à Sainte-Pélagie. Lange fut interrogé une fois par M. le juge d'instruction Brault, puis il n'entendit plus parler de rien; moi je ne fus pas interrogé du tout. J'étais du reste fort tranquille, n'ayant absolument rien fait qui pût me compromettre et certain que Bellemare était incapable de porter contre moi une accusation fausse. En effet, plus tard, lorsque j'allai en Afrique, un de mes gendarmes me montra ma feuille signalétique, et j'y vis qu'on me reprochait seulement « d'avoir connu les projets de Bellemare. »

Néanmoins les jours se suivaient et se ressemblaient au dépôt de la préfecture. On ne m'interrogeait pas, mais je ne sortais pas pour cela; un jour j'appris que Bellemare « reconnu atteint d'aliénation mentale » avait été conduit à Bicêtre ; donc il n'y aurait pas de procès! Donc j'allais être mis en liberté !

Ah bien oui! Les semaines s'écoulèrent sans que rien fût modifié dans ma situation. Enfin un jour, au bout de trois mois, je suis mandé à la préfecture, je descends et je me trouve en face d'un commissaire de police qui me lit un arrêté de M. Billault ministre de l'intérieur, portant en substance que vu le rapport de M. Piétri, préfet de police, vu le décret du 8 décembre 1851, vu le jugement du tribunal correctionnel qui m'avait condamné à un an de prison pour société secrète, j'allais être transporté à Cayenne.

Cet arrêté était fort en règle; le décret du 5 décembre, très-formel; il n'y avait rien à dire. Je me bornai donc à demander au commissaire de police, quand aurait lieu le départ et si j'aurais le temps de faire quelques préparatifs. Le commissaire fut poli du reste et presque ému, me répondit qu'il l'ignorait et de m'enquérir auprès de M. le préfet. Je m'adresse au préfet, pas de réponse. Cela sentait mauvais et me voilà m'attendant à être enlevé le soir même, sans pouvoir embrasser ma mère, sans voir mon père qui était en ce moment absent.

Heureusement, nous n'étions à Paris que deux politiques en partance, et l'on ne pouvait pas faire pour nous seuls les frais d'un transfèrement. On attendit qu'il y eût à la Roquette assez de forçats disponibles pour emplir une voiture cellulaire. Grâce à ce répit, ma famille put se mettre en campagne; une parente de ma mère, qui connaissait quelques personnes du monde officiel, s'employa avec cette activité que savent mettre les femmes quand on en appelle à leur dévouement, et elle parvint à faire changer Cayenne en Lambessa. Je lui en fus profondément reconnaissant, surtout pour les miens, dont la douleur et les inquiétudes étaient ainsi allégées de moitié, car, pour moi, j'ai la vie dure et j'ai idée que je me serais tiré de Cayenne comme de Lambessa.

Enfin, un soir, on m'emmena à la Roquette. Je trouvai au greffe Pascal Lange qui arrivait de Mazas. Lui aussi s'était attendu, pendant deux mois, tous les jours, à être mis en liberté; lui aussi on l'avait mandé devant un commissaire de police qui lui avait lu un arrêté de transportation. Seulement sa pauvre vieille mère, sa mère infirme qu'il soutenait de son travail, n'avait pas de relations, elle, et il s'en allait à Cayenne !

A la Roquette on nous rasa, on nous coupa les cheveux,

on nous déshabilla, et on nous revêtit de l'habit gris, l'habit des condamnés pour vol. Le lendemain, nous partions pour Marseille et Toulon, en voiture cellulaire; trente-six heures de route, par un froid glacial, les fers aux pieds. Je m'arrêtai à Marseille; Lange continua sa route jusqu'à Toulon. On sait par le récit que M. Delescluze a publié dans le *Réveil*, comment les choses se passaient dans cette dernière ville. Quant à moi, sans vouloir insister et sans donner de détails, j'affirme — car il faut que ces choses-là soient sues — que, de Marseille jusqu'au jour de mon arrivée à Lambessa, je vécus en promiscuité absolue avec quatre forçats, couchant sur le même lit de camp, mangeant à la même gamelle, accouplé avec l'un d'eux quand nous traversions une ville, enchaîné par les pieds à la même barre sur le bateau. Je dois dire, du reste, que ces quatre malheureux étaient fort convenables, discrets et que je n'eus aucunement à m'en plaindre. Pascal Lange ne resta pas à Cayenne jusqu'à l'amnistie, il fut transféré en Algérie. Mais, hélas! son séjour à la Guyane dura assez pour qu'il y ait contracté les premiers germes d'une cruelle maladie, et maintenant, Pascal Lange, un des esprits les plus libres et les plus joyeux, un des cœurs les plus dévoués et les plus généreux que j'aie connus, qui, de Cayenne et d'Algérie, trouvait le moyen d'envoyer à sa mère un peu d'argent, Lange est brisé par la souffrance, il est paralysé des membres inférieurs. Il a trente-six ans à peine, il a conservé toute son intelligence, toute sa volonté, et il est condamné à l'inaction, à l'immobilité presque absolue.

De Bellemare, on n'a jamais entendu parler. Est-il mort à Bicêtre, vit-il encore dans quelque cabanon? nul ne le sait (1).

Voilà les faits dans leur précision et leur simplicité. Je ne crains pas de démenti.

Sur ce, mon cher Fermé, bonne chance à votre publication, et puisse M. le préfet de police ne vous tenir jamais en sa sainte garde. A. Ranc.

(1) Nous reparlerons de l'affaire Bellemare à son ordre de date. La question posée ici doit être élucidée. A. F.

Paris. — Typ. Gaittet, rue du Jardinet, 1.

www.ingramcontent.com/pod-product-compliance
Ingram Content Group UK Ltd.
Pitfield, Milton Keynes, MK11 3LW, UK
UKHW021056230726
13926UKWH00004B/1881